本书为国家社科基金年度项目研究成果（专著）

RESEARCH ON LAND INCOME
DISTRIBUTION MECHANISM OF RURAL CONSTRUCTION LAND
MARKETIZATION UNDER THE VIEW OF
BALANCE OF INTERESTS

利益均衡视阈下
集体经营性建设用地入市
收益分配机制研究

陈红霞◎著

ZHEJIANG UNIVERSITY PRESS
浙江大学出版社
·杭州·

图书在版编目（ＣＩＰ）数据

利益均衡视阈下集体经营性建设用地入市收益分配机
制研究 / 陈红霞著. -- 杭州 ：浙江大学出版社，
2023.12
　　ISBN　978-7-308-24506-7

　　Ⅰ．①利… Ⅱ．①陈… Ⅲ．①农业用地—生产性建设
用地—土地市场—关系—经济利益—协调—研究—中国
Ⅳ．①F321.1

　　中国国家版本馆CIP数据核字(2023)第244575号

利益均衡视阈下集体经营性建设用地入市收益分配机制研究

陈红霞　　著

责任编辑	杨　茜	
责任校对	许艺涛	
封面设计	雷建军	
出版发行	浙江大学出版社	
	（杭州市天目山路148号　邮政编码310007）	
	（网址:http://www.zjupress.com）	
排　　版	杭州晨特广告有限公司	
印　　刷	广东虎彩云印刷有限公司绍兴分公司	
开　　本	710mm×1000mm　1/16	
印　　张	18.25	
字　　数	278千	
版 印 次	2023年12月第1版　2023年12月第1次印刷	
书　　号	ISBN 978-7-308-24506-7	
定　　价	88.00元	

目　录

第一章　绪　论

在全面建设社会主义现代化国家新征程中,农业现代化不可或缺,农村是核心。党的十九大做出了实施乡村振兴战略的重大部署。推进乡村振兴必须有一定的资金投入作为保障。当前,农用耕地、宅基地和集体经营性建设用地是农村最主要的资产。农用耕地作为粮食生产的基础,承担着保证国家粮食安全的战略责任,也是农村居民重要的生产空间。18亿亩(约合1.2亿公顷)耕地红线就是最低保障线,必须坚持严格的耕地保护制度,不能随意侵占。宅基地是农村村民用于建造自住房屋及其附属设施的集体土地,包括住房、附属用房和庭院等用地,承担着重要的居住功能,是农村居民重要的生活空间。当前我国城市化水平逐年提高,农村人口在总人口中的占比呈现下降趋势,但是农村宅基地用地面积却呈现上升态势。集体经营性建设用地是农村集体土地中最重要的资产,但是由于法律的限制,曾不能进入市场进行使用权交易。《2018中国统计年鉴》数据显示,2017年底,我国拥有农村建设用地340585.50平方千米,其中农民宅基地总面积为200000平方千米,近1/3处于闲置状态。[①] 我国自身的发展经验表明,土地财政是地方政府发展的主要资金来源。发达地区城市基础设施建设资金平均30%来源于土地出让金收入,60%~70%来源于土地抵押的融资。[②] 因此,在保证粮食安全和国家

---

① 钱忠好,牟燕. 乡村振兴与农村土地制度改革[J]. 农业经济问题,2020(4):28-6.
② 蒋省三,刘守英. 打开土地制度改革的新窗口:从广东《集体建设用地使用权流转管理办法》说起[J]. 学习月刊,2006(1):22-23.

安全的前提下,将农村建设用地资产变为"资本",将有效助推乡村振兴战略的实施。[①] 为盘活农村建设用地资产,《中共中央关于全面深化改革若干重大问题的决定》提出"建立城乡统一的建设用地市场",通过市场化改革,建立农村建设用地市场,显化农村土地资产,充分保证农民土地权益。坚持市场化改革的方向,就是要充分发挥市场机制在土地资源配置中的决定性作用。深化农村土地制度改革就是要为乡村振兴保驾护航,而不能将保护农民土地权益当成不推进改革的挡箭牌,进而止步不前。

为了顺利推进土地制度改革,近年来,中共中央、全国人大及国务院部门着眼于土地改革方式创新;与此同时,出台了有关政策性文件保证土地改革有依据地进行,其中,集体经营性建设用地入市作为改革创新的核心内容,受到广泛关注。

农村集体经营性建设用地直接入市是我国现阶段深化改革的核心内容之一,其主要目的在于提高农村建设用地资源的使用效益,显化农村建设用地资产,让农民合理地分享土地增值收益,聚集乡村振兴所需要的现代生产要素,为乡村振兴提供建设用地保障。2015年2月,十二届全国人大常委会第十三次会议通过了《关于授权北京市大兴区等33个试点县(市、区)行政区域暂时调整实施有关法律规定的决定》,使农村土地制度改革获得了法律保障。2015年7月,国土资源部(2018年改组为自然资源部)审批通过33个试点地区的改革方案,推进集体经营性建设用地入市改革试点正式启动。截至2018年12月,集体经营性建设用地入市地块达1万余宗,面积达9万余亩,总价款约为257亿元,收取调节金28.6亿元。[②] 农村集体建设用地制度改革的重点是如何使农民和农村有效地参与到土地增值收益的分配中。由此,如何分配集体经营性建设用地入市产生的巨大收益受到广泛关注。实践中,利益不相容及利益需求膨胀造成的利益不均衡致使矛盾超过社会自发调整的范畴,引发了部分地区激烈的社会冲突。[③]

试点过程中,制度设计、部门协调、利益分配等问题成为难点,而矛盾最为集

① 张晓恒,王志娜,闵师. 农村集体建设用地试点改革:整理、盘活与收益分配[J]. 新疆农垦经济,2020(11):1-11.

② 韩长赋. 中国农村土地制度改革[J]. 农业经济问题,2019(1):4-16.

③ 赵振宇,陈红霞,赵繁蓉. 论集体经营性建设用地增值收益分配——基于博弈论的视角[J]. 经济体制改革,2017(4):77-83.

中、影响最大的就是利益分配问题。集体经营性建设用地入市后,通过土地征收获取土地增值收益的模式对于地方政府来说已经行不通,如果将集体经营性建设用地流转收益全部归于农村集体经济组织及农户个人,其合理性并不充分。如何实现集体经营性建设用地入市后增值收益在政府、集体经济组织和农民个人之间公平、合理分配,以达到既保证地方政府推进改革试点的积极性,又能切实合理提高农民集体和个人收益的目的,是改革中亟待解决的问题。党的十八届三中全会出台的决定中明确指出:加快建立城乡建设用地统一市场,加快推进农村土地改革,重点推进集体经营性建设用地入市,实现集体经营性建设用地保值增值,最终增加集体组织与农民的收入。这项改革的最终目的还是促进国家、集体组织及农民三者之间的共同发展,要使三者协同发展,集体经营性建设用地入市收益如何分配便成了焦点问题。2016年,中央一号文件更明确要求,总结农村集体经营性建设用地入市改革试点经验,适当提高农民集体和个人分享的增值收益。2017年1月,国务院发布《关于稳步推进农村集体产权制度改革的意见》,明确提出要正确处理国家、集体、农民三者间的利益分配关系。土地收益分配是土地权利的实现,任何一个国家的基本土地制度都以土地收益分配制度为核心和主线,包含了大量土地收益分配信息,而基本土地制度是土地收益分配的基础。可见,在利益均衡视阈下研究集体经营性建设用地入市收益分配机制,将有助于推进集体经营性建设用地入市、深化农村土地制度改革。①

第一节 问题的提出与文献回顾

土地是人类赖以生存的根本凭借,也是经济发展的核心要素。在按要素分配原则下,土地收益是经济主体凭借其拥有的土地财产权利而分享的地租;同时政府通过再分配措施进行收益调节。土地收益分配是土地权利的实现方式和土地制度的核心,对整个国民经济产生着重大而深远的影响。收益分配作为集体经营性建设用地入市的核心问题,影响着此项制度改革的资源配置效率、实施效果和

① 陈红霞,赵振宇. 基于利益均衡的集体经营性建设用地入市收益分配机制研究[J]. 农村经济,2019(10):55-61.

群众评价。可见,各主体均衡分配是城乡统一要素市场公平性的集中体现。

集体建设用地入市收益的本质即土地增值收益。对土地入市的研究,可以追溯到20世纪末,早期国内外研究主要围绕土地增值的内涵、增值机理及归属而展开。从1980年开始,我国部分地区集体建设用地或明或暗地进入土地市场,农村集体土地隐形市场悄然生成。当时我国沿海近郊区开始出现集体经营性建设用地入市现象,但一直处于地下阶段。[①] 1989年,我国开始出现主题为"建设用地流转"的相关研究,但都是与我国农村改革相关。对于农村地区出现的这一变化,政府部门高度重视。1999年,国土资源部将安徽省芜湖市作为农村集体建设用地使用权流转试点。此后,集体建设用地流转的必要性、流转条件、流转方式等成为研究的热点。[②] 直至2000年,才开始出现与集体经营性建设用地有关的文献。[③]

尽管集体经营性建设用地入市模式有村集体主导模式和乡(镇)级政府主导模式的差别,但其对城乡建设用地交易制度改革、统一城乡土地市场、乡村振兴和农村的长远发展与建设都具有重要的理论和实践意义。[④] 因此,集体建设用地市场化改革路径受三类利益分配难题的影响,需重点回应分配问题。[⑤] 充分尊重集体土地所有权,建立国家、集体、农民多主体利益兼顾型的分配机制,成为学者们的共识。[⑥] 入市设计必须更加注重实质公平与代际公平,既要保证集体土地所有者可以获取土地收益,又不能因为利益分配引发农民的抵抗或群体性事件。[⑦] 在实践过程中,土地确权是集体经营性建设用地入市乃至整个"三块地"改革的首要条件和重点环节,基于此的权利归属问题是土地权利的基础依托。无论是勘察摸底还是确权颁证,其实践指向都是明确权利归属,明确所有权、使用权及入市主

---

① 吕萍,于璐源,丁富军. 集体经营性建设用地入市模式及其市场定位分析[J]. 农村经济,2018(7):22-27.

② 林毅夫,杨建平. 健全土地制度 发育土地市场[J]. 中国农村经济,1993(12):3-7.

③ 柳思. 农村集体经营性建设用地入市机制研究[D]. 兰州:甘肃农业大学,2018.

④ 吕萍,于璐源,丁富军. 集体经营性建设用地入市模式及其市场定位分析[J]. 农村经济,2018(7):22-27.

⑤ 谭荣. 集体建设用地市场化进程:现实选择与理论思考[J]. 中国土地科学,2018(8):1-8.

⑥ 王小映. 论农村集体经营性建设用地入市流转收益的分配[J]. 农村经济,2014(10):3-7;伍振军,林倩茹. 农村集体经营性建设用地的政策演进与学术争论[J]. 改革,2014(2):113-119;钱忠好,马凯. 我国城乡非农建设用地市场:垄断、分割与整合[J]. 管理世界,2007(6):38-44.

⑦ 曲承乐,任大鹏. 论集体经营性建设用地入市对农村发展的影响[J]. 中国土地科学,2018(7):36-41.

体。[①] 本书对集体经营性建设用地入市收益分配相关研究进行了系统的文献梳理,现从以下五个方面展开论述。

一、收益分配的理论依据

虽然人们对土地增值内涵及机理在表述和认知上仍存在差异,但学界对土地增值收益的归属形成了三种主流观点:涨价归公、涨价归私和公私兼顾。[②] 三种增值收益的归属指向了完全不同的方向,揭示出土地制度改革的复杂性和内在悖论性。[③] 涨价归公论者普遍认为土地增值是社会发展的结果,个人不能对此做出贡献,代表性的学者包括约翰·斯图亚特·密尔(John Stuart Mill)、亨利·乔治(Henry George)。我国以周天勇、蔡继明、刘正山为代表的学者主张涨价归私,即土地自然增值归原土地所有者所有。他们认为由于土地的原所有者对土地具有使用权,土地的自然增值得益于土地所有者对其进行的一系列保护及建设,因此土地的增值应该归土地原所有者拥有。公私兼顾论者主张在充分补偿失地者之后将其剩余部分收归中央政府所有,周诚教授为这种观点的首创人和主要代表。对于以上的三种收益分配关系的形成过程,多数学者认同公私兼顾论,认为其更具有可操作性。但也有学者对此质疑,认为公私兼顾论实质上与涨价归公论无本质差别。[④] 基于以上分析,本书认为,在集体经营性建设用地的增值过程中,地方政府行使了土地的管理权和规划权。地方政府作为土地的规划者和管理者,在土地开发前即有计划地开展了一系列基础设施建设,并对该地块未来的土地用途进行规划配置。在此基础上,集体建设用地才具备开发利用条件,可以进入市场供土地使用者选择,进而实现土地增值,即各利益主体可以参与分享土地收益。而对于农民个人和集体经济组织来说,在其所有的集体建设用地进入市场前,集体

① 魏来,黄祥祥. 集体经营性建设用地入市改革的实践进程与前景展望——以土地发展权为肯綮[J]. 华中师范大学学报(人文社会科学版),2020(4):34-42.

② 陈红霞. 集体经营性建设用地收益分配:争论、实践与突破[J]. 学习与探索,2017(2):70-75.

③ 唐燕,许景权. 建立城乡统一的建设用地市场的困境分析与思路突围——集体土地"农转非"的是是非非[J]. 城市发展研究,2014(5):55-60.

④ 邓宏乾. 土地增值收益分配机制:创新与改革[J]. 华中师范大学学报(人文社会科学版),2008(5):42-49.

经济组织自然而然地行使了其对于土地的使用权,投入资金、劳动力等,对于土地的建设做出了应尽的贡献。除此之外,在传统理论中人们常常会忽略土地所有权人对于土地使用权的"放弃"。在这一过程中,集体经济组织成员也要付出相应的代价,即机会成本。倘若没有个人放弃对于土地的使用权,那么集体建设用地的增值过程便无从谈起。可见,如果将土地增值的收益完全归国家所有显然也是不公平的。基于此,我们有理由认同"公私兼顾"观点,在收益分配的过程中,一方面充分地对失地者进行相应的补偿,另一方面将剩余的收益归为中央政府所拥有。①

在西方土地发展权研究的影响下,越来越多的学者开始关注土地发展权,并以此为理论依据探讨农地非农化过程中的土地收益分配问题。② 政府垄断土地一级市场,借用征地权力获得集体土地,并获取土地收益,其实质就是剥夺了农村集体土地的发展权。③ 而集体建设用地入市改革试点与国外土地发展权转移在要素对比中具有高度的一致性,这说明从发展权配置和发展权转让的角度对农村集体建设用地进行发展权配置,不仅是必要的,而且是可行的。④ 因此为保护农民土地权益,防止地方政府强行掠夺农民的土地发展权,需要从法律法规上严格界定只有公益性建设用地对应的发展权才归地方政府拥有,可以通过征收方式执行,而经营性建设用地对应的发展权则归农民所有,必须通过集体建设用地流转方式执行。⑤ 此外,还有学者主张构建农村集体土地的各种权能相互独立的制度,各个利益主体依照土地的产权权能参与土地由于交易产生的增值收益的分配,即"按权能分配"。⑥

---

① 冯芃源. 集体经营性建设用地入市中的利益分配关系分析[D]. 宁波:宁波大学,2020.

② 臧俊梅,王万茂,陈茵茵. 农地非农化中土地增值分配与失地农民权益保障研究——基于农地发展权视角的分析[J]. 农业经济问题,2008(2):80-85;朱一中,曹裕. 农地非农化过程中的土地增值收益分配研究——基于土地发展权的视角[J]. 经济地理,2012(10):133-138;钱凤魁. 基于发展权理论的土地增值收益分配研究[J]. 现代城市研究,2015(6):59-63.

③ 王克忠. 论农地发展权和集体建设用地入市[J]. 社会科学,2014(3):41-45.

④ 冯长春. 土地发展权视角下农村集体建设用地流转问题研究——以河南省新乡市为例[J]. 城市发展研究,2014(3):19-22.

⑤ 诸培新,马贤磊,李明艳. 农村集体建设用地发展权配置模式分析:委托代理视角[J]. 南京农业大学学报(社会科学版),2009(4):71-77.

⑥ 周跃辉. 按权能分配农村集体土地增值收益论[J]. 技术经济与管理研究,2014(6):44-49.

总之,在进行集体经营性建设用地收益分配中,必须充分尊重集体土地的所有权拥有者,保护并体现所有权在分配中的基本权利。

二、参与分配的建设用地范围

学界对集体建设用地入市持赞成态度。[①] 学者普遍认为,集体经营性建设用地入市的前提条件是:符合规划和用途管制,且不属于公益性建设用地。但对于是否应该将其限定在"土地利用规划确定的城镇建设用地范围以外"没有达成一致。一种观点认为应当将其限定在土地利用规划确定的城镇建设用地范围之外,因为我国《宪法》第十条第一款明确规定:城市的土地属于国家所有,因此处于土地利用规划确定的城镇建设用地范围以内的集体建设用地必须先进行土地征收,变为国有后才可以进入土地市场。这种做法可以维护城市土地纯国有的格局[②]。但是从构建城乡统一建设用地市场、保护农民土地权益、实现集体土地所有权的角度出发,这一限定确实不妥。因此,也有学者提出不应当做此限定。本书对此观点非常赞同,原因在于:一是建设用地的价格主要由一个地区的经济条件和该地块所处区位决定,因而表现出较大的价格差异。位于土地利用规划确定的城镇建设用地范围内的集体经营性建设用地由于区位条件好,成为农村集体建设用地中"含金量"较高的部分,也是最能得益于集体经营性建设用地入市改革举措、体现土地价值的部分。如果将这部分土地限定为必须转变为国有土地才能使用,则明显与改革的初衷背道而驰。二是如果有此限定,无异于无视农村集体土地所有权,默许地方政府侵害农民土地权益的行为。通过土地征收的方式将集体土地转变为国有土地,土地收益绝大部分被地方政府攫取,农民所获得的征地补偿无法与集体经营性建设用地直接进入市场流转而获得的土地收益相比,这无异于再次刺激地方政府大量获取土地财政的欲望,造成新一轮的征地热潮。而且《中华人民共和国土地管理法》规定政府行使征地权的前提是"国家为了公共利益的需要",而为了保证土地利用规划区内均为国有土地而行使征地权也并不符合征地

---

① 周其仁. 土地的市场流转不可阻挡[N]. 经济观察报,2013-12-23.
② 宋志红. 集体经营性建设用地入市改革的三个难点[J]. 行政管理改革,2015(5):38-43.

的基本前提条件。三是若有此规定,土地利用规划怎样确定城镇建设用地范围必将成为不同利益群体争相干预的对象,使划分难度加大,最终导致土地利用规划确定的城镇建设用地范围成为各方利益平衡的结果,其科学性与合理性将大打折扣。而且,《宪法》中关于城市土地权属的条款亦可以根据社会经济发展的实际情况进行调整,土地的公有制属性从根本上说并未发生改变。因此,对此范围无需限定。

尽管如此,在各地开展多年的集体建设用地流转试点实践中,将范围限定于"土地利用规划确定的城镇建设用地范围之外"的地方并不少见。这实际上是对农村土地所有权的侵犯和对农民土地收益的掠夺,应当在试点过程中逐步取消,统一划定集体经营性建设用地的入市范围。

三、入市主体界定

虽然我国学者很早就对集体经营性建设用地进行研究,但多数学者主要聚焦于集体经营性建设用地的法律制度、入市机制、入市收益分配、税制改革等方面,对入市实施主体并未做过多针对性研究,在中国知网中以"集体经营性建设用地入市实施主体"为主题进行检索,共出现92条检索结果,与以"集体经营性建设用地"为主题检索出的1740条结果相去甚远,其中关键词包含"入市主体"或"实施主体"的文献共4篇。

集体经营性建设用地入市的研究主要涉及三个主体:所有权主体、入市主体、入市实施主体。"入市主体"也称"流转方""出让主体",在土地归属权问题上,学者们并无过多争议,依据我国新修正的《中华人民共和国土地管理法》第十一条规定,[①]农民集体拥有集体经营性建设用地所有权,是集体土地所有权主体。但学者们在入市主体的界定上出现了较多分歧。从所有权角度出发,入市主体即土地所有权人,乡(镇)政府、村集体和村民小组具有"集体"人格,因此入市主体是乡(镇)

---

① 新修正的《中华人民共和国土地管理法》(2020年1月1日生效)第十一条规定,农民集体所有的土地依法属于村农民集体所有的,由村集体经济组织或者村民委员会经营、管理;已经分别属于村内两个以上农村集体经济组织的农民集体所有的,由村内各该农村集体经济组织或者村民小组经营、管理;已经属于乡(镇)农民集体所有的,由乡(镇)农村集体经济组织经营、管理。

政府、村集体和村民小组,而村民委员会和农村集体经济组织不是"农民集体",因此它们不能作为入市主体。^①也有学者并不赞同此观点,指出入市主体理应是农民集体,但由于"集体"概念模糊,因此入市主体是土地所有权法定的代表主体,应当包括村民委员会、村民小组和农村集体经济组织。^②也有学者提出,土地所有权主体包括享有权利的农民集体和行使权利的村民委员会、村民小组和农村集体经济组织,根据不同的土地所有权人确定不同的入市主体。^③入市主体的确认需要理清所有权的归属和实施主体,作为特别法人的农村集体经济组织,应担当入市主体。^④

入市实施主体也称为"代行出让主体""入市主体代表或代理""代行主体""入市代理主体"。入市实施主体是入市的实际操作者,负责操作入市事宜,在实践中不仅入市主体直接作为入市实施主体,部分区域还会委托代理主体入市土地,因此入市实施主体包括村民委员会和村民小组、农村集体经济组织、乡(镇)政府、企业法人机构及土地联营公司或土地整备中心。^⑤实际上在我国学者的研究与实际案例中,大多数情况下并未完全区分入市主体和入市实施主体,入市实施主体在案例研究与地方管理规定中常常空有虚名。而入市主体则涵盖了双重身份,既是"入市主体"本身,又承担了入市实施主体的责任,如入市主体可以代替村集体行使流转土地的职能。^⑥进而在归纳总结试点地区入市主体时,将入市实施主体纳入了入市主体范畴,提出入市主体的六种情形:(1)农村集体经济组织;(2)农民集体;(3)村民委员会或乡(镇)政府、街道办事处;(4)土地股份合作社、土地专营公司等法人组织机构;(5)有关农村集体经济组织联合设立入市实施主体;(6)不同

---

① 宇龙. 集体经营性建设用地入市试点的制度探索及法制革新——以四川郫县为例[J]. 社会科学研究,2016(4):89-94.

② 岳永兵. 集体经营性建设用地入市实施主体对比分析[J]. 中国国土资源经济,2019(6):29-34.

③ 张先贵. 土地开发权与我国集体经营性建设用地入市[J]. 北方法学,2017(2):110-119.

④ 陈耀东. 集体经营性建设用地入市流转的法律进路与规则设计[J]. 东岳论丛,2019(10):119-129.

⑤ 岳永兵. 集体经营性建设用地入市实施主体对比分析[J]. 中国国土资源经济,2019(6):29-34.

⑥ 刘亚辉. 农村集体经营性建设用地使用权入市的进展、突出问题与对策[J]. 农村经济,2018(12):18-23.

集体所有的经营性建设用地由不同种类的主体实施入市。[①]

出现上述情况的原因是现今我国与集体经营性建设用地入市相关法律规定中并未明确入市主体和入市实施主体的内涵与范围,也并未对两者的权责进行规定,所以出现了入市主体与入市实施主体混淆使用、概念不清的情况。显然,这并不利于对入市实施主体进行深入研究。虽然我国在入市实施主体方面的研究较少,但这并不代表入市实施主体在集体经营性建设用地入市中不重要、没有影响力或没有研究价值;相反,作为入市的具体操作者,入市实施主体对入市效果起着决定作用。本书认为,入市实施主体未能引起重视的原因在于我国集体经营性建设用地入市工作还处于摸索阶段,相关的法律制度并不完善,我国还未建立与之配套的实施管理细则,入市工作均由地方政府自行探索,各区域实施办法不同且进度不一。例如北京大兴区在2015年底制定了《大兴区农村集体经营性建设用地入市试点工作方案》,对入市工作4个环节、26个步骤做出了明确规定;四川省泸县2016年出台了《泸县农村集体经营性建设用地入市管理办法(试行)》及配套办法;山西省晋城市在泽州县试点的基础上印发了《关于推进农村集体经营性建设用地入市的意见(试行)》,各县(市)构建了"1+9+3"制度体系,即:"一个总体制度",具体设计入市政策;"九个配套制度",完善入市程序,土地权属调整等操作层面的程序和办法;"三个保障制度",明确交易公正、纠纷解决等相关问题解决办法。而内蒙古格林尔县至今仍未建立完备的制度体系。[②] 同时,提高农民收入是允许集体经营性建设用地入市的初衷,本着立法先行的原则,收益为政策施行的最终目标,我国学者将研究重点放在立法、利益分配等方面无可厚非。但随着我国集体经营性建设用地入市工作的全面铺开,入市实施主体是集体经营性建设用地入市准备和交易环节无法绕开的部分,其分量会越来越重,影响也会更加深远,对入市实施主体的研究势在必行。

---

① 陆剑,陈振涛. 集体经营性建设用地入市改革试点的困境与出路[J]. 南京农业大学学报,2019(2):112-122.

② 李丽萍. 农村集体经营性建设用地入市研究——以山西省泽州县为例[D]. 晋中:山西农业大学,2018.

四、参与分配的主体

进行土地收益分配,首先要明确分配主体。对于集体经营性建设用地分配主体,学者们存在较多分歧,争论的焦点在于两个方面。

一是地方政府是否可以参与收益分配。持否定观点的学者认为,集体建设用地使用权增值收益的分配主体应以土地权利人为主,即土地所有者、土地使用者和国家,地方政府并非集体建设用地的权利人,在法理上没有理由参加土地增值收益分配。[①] 还有学者提出政府不宜直接参与集体经营性建设用地使用权初次流转的收益分配,不仅是因为初次分配主要基于产权的原则,同时作为集体经营性建设用地流转的主导者,如果还直接参与收益分配,势必会造成土地市场秩序的混乱。[②] 在政府是否应该参与分配这个问题上,学界逐渐产生了理念分化。绝对土地所有权是绝对土地产权学派的基础,其主要观点为土地入市后的流转收益自然全部归农民集体经济组织,农民集体成员平均分配收益。相对土地产权学派基于相对土地所有权,认为现实中的土地所有权都是外部环境及基础建设投资带来的影响,因为集体经营建设用地获得的总体收益其中一部分包括规划所带来的收益,那么政府就理应参与收益的分配。显然,根据义乌市《农村集体经营性建设用地入市管理办法(试行)》中第三十八条有关规定,交易双方获得的收益需要向政府缴纳调节金来履行义务,显然义乌更偏向于后者的观点。

事实上,集体经营性建设用地使用权转让得以发生的一个重要原因在于地方政府对于基础设施的投入改变了该地区的开发利用条件,使土地使用者愿意支付租金。也就是说,政府在公共基础设施等方面的投入是引起土地增值的重要原因之一。如果政府不参与集体经营性建设用地收益分配,只强调集体土地权利,而不使集体承担责任,显然也是不公平的。[③] 虽然从法理上讲,地方政府并非权利主体,无权分享集体经营性建设用地收益,但是地方政府是实际上的区域经济建设和发展的主体,基础设施建设的投入并未因土地所有权性质的不同(集体土地与

①　李延荣. 集体建设用地流转要分清主客体[J]. 中国土地,2006(2):14-15.

②　陶鎔. 集体建设用地使用权流转收益分配之法律探讨[J]. 湖南社会科学,2013(1):69-72.

③　贾康. 中国新型城镇化进程中土地制度改革的新思路[J]. 经济纵横,2015(5):1-10.

国有土地)而将其置于规划管理之外。事实上每年政府都投入专项资金,加强农村的基础设施建设。因此,集体经营性建设用地的增值实际上是政府基础设施建设产生的外部正效应。如果在集体经营性建设用地收益分配时忽视地方政府在土地增值过程中的作用,那么必然会伤害到地方政府的热情与积极性,从长远来看,只能产生对双方都不利的影响。因此,就集体经营性建设用地增值收益分配来看,其主体应当包括地方政府。至于地方政府参与分配的形式,可以通过收取管理费用或土地增值税等参与分配过程。[①] 由于各地政府主体参与分配的标准不同,各地政府在土地增值收益调节金的收取比例上很难达成一致。

二是农民是否可以参与收益分配。赞同的学者以周其仁为代表,提出要确立农民对土地的产权和决策权,扩大集体建设用地直接进入市场通道,以改善城乡的利益分配关系。[②] 反对的学者以贺雪峰为代表,认为农民只拥有集体土地的承包经营权,目前集体建设用地的收益分配正在城中村、城郊村和沿海发达地区农村催生出一个若隐若现的庞大土地食利群体,这部分人仅占农民总人数的极少数,但他们不仅造成了农民的两极分化,也造成了新的不公平。[③]

赞同农民参与分配的学者占多数。实际操作中农民也作为集体经营性建设用地收益的主要获得者,成了事实上的分配主体。因此,集体经营性建设用地流转收益在农民集体与农民之间如何分配是学界关注焦点之一,而且研究主要是从集体内部收益分配比例、农民集体成员财产权益保障及收益分配机制完善等方面进行论述的。[④] 作为集体经济组织的成员,农民有权决定如何进行集体内部收益分配,包括集体经营性建设用地收益分配。但是,由于我国基层民主制度的不完善及集体所有权主体的虚位,农民合法权益受到侵害的现象仍然存在。因此,一方面要构建土地应构建土地收益的外部分配机制,另一方面要按照集体成员权理论完善内部分配规则。[⑤] 在进行流转收益分配时,分配的比例可以按照当地的生

---

① 杨继瑞,帅晓林. 农村集体建设用地合理流转的支撑体系:权益分配抑或外部环境[J]. 改革,2009(12):73-78;林瑞,朱道林,刘晶. 土地增值产生环节及收益分配关系研究[J]. 中国土地科学,2012(2):3-8.

② 周其仁. 缩小城乡差距要让农民分享土地收益[J]. 农村工作通讯,2010(21):47.

③ 贺雪峰,魏继华. 地利共享是中国土地制度的核心[J]. 学习与实践,2012(6):80-83.

④ 樊帆. 影响集体经营性建设用地流转收益分配方式的主要因素——基于微观主体农户的调查[J]. 理论与改革,2015(5):92-95.

⑤ 蒋炳镇. 集体建设用地有偿使用与使用权流转收益分配制度研究[J]. 南方农村,2012(11):9-17.

活水平进行调整,而非按照固定比例,以免造成收益过高或过低的问题。①实践中,各地集体建设用地增值收益分配办法也不尽相同,但多数采用固定比例的方式,由地方政府收取土地增值收益调节金,剩余部分在集体经济组织与农民个人之间进行分配。

目前,对于集体经营性建设用地增值收益分配的政策研究仍在探索之中。部分学者基于实践提出了不同设想。包括:推行年租制;②实行"农民—公司—业主"的土地股份合作制、出租土地以收取租金和土地权益入股的集体土地收益分配模式;③运用联盟收益分配机制实现增值收益分配共赢;④通过股份合作社将额外增值收益保留在集体;⑤集体经济产权制度改革、土地换社保和土地基金会的收益分配方式。⑥部分学者对试点地区改革进行跟踪性研究,其研究成果为其他学者提供了很好的参考。⑦

当前学界对集体经营性建设用地收益分配制度的研究都是从宏观角度去分析,从国家法律制度层面出发,保障农民合理的收益分配为目的进行研究,兼顾国家、集体和农民的收益分配机制,实质上并没有上升为国家层面的法律机制,⑧因此应当落实集体经营性建设用地用益物权的法律地位,厘清所有权人和使用权人在入市中的不同地位,规范对集体建设用地的税收管理制度,政府以税收形式调

---

① 郭世强,罗崇亮,游斌. 农村集体建设用地流转收益分配研究——基于公平与效率视角[J]. 中国房地产,2014(3):22-29.

② 张鸣明,朱道林. 我国土地出让收益分配的代际关系分析[J]. 农村经济,2005(4):21-23.

③ 胡小平,孔喜梅. 农村土地使用权流转与农民利益保护[J]. 经济学家,2005(6):40-44.

④ 赵亚莉,吴群. 基于政府失灵视角的农村集体建设用地流转研究[J]. 农村经济,2008(8):22-24.

⑤ 李元珍,杜园园. 新集体主义:土地增值收益分配的新机制——以成都市大英村调查为基础[J]. 贵州社会科学,2013(4):113-118.

⑥ 孔祥智,袁佩佳. 小城镇建设中土地利用情况及收益分配制度创新——北京市10个小城镇实地调研报告[J]. 北京农业职业学院学报,2008(5):48-55.

⑦ 徐航建,黄玉莉. 对农村集体经营性建设用地入市的思考——以广西北流市为例[J]. 南方国土资源,2015(9):36-37;付宗平. 集体经营性建设用地入市存在的问题及对策——基于成都市的实证分析[J]. 农村经济,2016(9):31-36;赵磊. 农村集体经营性建设用地入市试点透视——以北京市大兴区为例[J]. 中国农业资源与区划,2016(1):131-135.

⑧ 邢庆雅. 集体经营性建设用地入市收益分配法律问题研究[D]. 哈尔滨:东北农业大学,2017.

节各地入市收益差距。[①] 在集体土地产权改革的背景下,建议在具体政策设计中进一步鼓励与引导集体经济组织采取股权量化方式分配集体留存的入市收益,让成员能够更多、更好地分享集体资产的长期增值收益。[②] 但是目前,具体讨论收益分配制度如何构建(如分配方式如何创新、分配比例如何设定、分配主体如何明确等)问题的研究较少。

五、集体土地入市收益分配的研究视角和研究方法

由于当前集体经营性建设用地入市中土地增值收益分配存在分配主体不明确、制度不健全、分配比例严重失衡的问题,学者从多元视角出发,运用宏观与微观、定量与定性等方法对收益分配进行研究,提出了丰富的分配方案。当前国内在研究集体土地入市收益的研究聚焦在土地增值收益测算和分配方面,学者多基于贡献与风险、博弈论、微观主体、产权等视角提出了集体经营性建设用地入市中的收益分配理论方法,也有学者从地租地价层面研究土地增值收益形成机理,为建立增值收益分配模型测算提供基础。[③] 周小平等提出在土地收益分配核算方法上,学者常用德尔菲法、Shapley值法、成本法与剩余法等。[④]

一是产权角度分析。学者根据产权理论,确定土地收益归属,将其直接具体到各所有权主体,明晰集体土地权利归属;[⑤] 土地级别影响土地增值收益,袁晨光等从土地产权及建设用地价格影响因素出发,构建收益分配测算模型,明确了政府与集体经济组织在土地增值收益中分配比例为28.6％和71.4％。[⑥]

---

① 陈洁斌. 农村集体经营性建设用地入市收益分配的法律分析[J]. 中共乐山市委党校学报,2019(4):100-106.

② 于浩洋. 集体经营性建设用地入市收益分配问题研究综述[J]. 农村经济与科技,2019(19):28-32.

③ 周滔,卜庆莹. 基于修正的Shapley值和TOPSIS的集体建设用地入市收益分配研究[J]. 西南师范大学学报(自然科学版),2020(11):129-139.

④ 周小平,冯宇晴,余述琼. 集体经营性建设用地入市收益分配优化研究——以广西北流市的改革试点为例[J]. 南京农业大学学报(社会科学版),2021(2):116-125.

⑤ 沈孝强,吴次芳,陆汝成. 集体建设用地使用权入市改革的利益衡量:一个分析框架[J]. 经济体制改革,2015(2):82-86.

⑥ 袁晨光,王令超,王磊. 集体经营性建设用地入市中土地增值收益合理分配研究[J]. 河南科学,2021(11):1850-1856.

二是微观农户视角分析。樊帆基于农户认知视角研究并通过武汉市的实证分析表明,农户在土地入市收益分配中有长远的利益诉求,农户的分配意愿倾向于长期的保障生计的持续性分红,而分配意愿基于土地财产权利人的地位和财产权利的明晰。[①] 刘鹏凌和蔡俊通过佛山市南海区的样本分析认为,土地规模经济效益和完善的收益分配制度是影响农户参与土地入市流转的重要因素。[②] 袁士超和王健结合中国家庭数据调查实证分析表明,农民在大规模化的集体经营性建设用地入市中有长远的利益诉求,因而会产生融资需求,融资需求是追求土地发展权益的体现。[③]

三是主体博弈视角分析。学者以博弈论的视角分析集体经营性建设用地入市中利益主体间的收益分配关系,收益分配比例很大程度上是各利益主体博弈互动的结果。[④] 吕丹和薛凯文通过演化博弈模型分析收益分配中政府、村集体、农民三者之间的关系,并充分探讨地方政府主导作用的角色定位,但应降低其在入市中的分配比例。[⑤] 在研究各主体增值收益分配比例上,学者以实地调研数据为基础,通过运用成本收益分析、Shapley 值模型、成本法与剩余法等测算主体间利益分配比例。[⑥] 陈尧等以博弈论视角分析各主体的关系,进而提出均衡利益主体收益分配,平衡利益主体关系,并以郫都区为例做实证分析,提出政府、村集体、农民

①　樊帆. 影响集体经营性建设用地流转收益分配方式的主要因素——基于微观主体农户的调查[J]. 理论与改革,2015(5):92-95.

②　刘鹏凌,蔡俊. 集体经营性建设用地整备统筹入市的农户意愿与行为响应[J]. 中国土地科学,2020(8):63-71.

③　袁士超,王健. 农地经营权流转的农户融资诉求效应研究——基于中国家庭调查数据的实证分析[J]. 中国土地科学,2021(6):38-47.

④　赵振宇,陈红霞,赵繁蓉. 论集体经营性建设用地增值收益分配——基于博弈论的视角[J]. 经济体制改革,2017(4):77-83;贾敬轩,张青,郭丽华. 集体经营性建设用地流转增值收益分配博弈分析[J]. 合作经济与科技,2015(20):48-49.

⑤　吕丹,薛凯文. 农村集体经营性建设用地入市收益的分配演化博弈:地方政府角色与路径[J]. 农业技术经济,2021(9):115-128.

⑥　周滔,卜庆莹. 基于修正的 Shapley 值和 TOPSIS 的集体建设用地入市收益分配研究[J]. 西南师范大学学报(自然科学版),2020(11):129-139;董秀茹,薄乐,赫静文. 农村集体经营性建设用地流转收益分配研究——基于分配主体利益诉求及博弈理论[J]. 国土资源科技管理,2016(3):80-85.

三者分配比例为19％、65％、16％。[①] 韩冬以合作博弈为视角，通过 Shapley 值探讨农村土地增值政府和村集体之间的收益量化分配比例。[②]

六、文献述评

通过对国内外文献进行梳理不难发现：由于土地制度的差异，国外学者关于集体建设用地入市内容研究较少，但国外学者关于地租理论、产权理论和对我国土地制度的相关研究为本书探讨集体经营性建设用地入市增值提供了丰富的理论基础。国内学者对集体建设用地的研究起步较早，学者以现实问题为导向，从收益归属、建设用地范围、参与主体、收益分配研究视角和研究方法等方面进行了大量的多方位、多层次的卓有成效的研究。虽然集体经营性建设用地入市试点起步较晚，但是在其经验的总结、问题的剖析及理论的提升等方面不乏可资借鉴的研究成果。在对相关文献进行梳理的过程中，笔者发现我国学者在该问题上的理论研究非常充分，针对问题的总结、经验的分析及理想模型的建设等都有重要成果。但不得不承认的是，受到地理位置及推行时间先后的影响，关于集体经营性建设用地的现实案例研究并不全面，存在突出地区研究过剩，部分地区缺乏调研等问题，导致对分配模式的研究存在片面性，可能无法适用于具有特殊性的地区，缺少研究分配机制的全面视角与整体分析。

首先，学者们对土地收益分配的理解多着力于征地补偿或租税费体系，并对此展开了实际调研。虽然分配的对象差异较大，但其研究方法和理论成果亦对本研究具有一定的借鉴意义。由实践与研究成果可知：集体经营性建设用地入市的改革仍处于起步阶段，在实践过程中集体经营性建设用地入市的法律法规不健全，各试点地区集体经营性建设用地增值收益及分配比例均由地方政府自行制定，缺乏统一完整的收益分配体系。由于在各地方具体的操作中，三者之间的比例严重失衡，农民在收益分配中处于弱势地位，使集体经营性建设用地入市政策

① 陈尧,李敏,肖君,等. 集体经营性建设用地入市增值收益分配博弈分析——以成都郫都区为例[J]. 南方国土资源,2019(11):39-43,47.

② 韩冬. 基于土地发展权和合作博弈的农村土地增值收益量化分配比例研究——来自川渝地区的样本分析[J]. 中国土地科学,2017(11):62-72.

与发展农村经济、实现土地价值、提升农民收入等目的有所背离。这不仅导致各地农村集体经营性建设用地的交易成本不一样,也成为影响农村集体建设用地流转及市场统一发展的重要问题。[①] 学界在解决增值收益分配严重失衡问题上的研究成果较为充分,学者们通过静态博弈、不合作博弈、合作博弈等多元视角探讨集体经营性建设用地入市主体(包括地方政府、集体经济组织、土地使用者、农民主体)之间的互动和博弈关系,并提出相应的分配方案,但较少阐述集体经营性建设用地入市过程中各主体博弈关系的动态演变过程。其次,允许集体经营性建设用地入市是承认集体土地所有权、保护农民土地权益的第一步,但是入市后产生的建设用地收益应当如何分配和使用,目前还缺乏统一的管理和相应的监督。从文献梳理来看,当前学者从合作博弈角度分析集体建设用地入市利益主体分配的研究并不充分,现有的关于合作博弈讨论集体经营性建设用地入市收益分配仅仅是基于假设各主体间已形成合作联盟为前提,但未探讨合作联盟如何形成及其形成的动机等。再次,集体经营性建设用地入市制度建立后,需要进一步完善制度设计,以保证有可持续的集体经营性建设用地资源进入土地市场,达到既提高农村建设用地效率,又持续增加农村和农民收入的目的。最后,与集体经营性建设用地入市相配套的制度仍然急需完善。集体经营性建设用地入市首先要明确:实施主体,是单个农民还是广义的合作主体;由谁组织,由谁来代表,如何代表;如何建立公开、公平的决策体系。所有这些问题的回答都需要建立相应的规范,单单出台一个集体经营性建设用地入市暂行规定是远远不够的。

既有文献对集体经营性建设用地入市收益分配机制的研究具有重要的指导意义。然而受时空的限制,集体经营性建设用地入市收益分配机制研究仍不充分,缺乏以国家、集体、农民三者利益均衡为导向的视角创新;集体经营性建设用地入市收益分配机制缺乏统筹兼顾的系统思维。规范集体经营性建设用地入市收益分配,既要统筹兼顾国家、集体、农民三者的利益,又必须以利益均衡的分配机制作为支撑。本书首先基于试点地区集体经营性建设用地入市收益分配实践,运用动态重复合作博弈来分析利益主体博弈行为到形成合作联盟的过程,通过各主体各阶段的博弈行为分析了主体形成合作联盟的基础。其次,合作博弈联盟效

① 操小娟. 中国统一城乡建设用地市场的法律路径[J]. 中国土地科学,2015(5):56~61.

用分配求解，学者常用Shapley值求解，但现有研究Shapley值计算仅停留在传统Shapley值或基于地租理论仅考虑贡献程度方面的因素，而忽视了联盟整体效用对各主体利益分配的影响。本书通过文献研究法和AHP层次分析法识别和确定影响集体经营性建设用地入市联盟主体利益分配的因素，以影响联盟整体效益的因素为主，影响整体效益的因素又恰是影响主体利益分配的关键因素，因此影响联盟整体效益因素的识别为构建更为合理科学的效用分配模型提供了依据。最后，本书试图建构共享、可持续的利益均衡的收益分配机制，进一步化解社会矛盾冲突，切实保障农民在集体经营性建设用地入市中有"获得感"。

第二节 研究对象的界定与阐释

一、集体经营性建设用地

笼统地来说，集体经营性建设用地指的是具有生产经营性质的建设性用地。2008年，党的十七届三中全会报告中"集体经营性建设用地"被首次提出，该词随后多次出现在党的十八大报告、党的十八届三中全会等政府文件和学术研究著述中。2015年2月，第十二届全国人大常委会第十三次会议决定，授权国务院在北京市大兴区等33个试点县（市、区）行政区域，暂时调整实施《中华人民共和国土地管理法》《中华人民共和国城市房地产管理法》关于农村土地征收、集体经营性建设用地入市、宅基地管理制度的有关规定。① 至此，我国集体经营性建设用地入市开始逐步进入实践试点阶段。2018年中央一号文件强调："深化农村土地制度改革。系统总结农村土地征收、集体经营性建设用地入市、宅基地制度改革试点经验，逐步扩大试点，加快土地管理法修改，完善农村土地利用管理政策体系。"② 2019年3月，陈锡文在十三届全国人大二次会议记者会上表示，中国正在33个县

---

① 全国人民代表大会常务委员会关于授权国务院在北京市大兴区等三十三个试点县（市、区）行政区域暂时调整实施有关法律规定的决定[EB/OL]. (2015-02-28)[2020-07-20]. http://www.gov.cn/xinwen/2015-02/28/content_2822866.htm.

② 中共中央 国务院关于实施乡村振兴战略的意见[EB/OL]. (2018-02-04)[2020-11-19]. http://www.gov.cn/zhengce/2018-02/04/content_5263807.htm.

级行政单位开展试点工作,首先需要各个试点的进一步扩大推进,其次是修改和完善土地管理法,只有在上述两步完成之后,才可以确定将农村集体经营性建设用地进入市场正式纳入法律。

虽然集体经营性建设用地的概念在国家相关政策性文件中被不断提出,但并没有明确其具体的内容。因此各个地区往往根据认知习惯、自身经验和管理实践来界定集体经营性建设用地概念,其内涵大同小异,不尽相同。如巴中市规定的范围主要是存量和新增建设用地,而佛山市南海区规定的只有存量建设用地。根据中共中央办公厅国务院办公厅《关于农村土地征收、集体经营性建设用地入市、宅基地制度改革试点工作的意见》(中办发〔2014〕71号)和国土资源部《关于印发农村土地征收、集体经营性建设用地入市和宅基地制度改革试点实施细则的通知》(国土资发〔2015〕35号)等文件中的有关要求可知,集体经营性建设用地具体是指在土地利用总体、城乡规划中确定为工矿仓储用地、商服用地、旅游用地等的农村集体建设用地。

根据现行《中华人民共和国土地管理法》第四条的规定,土地可以分为建设用地、未利用地及农用地三大类,其中农用地主要指的是用于农业生产的土地,例如耕地、草地、林地及养殖水域等;而未利用地,顾名思义,是指未经过开发的土地或荒地。建设用地包含了国有建设用地及集体建设用地,《中华人民共和国土地管理法》第四十三条指出,集体所有的建设用地可以分为乡镇公共设施用地、公益事业用地及宅基地建设用地。其中,乡镇公共设施和公益事业用地主要包括道路、通信、医疗卫生、教育及养老等方面的公共服务设施所占用的土地;宅基地则是指农村农民个体以建设房屋及其附属设施为目的而对其拥有占有权和使用权的土地。[①]

综上所述,本书中所指的集体经营性建设用地是指以营利为目的,总体规划划定为建设用地且城乡规划或村庄规划划定为工矿仓储、商服、租赁性住房及自建住房等经营性用途,从事非农业生产活动所使用的集体土地。这一类土地主要包含旅游业、商业等经营活动所使用的土地,企业、工厂的建设所使用的建设用地,以及从事商业、娱乐业和旅游业等经营性活动的土地。集体经营性建设用地

---

① 武艳. 农村集体经营性建设用地入市的土地增值收益分配研究[D]. 太原:山西财经大学,2017.

所有权归农村集体所有。

二、集体经营性建设用地入市

集体经营性建设用地入市指在符合规划和用途管制的前提下,允许农村集体经营性建设用地可在构建的城乡统一建设用地市场中,像国有土地那样采用出让、租赁、入股等方式入市交易,摆脱原先割裂的土地市场束缚,实现与国有土地同权同价。[①] 在正式入市试点前,我国集体经营性建设用地长期处于隐性流转的局面。学界常用"集体经营性建设用地流转"一词,其与集体经营性建设用地入市所表达的内涵相同,即赋予集体土地和国有土地同等的地位、同样的机会,允许集体经营性建设用地在城乡统一要素市场中交易,充分实现集体经营性建设用地的财产权利和价值。

三、集体经营性建设用地入市的土地增值

土地增值和土地增值收益是两个不同的概念。土地增值为价格领域的概念,土地增值收益为分配领域的概念。[②] 土地增值指在土地交易和开发利用中所产生的价值增加量,土地增值体现为土地价格上涨;反之,当土地价格下跌时,即为土地减值或负增值。[③] 而土地增值收益指的是掌握土地的所有权人、使用权人等相关土地权利人在对土地开发、利用和投资过程中,获得由土地价格上涨而形成新增的土地价值,实质为相关土地权利人获得的土地价格变化差额。

(一)土地增值的实质

土地价值增加的实质为土地租金价格上涨,地租是土地产权的经济表达,由于增值产生的来源不同,常将地租分为级差地租、绝对地租和垄断地租。[④] 关于土

---

① 樊丽如. 农村集体经营性建设用地入市实践研究——以山西泽州试点为例[D]. 晋中:山西农业大学,2018.

② 陈阳. 集体经营性建设用地入市土地增值核算原理及技术方法研究[D]. 杭州:浙江大学,2018.

③ 周诚. 论土地增值及其政策取向[J]. 经济研究,1994(11):50–57.

④ 余慕溪. 关闭矿井土地退出增值收益分配研究[D]. 徐州:中国矿业大学,2019;周诚. 土地经济学[M]. 北京:商务印书馆,2003.

地增值的实质,学者从地租—地价角度认为其根本在于土地价值增加,即资源价值和资本价值。李肇文[①]、陈伟[②]、林瑞瑞等[③]学者多从土地价格为资本化的地租这一角度出发,认为地租增加是土地价格不断上升的基础性因素。

也有学者从均衡价格角度,认为土地价格上涨根本不在于地租资本化,而取决于市场供求关系,市场中购买者的需求及支付能力等因素也会对土地价格变化产生很大影响。[④] 在此从地租—地价角度探讨,由于经济发展对建设用地需求增加,城市土地面积的有限性为集体经营性建设用地入市创造了机会,同时也有盘活农村土地资源的政策需求,所以基于土地所有权垄断产生了垄断地租。此外,由地块空间区位差别带来的土地增值级差地租Ⅰ和对土地的直接投资产生的级差地租Ⅱ,实现了集体建设用地价值的超额利润转化,而地块基本条件中,由于入市的地块主要为建设用地,土地肥沃度对土地增值的影响不大。因此,本书中的集体经营性建设用地入市收益是指以集体经营性建设用地使用权为交易基础而产生的土地收益,即集体经营性建设用地在入市过程中不同交易环节获得的收入扣除成本后,在利益相关者间分配的收益。

(二)土地增值来源

土地是人类经济社会发展最核心的生产要素之一。本质上,土地收益是土地财产权利的实现。理解土地收益首先要明确土地及土地财产权利的内涵。在法律上,土地财产权利属不动产物权范畴。与其他财产权相同,土地权利需要有法律保护。[⑤] 土地收益是指在土地开发经营和利用过程中土地所有权人所获得的土地报酬。从土地增值的来源看,根据学者研究总结,按照增值性质划分土地增值来源有4个方面:供求型增值、投资型增值、用途型增值和政策型增值(见图1-1)。从来源可看出,土地增值是社会环境、经济政治制度政策、文化等因素综合作用的

---

① 李肇文. 城市土地增值初探[J]. 中南财经大学学报,1988(5):75-80.

② 陈伟. 城镇化过程中土地增值分配的经验启示——兼论我国土地制度改革的宪政原则[J]. 宏观经济研究,2012(7):8-10,67.

③ 林瑞瑞,朱道林,刘晶,等. 土地增值产生环节及收益分配关系研究[J]. 中国土地科学,2013(2):3-8.

④ 晏智杰. 价格决定与劳动价值论——对一种传统观念的质疑[J]. 学术月刊,1995(8):34-40;陈莹. 土地征收补偿及利益关系研究——湖北省的实证研究[D]. 武汉:华中农业大学,2008.

⑤ 韩树杰. 我国土地收益分配对国民经济的影响实证研究[D]. 北京:中国社会科学院,2014.

结果。① 厘清集体经营性建设用地入市土地增值价值的构成,是研究收益分配的前提条件。②

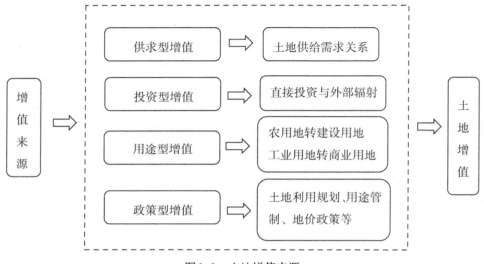

图1-1　土地增值来源

1．供求型增值

人多地少是我国的基本国情,尤其是在沿海经济发达地区,经济发展对建设用地的需求量大,且由于土地稀缺性特质,增值幅度明显。③ 随着我国社会经济的发展,城镇化率逐年提高,对土地要素空间的使用需求也随之增加,土地供给的有限性和需求不断增长之间的矛盾日益突出,对土地的需求旺盛,而集体经营性建设用地入市作为满足土地需求的一大供给,一定程度上促进了集体土地价格的提升。

2．投资型增值

投资型增值指对土地连续追加投资以改善基建设施,提升土地利用能力形成的土地价值增加。集体经营性建设用地的直接投资型增值,指政府或农村集体经济组织等土地使用者对宗地投入的资本、技术等要素,由于要素的投入,土地价值

---

① 余慕溪. 关闭矿井土地退出增值收益分配研究[D]. 徐州:中国矿业大学,2019.

② 周小平,冯宇晴,余述琼. 集体经营性建设用地入市收益分配优化研究——以广西北流市的改革试点为例[J]. 南京农业大学学报(社会科学版),2021(2):116-125.

③ 王小映. 论农村集体经营性建设用地入市流转收益的分配[J]. 农村经济,2014(10):3-7.

显现,直接性的投资会对后续土地的增值产生重要影响。外部辐射型增值地块由于邻近土地的开发而产生外溢的经济效益,如外部产业规模效应、经济辐射、外部环境等带来的增值。两种类型的增值都属于投资型增值,因增值原因不同而形成不同的增值类型。

3.用途型增值

用途型增值指的是由于土地用途调整而增加的土地价值。入市土地中,有两个方面的用途转变:首先是农用地转建设用地,由建设用地所附带的基建投入等因素影响,土地价值得以显现;其次是集体土地原土地用途为工矿仓储用地转变为商服用地,与工业仓储用地相比,商服用地土地价格涨幅更大。由于本书的研究对象为存量集体经营性建设用地,因而集体经营性建设用地入市用途转变类型主要为现有工业仓储用地转商业用地,用途转变形成级差地租。

4.政策型增值

土地增值收益受国家土地政策制度体系安排影响,这一点在集体经营性建设用地入市增收中表现得尤为突出。允许集体经营性建设用地入市是我国提高土地利用效率、彰显农村集体土地价值的一项政策安排。集体经营性建设用地无须经征地环节直接进入土地市场,在自由流转中匹配土地使用者,实现集体建设用地价值大幅提升。当然,除基本的允许入市政策以外,与之相配套的国土空间规划政策、地价政策、土地用途管制政策、产业政策等多方面政策布局安排也会对增值产生影响。如国土空间规划将一块土地的用途限定为工业用途或商业用途,就会使同一地块在土地市场中表现出不同的价格。可见,国土空间规划会影响土地后续的用途,对土地用途进行管制可以规范土地市场的秩序,地价政策是土地价值显化的最直接体现。此外,国家的各项土地政策相互联系,共同作用于土地增值。

(三)土地入市增值过程分析

当前的集体经营性建设用地入市增值分为两个环节,分别为初次入市流转和再次入市流转产生的土地增值。两个环节所对应的增值内容、增值来源、收益归属有所不同(见表1-1)。

表1-1　集体经营性建设用地入市增值收益梳理

土地增值环节	增值内容	增值来源	产权归属	分配主体
增值环节一： 初次入市流转	出让金、租金和股利	供求型增值 用途型增值 政策型增值	所有权集体所有 使用权入市流转	集体 农民 政府（调节金）
增值环节二： 土地投资开发后流转	转让金、租金和股利	用途型增值 投资型增值		土地使用者 政府（征税）

在初次入市环节流转的增值环节中，集体经济组织和农民等土地所有权人将土地使用权在土地交易市场以招拍挂等方式让渡给土地使用者，并收取相应的土地出让金、租金和股利等。其土地增值来源首先是当地经济发展对土地需求和土地稀缺性所带来的增值；其次是由于土地用途及土地入市政策所带来的增值。假设入市前土地价格为P_0，土地价值为V_0；符合规划和用途管制的集体经营性建设用地进入市场进行交易，土地所有者获得出让价款，即土地入市交易价为P_1，价值为V_1。入市初次土地增值＝土地入市交易价（P_1）－集体经营性建设用地原基准价（P_0）－相关成本，即土地入市价格与原土地基准价格的差值，再扣除相应的开发成本。[①]

再次入市流转即土地投资开发后流转，土地使用者以租赁、转让等方式在一定时限内让渡所拥有的集体建设用地使用权，获得转让金、租金、股利等收益。从增值的内容比较来看，初次入市流转土地所有权人获得出让金，再次入市流转土地使用者获得转让金。新土地使用者获得土地使用权后，向政府缴纳相关税费，投入土地基建等成本进行投资开发，土地再次流转产生级差地租。此时土地再次流转价格为P_2，价值为V_2。再次流转的增值收益＝土地再次流转价格（P_2）－前土地基准价格（P_1）－基础设施建设成本、相关税费。

集体经营性建设用地入市土地增值形成机理见图1-2。

---

① 林瑞瑞，朱道林，刘晶，等．土地增值产生环节及收益分配关系研究[J]．中国土地科学，2013(2):3-8.

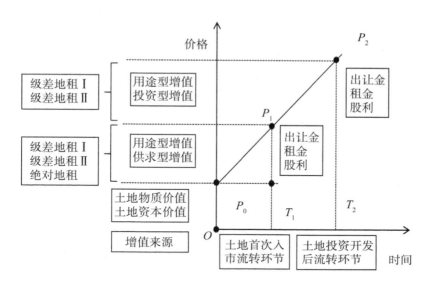

图1-2 集体经营性建设用地入市土地增值形成机理

四、集体经营性建设用地入市增值收益分配

土地增值收益作为分配领域的概念,[①] 是通过出让或租赁的方式而实现的变现土地价格和地租量的增加值。[②] 集体经营性建设用地入市收益,其实质主要是由土地产权所带来的增值收益,土地产权中的土地使用权进入土地市场中进行交易,通过价格形式量化土地价值量,实现土地的经济变现,土地所有权人获得土地增值收益。[③]

在集体经营性建设用地入市中,收益分配是核心问题,涉及的利益主体多且复杂,因此分配格局安排是利益主体时刻关注的,只有合理保障各利益相关者的权益,才能有效提高建设用地资源的配置效率。集体经营性建设用地入市后,开发商支付相应的土地款,土地款资金的流入方分别为政府、集体经济组织、农民。以2016年4月颁发的《农村集体经营性建设用地土地增值收益调节金征收使用管

---

① 韩冬,韩立达,何理,等. 基于土地发展权和合作博弈的农村土地增值收益量化分配比例研究——来自川渝地区的样本分析[J]. 中国土地科学,2017(11):62-72.

② 朱道林. 土地增值收益分配悖论:理论、实践与改革[M]. 北京:科学出版社,2017.

③ 谢保鹏,朱道林,陈英,等. 土地增值收益分配对比研究:征收与集体经营性建设用地入市[J]. 北京师范大学学报(自然科学版),2018(3):334-339.

理暂行办法》(简称《暂行办法》)为依据,地方政府通过征收调节金参与分配过程。在初次入市或再转让环节,首先按土地增值的20%～50%征收调节金用以改善农村基建配套等,[1]调节金上交县级地方政府国库,纳入公共预算管理,主要计算方式为调节金＝土地增值收益×正式比例(20%～50%);其次是集体经济组织提留合适比例的收益,剩余收益分配全部给农民。

从上述集体经营性建设用地入市土地增值过程来看,增值产生于两大环节。根据增值过程,可将入市收益分为两次分配过程:首先是初次分配,农民集体作为集体经营性建设用地的产权主体,土地产权没通过经济形式价值变现前的价值为绝对地租,这部分收益主要在集体经济组织及农民之间进行分配,具体的分配比例结合入市的实践情况及各主体贡献率进行博弈分配。[2]由于集体经济组织和农民作为产权主体,在初次流转获取绝大部分的土地增值,当前地方政府在初次入市流转中通过调节金形式获取土地增值收益。其次是二次分配,由于在土地后续的投资开发流转中,政府在基建及推进流转中投入了成本,再次流转为土地使用者个人的投资开发行为,地方政府会通过税收形式增收相应的税进行二次分配,但主要土地增值由土地使用者获得。在此探讨初次入市流转环节中的地方政府、集体经济组织、农民三者间的利益分配关系。

谈到集体经营性建设用地入市收益分配,需了解集体经营性建设用地入市的政策演进情况,只有充分把握政策演进的内在逻辑,明确其演进动力,才能更好地把握利益主体的诉求及互动行为。从设立集体经营性建设用地入市试点到当前迈进城乡统一建设用地市场,梳理相关的政策文件和地方的实践过程可以看出(见表1-2),集体经营性建设用地入市流转经历了强化管理—补偿使用—全面叫停—地方立法—中央修法—全面入市几个阶段,从起初强制约束到土地可以实现自由流转,逐步放松市场后又牢牢把紧,再到如今的全面入市推进,集体经营性建设用地入市过程中颁布的各项政策,其内容就是各利益主体相互博弈的体现。

当前改革进入深水区,土地制度改革成为试点多、创新多的重点领域,尤其是

---

① 参见《农村集体经营性建设用地土地增值收益调节金征收使用管理暂行办法》(财税〔2016〕41号)。

② 何鹏飞.农村集体经营性建设用地入市增值收益分配研究——基于马克思地租理论视角[J].湖南广播电视大学学报,2020(2):36-41.

农村土地制度。虽然与过去相比,农村土地制度日益完善,但是城乡统一的建设用地市场仍在建设与完善中,土地资源配置效率仍有待提高,土地的节约集约利用还有较大提升空间。由此,以市场为导向的、公平合理的收益分配机制成为集体经营性建设用地入市过程中的核心制度之一。① 集体经营性建设用地收益分配是指农村集体经营性建设用地入市成交价款,在缴付土地交易需缴税费、土地增值收益调节金等费用后,余下的收益部分在地方政府、集体经济组织和农民个体之间进行合理分配的过程。

表1-2　集体经营性建设用地入市政策时间轴

时间	文件	相关表述
1992 年 11 月	《关于发展房地产业若干问题的通知》	集体所有土地,必须先经征用转为国有土地后才能出让
1998 年 8 月	《中华人民共和国土地管理法》(修订)	农民集体所有的土地使用权不得出让、转让或者出租用于非农建设,但因破产、兼并等情形使土地使用权依法发生转移的除外
2004 年 10 月	《关于深化改革严格土地管理的决定》	在符合规划前提下,村庄、集镇、建制镇中的农民集体所有建设用地的使用权可以依法流转
2008 年 10 月	《关于推进农村改革发展若干重大问题的决定》	提出集体土地和国有土地"同地、同价、同权",建立城乡统一建设用地市场等目标
2009 年 8 月	《关于促进农业稳定发展农民持续增收推动城乡统筹发展的若干意见》	加快农村土地确权登记,规范集体建设用地流转,逐步建立城乡统一建设用地市场
2012 年 12 月	《关于加快发展现代农业进一步增强农村发展活力的若干意见》	严格规范集体经营性建设用地流转,农村集体非经营性建设用地不得入市流转
2013 年 11 月	《关于全面深化改革若干重大问题的决定》	在符合规划和用途管制的前提下,允许农村集体经营性建设用地出让、租赁、入股,实行与国有土地同等入市、同权同价
2015 年 1 月	《关于农村土地征收、集体经营性建设用地入市、宅基地制度改革试点工作的意见》	建立农村集体经营性建设用地入市制度,明确集体经营性建设用地入市范围和途径;建立健全市场交易规则和服务监管制度
2018 年 12 月	《关于农村土地征收、集体经营性建设用地入市、宅基地制度改革试点情况的总结报告》	总结集体经营性建设用地入市试点成果,进一步明确入市条件范围、入市规则和监管措施等修法建议

---

① 郑和园. 集体经营性建设用地入市收益分配制度研究[D]. 合肥:安徽大学,2016.

续表

时间	文件	相关表述
2019 年 8 月	《中华人民共和国土地管理法》(修订)	土地所有权人可通过出让、出租等方式,将集体建设用地使用权交与单位或者个人使用
2020 年 4 月	《关于构建更加完善的要素市场化配置体制机制的意见》	出台农村集体经营性建设用地入市指导意见,建立公平合理的集体经营性建设用地入市增值收益分配制度
2021 年 2 月	《关于全面推进乡村振兴加快农业农村现代化的意见》	完善农村产权制度和要素市场配置,集体经营性建设用地入市优先保障乡村产业发展

注:根据1992—2021年国务院政府网站信息公开文件中关于土地、城乡建设等主题历年政策文件梳理总结。

　　收益分配可以根据相关利益主体的不同分为两种类型:外部收益分配是指在政府主导下进行的农村集体经营性建设用地入市以收取土地增值收益调节金的分配;内部收益分配则是指集体经济组织和农民个体在土地入市后获得的增值收益的分配,涉及集体经济组织留存比例和集体成员个体获取收益的占比,主要涉及分配主体、分配方式、分配比例三方面。在实际试点过程中发现,集体经济组织和农民个体在收益分配过程中与政府的地位不对称,农民个体往往是在政府主导规划下对土地进行流转,在收益分配制度中的权益得不到保障。因而在构造政策和实践相结合的收益分配制度中,农民和集体经济组织收益分配公平的权利能否得到保障,成为集体经营性建设用地入市成败的关键内容。

　　从社会学角度来看,机制是指在事物各个部分存在的前提下,协调各部分之间关系的具体运行方式,以更好地发挥其作用。而对于土地收益分配机制,有学者将其定义为:国家或地方政府对土地所有者、土地使用者及其他利益的主体运用地价、地税、地租等经济杠杆进行调控,从而参与土地的收益分配及再分配的这样一系列的运作过程。[①] 可见,土地收益分配机制是各利益相关主体之间因为土地收益分配和再分配过程而构建出的一种社会经济关系,其实现需要依靠政策法律的规制与约束。这一最终分配结果是各主体博弈后形成的相对均衡的利益关系。

---

　　① 童建军,曲福田,陈江龙. 市场经济条件下我国土地收益分配机制的改革:目标与原则[J]. 南京农业大学学报,2003(4):106-110.

第三节 研究的理论基础

一、土地产权理论

从我国基本国情来看,农民集体是集体经营性建设用地收益分配的主体,在收益的分配过程中应占主导地位。但由于法律规定的集体土地三级所有制,在分配过程中容易产生纠纷。因此,把集体经营性建设用地收益分配政策与现代西方理论相结合,可为收益分配的各阶段提供充分的理论依据。这里介绍一个与收益分配政策相关的重要理论——土地产权理论。

产权是指财产所有权,产权所有者可依法对自己的财产享有占有、使用、收益和处分行为的权利。而土地作为一种特殊的商品,具有供给稀缺性、位置固定性和个体异质性,其产权所有的界定、使用保护和流转分离都要遵循土地的自然经济属性。基于上述特性,可以看出即便拥有产权,也并不意味着完全的自由。在某种程度上,产权只代表一定范围内对物品的相关行为中的选择权。而产权的明晰代表着产权所有者对某种稀缺资源使用地位的保护。

起源于西方经济学的土地产权理论将土地产权看作一个权利束,它包括使用权、租赁权、抵押权等。土地产权具有排他性。马克思曾对土地产权制度及其变迁、土地产权权能、土地产权结合与分离、土地产权商品化及土地产权配置市场化等议题做了积极而深刻的探究。[1] 他认为土地产权是以土地所有权为基础的权利体系。土地的占有和所有并不是相同的概念,土地的占有者和使用者并不一定是土地的所有者,这就是土地产权的分离。[2] 而在土地产权理论发展的过程中,西方经济学家达成了共识:土地的稀缺性是产生土地配置问题的主要原因,在经济中产权制度占重要地位,且产权的核心问题是利益分配。土地产权能否在经济上实现并构成新的经济关系,决定了各个权能的结合与分离是否有意义。从法律上规

---

[1] 魏翀浚. 县家庭农场发展问题研究[D]. 郑州:河南财经政法大学,2019.

[2] 韩国顺. 马克思土地产权理论对中国农村土地所有制改革的启示[J]. 河南社会科学,2010(5):89-92.

定的土地产权,无法实现它经济上的价值,所以一般是通过土地所有权及使用权的买卖和出租来实现土地产权剩余价值的转换和获得。此外,各项土地权利可由单个主体所拥有,也可分离给多个主体去行使。随着土地产权的分离和商品经济的发展,土地的商品化成为必然趋势。由于土地的不可移动性,土地交易本质上是产权的市场化配置,土地上的各项权利作为经济资源在不同主体之间流动,成为可交易、可流通的商品。这促进了土地资源配置效率的进一步提高并保障了土地所有权人的合法权益。

在马克思土地产权理论的指导下,完善我国农村土地制度的关键首先在于明晰土地产权,以此降低土地交易的成本,从而提高土地配置效率。其次在于实行市场化配置,充分发挥市场机制的决定性作用,建立城乡统一的土地市场,使土地价值得到最大化;同时政府要发挥宏观调控的作用,保证市场秩序公开公正、竞争有序。最后在于坚持保障农民利益,农村土地流转过程中形成的土地溢价必将带来一定的经济收益,因此要对产权进行合理划分,形成较优结构的产权安排,在保证土地流转效率的同时兼顾由此带来的社会福利。

集体经营性建设用地的收益分配,本质上是产权制度下各个主体间的利益分配。我国法律规定农民是集体土地的唯一主体,所以在利益分配的过程中自然应占主导地位。目前的集体土地三级所有制在收益分配过程中有利益纠纷和分配主体不明确等问题存在。因此,土地产权理论可以用于指导集体经营性建设用地入市收益的均衡分配,有助于维护相关主体的基本权益。

二、地租地价理论

马克思的地租理论是土地经济学的核心概念。就其经济关系的本质来说,地租是直接生产者在生产中创造的剩余生产物被土地所有者所占的部分。地租是土地所有权在经济上的实现形式,是社会生产关系的反映,在不同阶段代表着不同的生产关系。资本主义地租以土地私有制为基础,按其形成条件分为三个部分,即级差地租、绝对地租和垄断地租。[①] 级差地租指的是土地使用者对质量等级

---

① 毕宝德. 土地经济学[M]. 8版. 北京:中国人民大学出版社,2020.

较高的土地追加投资产生级差地租Ⅰ和级差地租Ⅱ所形成的超额利润。级差地租Ⅰ以土地质量为基础,级差地租Ⅱ基于土地使用者的资本投入而产生。[①] 绝对地租则是以掌握的产权资源为前提,土地所有者基于产权占有获得超额利润。垄断地租指的是该土地所有权人的产权资源有着独特的资源禀赋且该资源稀缺度高,那么土地所有者和使用者在垄断中能获得超额利润。[②]

土地价格也是一个重要的概念。土地价格作为地租资本化的体现,深刻形象地反映了地租的增值轨迹。作为资本化的地租,在集体经营性建设用地进入土地市场交易时,地价的变化最为直观地体现出集体土地的价值量变化情况。

探讨集体经营性建设用地入市利益分配以马克思地租地价理论为基础和出发点。[③] 三大地租是探讨土地增值收益来源的重要依据,而地租地价理论中关于土地的权属关系和利益分配两者间的探讨,为分析集体经营性建设用地入市利益主体与产权关系提供了理论基础。

三、交易费用理论

经济学家罗纳德·科斯(Ronald Coase)于1937年首次提出交易费用理论。科斯认为原有的市场交易效率低是由于交易过程中存在的机会主义、交易主体的有限理性、风险等各方面因素使交易需要付出更多的成本,而这些成本又称为市场主体利用市场机制所产生的费用。[④] 约翰·威廉姆森(John Williamson)进一步细化了三个影响交易费用的因素,以此优化交易费用理论,提出由于决策具有持续性和应变性特征,交易费用的形成还需要考虑资产专用性、不确定性和交易频率三个交易维度。[⑤] 只有更好地考虑交易中各方面影响因素(如明确资产专用属性,

---

① 陈珍. 城乡一体化土地市场下土地增值收益分配问题研究[D]. 武汉:华中师范大学,2011.

② 马海涛,韦烨剑,郝晓婧,等. 从马克思地租理论看我国土地出让金——兼论房地产税背景下土地出让金的存废之争[J]. 税务研究,2019(9):72-79;马克思. 资本论(第三卷)[M]. 北京:人民出版社,2018.

③ 王高远. 集体经营性建设用地入市的区域差异研究[D]. 杭州:浙江大学,2019.

④ 刘湖北,戴晶晶,刘天宇. 交易成本视角下的农地抛荒生成机理分析——以甘肃省J村为例[J]. 农村经济,2016(5):53-58.

⑤ 威廉姆森,马斯滕. 交易成本经济学——经典名篇选读[M]. 李自杰,蔡铭,等译. 北京:人民出版社,2008.

确定资产用途;考虑交易环境与交易人行为的不确定性所带来的损失,提前做好应对预案;减少交易频率,降低相对管理和议价费用,往往期望通过较少的交易形成较为稳固的权属关系),才能更好地在交易中降低交易费用。[①] 为了便于分析集体经营性建设用地入市中各主体的行为导向,本书运用交易费用理论,分析集体经营性建设用地入市各利益相关者在入市交易过程决策行为的交易成本,从而对利益主体在集体经营性建设用地入市中的行为进行解释,为探讨利益主体合作博弈下形成的合作联盟提供理论基础。

四、博弈论

博弈论主要研究探讨理性行为主体在相互影响相互作用的条件下,基于利益最大化的目标所做出的决策性互动策略行为及决策形成的相对均衡问题。[②] 由于博弈信息存在不对称性、不确定性和再生性因素的影响,常常伴随着具有不同利益目标的竞争和对抗等博弈行为。[③] 博弈模型中包括以下基本要素:博弈局中人(player)、策略集(strategies)、顺序(action)、信息(information)、支付函数(payoff function)和效益(utility)。[④] 博弈参与者根据自身拥有的信息做出博弈策略以获得效益,这是博弈参与者基于效益出发点到归属点的过程。

根据博弈局中人的利益目标是否一致及参与者决策性互动时是否可以协调达成一致性约束协议,将其分为非合作博弈与合作博弈。[⑤] 非合作博弈强调的是局中人在相互作用情形下如何做出最优决策以使自身收益最大化,其以个人理性为基础,如囚徒困境就很好地阐释了非合作博弈中个体理性影响集体非理性。而合作博弈强调博弈的参与方总体利益的提升,实现多方和其中两方的共赢,合作中的任何第一方不存在利益受损的问题,注重团体理性以达到有效率的公平合作

① 黄燕芬,张志开,张超. 交易费用理论视角的中国农村土地信托模式研究[J]. 公共管理与政策评论,2020(5):73-86.

② 高鸿业. 西方经济学[M]. 北京:中国人民大学出版社,2007.

③ 贾成义,黄朝明. 基于封闭住区开放博弈视角的城市土地产权问题研究[J]. 经济体制改革,2018(5):52-58.

④ 宋杰鲲,张宇. 基于博弈论的企业合作竞争情报分析与成本分摊模型[J]. 情报杂志,2011(7):22-25.

⑤ 马希勒,索兰,扎米尔. 博弈论[M]. 赵世勇,译. 上海:格致出版社,2018.

关系。合作博弈的探讨核心为两个以上局中人达成合作协议时的联盟利益分配问题。在合作过程中,各主体可以共享彼此所拥有的资源,如在商业环境中合作可以使总体效益提升,企业合谋行为所做的共同决策提升了合作者盈利。[①] 在农村集体经营性建设用地入市中,各利益主体间关系复杂,利益相关者为追求最优利益而相互博弈。由于集体经营性建设用地的特殊性,入市交易会对地方政府、集体经济组织和农民利益造成影响,三者为实现土地收益最大化,会选择合作方式推进集体经营性建设用地进入市场流通。

博弈论视角通过假定行动主体追求利益最大化理性经济人角色,从策略选择角度研究行动主体之间的互动,在分析各行动主体间互动过程和结果上具有优势。本书主要探讨集体经营性建设用地入市中政府、集体经济组织和农民三个核心利益主体在合作博弈中的收益分配问题,因而在讨论合作博弈主体收益分配问题时,需引进被广泛地应用于求解合作联盟收益分配的Shapley值。Shapley值依据边际贡献进行收益分配,作为一种重要的合作博弈核心唯一解,成本和收益按照边际成本进行衡量,局中人利益等于其对所有合作边际贡献值的期望值,体现了各参与者对联盟总目标的贡献程度,而不同合作方会相互分析彼此间的优势条件,最终实现主体间利益均衡化。

五、利益相关者理论

利益相关者理论最初发源于20世纪60年代企业管理领域的研究。"利益相关者"这一概念最早源于1984年的《战略管理:利益相关者管理的分析方法》一书中提到的"利益相关者管理理论"。作者弗里曼提出:"利益相关者是能够影响一个组织目标的实现,或者受到一个组织实现其目标过程影响的所有个体和群体。"[②]此后,经过理论和实践的不断丰富,逐渐形成了较为成熟的理论框架。利益相关者理论强调公司治理是一种为综合平衡及梳理主体之间的互动关系而进行的分析活动。其核心要义是将企业视为一个"社会存在",强调在多元化的利益主体之

---

① 南江霞,王盼盼,李登峰. 非合作—合作两型博弈的Shapley值纯策略纳什均衡解求解方法[J]. 中国管理科学,2021(5):202-210.

② 弗里曼. 战略管理:利益相关者方法[M]. 王彦华,梁豪,译. 上海:上海译文出版社,2006.

间求得利益的均衡,以谋求企业的可持续发展。[①] 任何组织目标的实现都离不开组织内所有利益相关者的参与,因此,要梳理利益主体的角色特征和行为诉求,以及梳理主体之间的互动关系,其重要原则是以利益相关者的利益为中心,为实现公司的利益,必须为利益相关者制定分类战略,重视识别"主要的"或"核心的"利益相关者,以及"次要的"或"潜在的"利益相关者,并对他们的优先次序进行排列,而不是过去单一的股东利益至上。要呼吁"利益相关者"共同治理,以创造尽可能多的价值和共赢情景,实现组织的最终价值目标。

利益相关者理论为理解政策制定和治理活动提供了新的视角,从传统的管理者主导,逐渐转向重视利益相关者的作用。他们之间是平等的,以制度设计、订立契约等形式将所有利益相关者的诉求纳入考量,最后通过一系列情境互动达成共识。[②] 随着新公共管理运动的兴起,利益相关者理论作为现代企业战略管理研究的重要理论基础和分析工具,被广泛应用于政治学、社会学、公共管理学等领域[③]。在农村土地制度改革中,利益相关者理论也有所应用。

根据利益相关者理论,可以发现集体经营性建设用地入市中错综复杂的土地利益关系涉及多方利益主体,政府、集体经济组织、农户、市场主体等多元利益相关者共同参与治理。如果未能厘清各利益主体的角色定位、诉求及其相互之间的关系,改革过程中因利益相关者的利益差别及其诉求不同,会造成对于资源的抢夺,甚至爆发冲突,阻碍改革的推行。因此要明确集体经营性建设用地入市中核心利益相关者的角色定位和权益边界,并关注各个利益相关者的合理需求和差异,通过规范行为、加强协调、整合诉求寻找共同的价值追求,构建科学的制度安排和路径设计,促成多方共治共享共赢。因此探讨集体经营性建设用地入市土地增值收益的分配关系,有必要将其置于利益相关者理论视角下,去理顺各利益相关者主体之间的联结。

---

① 高和平. 基于利益相关者理论的土地利用总体规划修编困境研究[D]. 呼和浩特:内蒙古师范大学,2013.

② 齐宝鑫,武亚军. 战略管理视角下利益相关者理论的回顾与发展前瞻[J]. 工业技术经济,2018(2):3-12.

③ 胡芬,何象章. 宅基地换房利益相关者的博弈均衡分析[J]. 湖北社会科学,2015(3):148-153.

第四节　集体经营性建设用地入市
制度形成脉络与现状

　　农村土地制度改革是实施乡村振兴战略的重要节点。集体经营性建设用地入市制度作为农村土地制度安排中最特殊、对利益影响最敏感的一项制度，其制度创新对于保障乡村产业用地以促进产业兴旺、改善农村生态环境以促进生态农居、赋予农民土地财产权益以促进农民增收，具有重要的激活作用与溢出效应。

　　我国的集体经营性建设用地进入市场，最早可以追溯到20世纪80年代。自改革开放以来，由于经济的增长，我国对于土地的需求量日渐增加，部分地区的集体建设用地或明或暗地进入市场。此后，国家就对这一问题给予了高度的重视，每年所批准的建设用地，从1999年的8.26万公顷（合826平方千米）上升到2015年的39.48万公顷（合3948平方千米），增长的速度明显加快。然而，由于我国人口和土地分布存在明显不均衡并进一步导致土地的城镇化进程高于人口的城镇化进程，以城乡二元土地制度为基础的低成本土地获取方式难以保障农村人口的基本利益。对此，党的十八大提出，我们既要坚持走中国特色新型城镇化道路，也要认清现行的土地所有制形式难以适应新型城镇化建设的现实。在国有建设用地方面，其市场化经过多年的发展，已经形成一个较为稳定的状态。与此同时，集体所有的建设用地还未形成成熟规范的交易市场，农村土地也未被有效地开发利用，农民享受不到土地流转所带来的切实收益，地方政府更加倾向于"多征多用，低进高出"的征地手段，土地流转收益更多地被地方政府占有。有学者在2012年对地方政府进行研究时指出，在一级土地市场上获得的土地出让金收入占到了地方财政收入的30%以上。[①] 因此，打破城乡二元土地制度的束缚，推动中国特色新型城镇化的发展，保障农民的合法权益，成了我国现阶段土地制度改革的重点。

　　为了实现这一目标，国家制定了一系列的措施以确保改革的顺利进行。从

---

① 陈锡文.现行征地制度难以为继[EB/OL].(2012-09-22)[2020-03-28]. http://finance.sina.com.cn/hy/20120922/184913211569.

2008年逐步建立城乡统一的建设用地市场开始,到2015年在全国范围内选取了33个县(市)进行试点,再到2018年12月29日第十三届全国人民代表大会常务委员会第七次会议通过《关于延长授权国务院在北京市大兴区等三十三个试点县(市、区)行政区域暂时调整实施有关法律规定期限的决定》,将农村土地制度改革试点法律调整措施实施的期限再延长一年,至2019年12月31日。最终,于2020年1月1日实施的最新修正的《中华人民共和国土地管理法》删除了原土地管理法中的第四十三条,即任何单位或个人需要使用土地就必须使用国有土地的规定,并增加了第六十三条的有关规定,即农村集体建设用地在符合国家规划、进行依法登记且经三分之二以上集体成员同意的条件下,可以通过出让、出租等签订书面合同的方式交由单位或个人使用,同时使用者在取得集体建设用地之后还可以通过转让、赠与或抵押等形式再次转让。而国家对于集体建设用地取得增值收益后收益分配关系的态度,我们也可以通过新修正的《中华人民共和国土地管理法》看出,即保障集体成员原有生活水平不降低,长远生计有保障;农村集体经济组织在取得土地增值收益之后,应将收支情况向集体组织成员公布,接受成员监督。以上这一系列的举措都表明了,当前我国集体经营性建设用地入市正处在不断探索的阶段,妥善处理各方的利益,处理集体经营性建设用地入市中土地增值收益在农民、集体和政府之间公平合理的分配显得尤为重要。

一、农村集体经营性建设用地入市制度形成的历史脉络

农村建设用地是指农民集体所有并用于非农业目的的土地。为更好地探究农村土地制度改革,可以从以下四个阶段认识农村建设用地制度从初步放开、全面禁止再到逐步开放的曲折变迁过程。

(一)1949—1978年:改革开放前的农村建设用地制度

1949年新中国成立,通过革命建立了农民的土地所有制,即土地私有,所有人可以自由买卖、租赁土地。1956年6月,《高级农业生产合作社示范章程》的通过,实现了土地私有制向集体所有制的转变。1962年9月,党的八届十中全会通过《农村人民公社工作条例(修正草案)》(即著名的"六十条"),决定实行"三级所有,

队为基础"的土地所有制度,生产队范围内的所有土地包括农村宅基地都归生产队所有,不得出租和买卖。自此至1978年党的十一届三中全会召开之前,国家完全禁止了农民集体建设用地的自由流转。[①]

(二)1978—1995年:改革开放初期乡镇企业用地兴起

1978年党的十一届三中全会召开后,农村经济在家庭联产承包责任制的实施下发展迅速,特别是在经济条件较发达、地理位置优越的地区,集体建设用地流转已成为经济发展的关键,致使乡镇企业使用的土地数量大大增加。1985年1月,国务院出台《关于进一步活跃农村经济的十项政策》,政策上的放宽使农民集体建设用地得以发展,允许经营规划内的建设用地商品化。以当时发展具有鲜明特色的"苏南模式"为例,20世纪80年代的苏州乡镇企业以30%左右的速度增长,苏州的工业市值占据了市财政的近2/3。然而在这一时期,国家政策只允许农民集体建设用地的使用权进行流转且必须经过地方政府的审批,并且对于所有权的流转进行了全面限制,导致土地的利用率不高,浪费了大量的土地资源。1986年《中华人民共和国土地管理法》正式出台,取代了原先的《村镇建房用地管理条例》。与此同时,国家土地管理局(简称"国土局")成立,并由其着手处理与全国城乡土地相关的工作。

(三)1996—2014年:部分地区农村集体建设用地入市

1996年,国家土地管理局为打破农民建设用地难以发展的窘境,支持了《苏州市农村集体存量建设用地使用权流转管理暂行办法》的出台,逐步放开集体建设用地的使用权并对土地用途加以限制,进行了规范化管理,自此农村集体建设用地流转从无序性走向土地的规范化管理,政府的管理力度及制度建设不断加强。2004年,国务院28号文件指出,农民集体建设用地使用权可以依法流转,前提是必须符合当地政府的规划且必须拿到地方政府的审批单。随着市场经济的发展和农村城市化建设的发展,为了提高农村土地的利用效率,党的十七届三中全会、十八届三中全会都提出"建立城乡统一的建设用地市场"[②],允许农村集体经营性

---

① 李海玉.关于农村集体建设用地流转的历史考察及若干思考[J].农业考古,2012(3):133-136.

② 姜梅.农村集体土地建设用地制度相关问题研究[J].法治与社会,2015(3):218.

建设用地与国有土地同等入市、同权同价,放宽了农村建设用地入市的条件限制,自此农村集体建设用地入市初具雏形。

(四)2014—2019年:农村集体经营性建设用地入市试点

2014年底,中办、国办印发《关于农村土地征收、集体经营性建设用地入市、宅基地改革试点工作意见》,提出了允许农村集体经营性建设用地入市,在政府政策的引导下允许农村集体经济组织依法将闲置宅基地、废弃的集体公益性建设用地转变为集体经营性建设用地入市,农村集体经营性建设用地正式进入试点阶段,授权期限截至2017年12月31日。2015年2月至2016年9月,短短17个月的时间,全国33个集体经营性建设用地试点地区正式建成。2017年11月,十二届全国人大常委会第三十次会议决定,将试点地区暂时调整实施有关法律规定的期限延长至2018年12月31日。2018年12月,又将农村土地制度三项改革试点法律调整实施的期限再延长一年,至2019年12月31日。2019年8月,《中华人民共和国土地管理法》做出第三次修正,"(农村)集体经营性建设用地"这一概念首次在法律文本中出现。自此,破解了集体经营性建设用地入市的法律障碍,农村集体经营性建设用地制度的法律法规逐步走向完善。土地管理法的修正,确认了集体经营性建设用地土地入市交易的这一试点成果,规定了集体经营性建设用地土地所有权人可以通过出让、出租等方式交由单位或者个人使用,打破了政府对土地的垄断供应。集体经营性建设用地入市制度成为振兴乡村经济的一条重要渠道。

(五)2020年至今:农村集体经营性建设用地入市写入土地管理法

自2020年1月1日起,新修正的《中华人民共和国土地管理法》实施,从法律层面明确了在符合空间规划及用途管制的条件下,集体经营性建设用地可以出租、出让,其与国有建设用地同权同价、同等入市,为集体经营性建设用地入市改革确定了法律依据。2020年4月,中共中央、国务院印发《关于构建更加完善的要素市场化配置体制机制的意见》,要求建立健全城乡统一的建设用地市场。2021年9月1日起施行的《中华人民共和国土地管理法实施条例》对集体经营性建设用地入市的主体、条件、范围、程序、登记等进行了较为细致的规定。至此,农村集体经营性建设用地入市基本制度在我国初步建立。2022年9月6日,习近平同志主持召开中央全面深化改革委员第二十七次会议,审议通过了《关于深化农村集体经营性建设用地入市试点工作的指导意见》,将在全国各省市选取试点进行探索。作为第二轮集体经营性建设用地入市试点,本轮试点主要着力解决以下两个问题:一是对上一轮改革试点尚未形成统一结论的事项继续开展深化改革;二是进一步规范、解决农村集体经营性建设用地入市实操工作中面临的难题。2021年中央一号文件要求,积极探索实施农村集体经营性建设用地入市制度。① 2022年中央一号文件要求,稳妥推进农村集体经营性建设用地入市,推动开展集体经营性建设用地使用权抵押融资。② 2023年中央一号文件要求,深化农村集体经营性建设用地入市试点,探索建立兼顾国家、农村集体经济组织和农民利益的土地增值收益有效调节机制。③ 可见,尽管集体经营性建设用地制度已经基本确立,但是围绕制度运行仍然需要相关配套制度的完善,尤其是多方兼顾的土地增值收益分配机制的构建。

二、农村集体经营性建设用地入市制度的构成

(一)土地入市流转的基本条件

2019年修正的《中华人民共和国土地管理法》中删除了原法第四十三条关于"任何单位和个人进行建设,需要使用土地,必须使用国有土地"的规定。调整后的《中华人民共和国土地管理法》第六十三条规定,"土地利用总体规划、城乡规划确定为工业、商业等经营性用途,并经依法登记的集体经营性建设用地,土地所有权人可以通过出让、出租等方式交由单位或者个人使用,……应当经本集体经济组织成员的村民会议三分之二以上成员或者三分之二以上村民代表的同意"。这一规定是重大的制度突破,它结束了多年来集体建设用地不能与国有建设用地同权同价同等入市的二元体制,为推进城乡一体化发展扫清了制度障碍,是新修正

---

① 参见《中共中央 国务院关于全面推进乡村振兴加快农业农村现代化的意见》。
② 参见《中共中央 国务院关于做好2022年全面推进乡村振兴重点工作的意见》。
③ 参见《中共中央 国务院关于做好2023年全面推进乡村振兴重点工作的意见》。

的《中华人民共和国土地管理法》中最大的亮点。[①]

可见,入市的集体经营性建设用地需要满足的基本条件包括:第一,符合土地利用总体规划和城乡规划。第二,符合规定的用途,即工业和商业等经营性用途。第三,权属清晰,入市的土地应当是"经依法登记的"。第四,入市的结论必须由集体依法决策,集体经营性建设用地出让、出租等,应当经本集体经济组织成员的村民会议2/3以上成员或者2/3以上村民代表的同意。

(二)入市流转主体

由《中华人民共和国土地管理法》第六十三条规定,"……土地所有权人可以通过出让、出租等方式交由单位或者个人使用"。可见,关于入市主体,土地管理法将其明确为"所有权人"。根据《中华人民共和国土地管理法》第十一条,集体土地所有权人分为三种情况:一是农民集体所有的土地依法属于村农民集体所有的,由村集体经济组织或者村民委员会经营、管理;二是分别属于村内两个以上农村集体经济组织的农民集体所有的,由村内各相应农村集体经济组织或者村民小组经营、管理;三是已经属于乡(镇)农民集体所有的,由乡(镇)农村集体经济组织经营、管理。

(三)入市土地的来源

集体经营性建设用地主要有三种来源:

一是存量集体经营性建设用地。它一般指的是乡镇企业用地或征地遗留下来的用于集体经济组织发展生产的产业用地。[②]

二是指标新增,即今后每年可安排一定的新增建设用地指标,将其他集体用地转为可入市的集体经营性建设用地。《中华人民共和国土地管理法》第二十三条规定:土地利用年度计划应当对本法第六十三条规定的集体经营性建设用地做出合理安排。

三是性质转换,即盘活闲置宅基地,使其成为可入市的集体经营性建设用地。

---

① 乔思伟. 农村土地制度实现重大突破——自然资源部法规司司长魏莉华解读新土地管理法[J]. 华北自然资源,2019(5): 4-6.

② 张雅婷,张占录,赵茜宇. 集体经营性建设用地入市流转增值收益分配的研究[J]. 中国农学通报, 2017,33(17):159-164.

随着改革进入深水区,点状制度改革运行造成了一定的僵化,问题现实表现为:集体经营性建设用地存量规模较小,空间分布不均,部分地区入市改革受到阻碍;[①]宅基地布局"散、小、碎",宅基地超占及闲置情况屡见不鲜,难以有效流转。[②] 面对困境,2019年中共中央、国务院发布的《关于健全城乡融合发展体制机制和政策体系的意见》指出:"允许村集体在农民自愿前提下,依法把有偿收回的闲置宅基地、废弃的集体公益性建设用地转变为集体经营性建设用地入市。"[③] 在耕地保护红线下,利用宅基地"盈余"满足集体经营性建设用地入市需求成为制度发展潜在空间,[④] "转权"与"入市"成为"三块地"改革背景下集体经营性建设用地使用权的再体系化的重大命题。[⑤] 在国家给予一定政策空间的前提下,很多地方积极开展了改革试点,探索闲置宅基地与集体经营性建设用地入市的互动机制。宁夏平罗县在符合土地利用规划和城乡规划的前提下,将进城农民自愿退出的宅基地收储并调整为集体经营性建设用地。河北省印发《农村闲置宅基地盘活利用指导意见》(冀农组〔2021〕2号),提出对有偿回收的农民自愿退出的宅基地、废弃的集体公益性建设用地依法登记,在符合相关规划的前提下有序推进市场进行交易。随着改革的不断深入,通过性质转换进入土地市场的集体经营性建设用地数量将会持续增加。

从实践情况来看,各地对于入市集体经营性建设用地范围的界定略有差异。如山西省晋城市确定四类用地可入市:第一类是独立工矿、仓储、商服、综合等存量集体建设用地;第二类是村庄及工矿用地剥离居民点后的集体建设用地;第三类是土地整治规划确定为可复垦的村庄内零星分散的建设用地;第四类是经整治后的村庄建设用地,在优先保障村民住房安置用地后的结余部分。[⑥]

---

① 魏来,黄祥祥. 集体经营性建设用地入市改革的实践进程与前景展望——以土地发展权为肯綮[J]. 华中师范大学学报(人文社会科学版),2020(4):34-42.

② 岳永兵. 宅基地"三权分置":一个引入配给权的分析框架[J]. 中国国土资源经济,2018(1):34-38.

③ 参见《关于健全城乡融合发展体制机制和政策体系的意见》。

④ 耿慧志,沈洁,刘守英,等. 集体经营性建设用地入市对国土空间演进的影响[J]. 城市规划,2020(12):28-34.

⑤ 汪洋. "三块地"改革背景下集体建设用地使用权的再体系化[J]. 云南社会科学,2022(3):137-149.

⑥ 张建军. 农村集体经营性建设用地入市范围研究[J]. 中国房地产,2019(12):47-51.

(四)入市土地使用年限与用途

集体经营性建设用地的出租,集体建设用地使用权的出让及其最高年限、转让、互换、出资、赠与、抵押等,参照同类用途的国有建设用地执行,法律、行政法规另有规定的除外。

在试点过程中,中央的基本意见为集体经营性建设用地入市后土地用途一般为工业用地和商业用地,不提倡用于住宅用地。然而个别地区在试点中大胆尝试,入市土地也用于住宅用地。如山西省晋城市泽州县入市集体经营性建设用地用途,实现了工业、商业、住宅兼容商业、公共管理用地等的全覆盖。其中,在全国率先尝试住宅兼容商业用地入市,为集体经营性建设用地用于住宅建设提供了宝贵的样本。

(五)入市途径

集体经营性建设用地市场包括一级市场和二级市场。一级市场包括出让或出租;二级市场包括转让、互换、出资、赠与、抵押等。从入市途径来看,实践中形成了三种典型途径。

1. 就地入市

就地入市途径是指对依法所得符合规划的工矿、仓储、商服等农村集体经营性建设用地,具备开发建设所需要的基础设施等基本条件、明确在本村直接使用的,可以采取协议、招标、拍卖或者挂牌等方式直接就地入市。[①]可见,就地入市就是已有地块直接进入市场。此类土地由于权属清晰、不需要土地前期开发,因此具有成本低、操作简便的优势。就地入市的方式比较适用于城镇化的辐射区域,已经在进行生产经营的土地或者是潜在的可作为生产经营的土地。这类土地一般已经产生了良好的效益,或者是一些被废弃的生产经营性用地。它们一般布局较为集中,单宗地的面积较大,数量较多。浙江省德清县兼有就地入市和调整入市两种途径。利用村内废弃的工矿地和荒地就地入市,为小微企业提供了厂地,农民自身也开展了相应产业的创业。

---

① 董秀茹,张宇,卢巍巍. 农村集体经营性建设用地入市途径选择研究——以黑龙江省安达市为例[J]. 江苏农业科学,2017,45(4):275-278.

2．调整入市

实践中，农村内部大量存在的是零星、分散的集体经营性建设用地。调整入市针对此类用地，根据土地利用总体规划和土地整治规划，一般由集体经济组织先复垦后形成建设用地指标，再进行易地入市。[①] 调整入市的优点在于不再受到土地的空间固定性的限制，集体经营性建设用地的入市可以通过调整，实现从碎片化到整体化的转变。调整入市的方式比较适用于区位偏远、交通不便利、无法直接就地入市的区域；或者是地块分布零星、不集中，单宗地块面积偏小，无法进行大规模的生产经营活动的区域；以及需要经过置换和复垦后才能够入市进行生产经营活动的农用地。通过土地所有权的调换交易，增加原有土地价值，使落后地区或偏远地区的土地级差收益得以释放。佛山南海地区采用了此种模式，经过对城市郊区一些零星的和偏远的小块地的调整整合，复垦出一个个工业园区，以此为出发点，将入市的范围和项目逐渐扩大，形成了特色鲜明的"南海模式"。调整入市在实施过程中可能会遇到的困难是：由于用地项目涉及主体多、资金量大，实施中往往程序复杂、环节多、周期长，部分情况下会出现融资困难。

3．整治入市

整治入市是指对历史形成的城中村集体建设用地，按照政府主导，多方参与的原则，依据经批准的规划开展土地整治，对规划范围内各类土地统一进行复垦、基础设施配套，重新划分宗地和确定产权归属。[②] 整治入市最突出的优点是利用集体经营性建设用地入市政策，通过土地整治，进一步改善生活环境，优化集体建设用地结构和空间布局，使农村集体建设用地综合产出和土地价值得以提升。集体经营性建设用地整治后入市，农民集体可以获得更高的土地收益。整治入市的方式比较适用于城中村的集体经营性建设用地。在这些被城市化进程遗落的区域中，农民的耕地被国家征用，身份转变为居民，而居住地未变。这类城中村集体经营性建设用地一般存在布局规划混乱、环境脏差、基础设施不完善等问题，因此需要经过整治方可入市流转。成都市郫都区通过对土地复垦和建设再进入市场，

①　马翠萍．农村集体经营性建设用地入市收益分配的实践探索与制度优化[J]．改革，2022(10):106-116.
②　彭文龙，吕晓，石欲钧，等．"城中村"整治入市改革的理论剖析、试点实践与推进对策[C]//自然资源管理改革与国土空间规划——2018年中国土地学会学术年会论文集．北京:地质出版社,2018:318-325.

使土地具有了更高的价值。整治入市在实施过程中可能会遇到的困难是:项目实施往往需要进行土地整治和拆迁,因此需要的资金量大,实施周期长,尤其是拆迁往往比较困难,这成为项目实施的主要障碍。

三种入市途径的比较见表1-3。

表1-3　入市途径的比较

入市途径	资金量	实施周期	入市主体	实施难度
就地入市	较小	较短	单一主体	一般
调整入市	较大	较长	多主体	较大
整治入市	较大	较长	多主体/单一主体	较大

(六)入市流程

土地所有权人可以将集体经营性建设用地通过出让、出租等方式交由单位或者个人在一定期限内有偿使用,这是新修正的《中华人民共和国土地管理法》重要的规定。2021年7月2日修订的《土地管理法实施条例》对入市程序进行了细化规定,由此可将集体经营性建设用地入市主要程序归为以下几个步骤。[①]

1.办理土地所有权登记

集体经营性建设用地入市范围仅限于土地利用总体规划、城乡规划(国土空间规划)确定为工业、商业等经营性用途,且已依法办理土地所有权登记的集体经营性建设用地,未办理土地所有权登记的,应先办理土地所有权登记。可见,在政策范围内,住宅用途仍然没有归为集体经营性建设用地入市范围。

2.落实规划条件及产业、环保要求

拟出让、出租集体经营性建设用地的,土地所有权人应当在编制出让、出租方案前,明确市、县人民政府自然资源主管部门提出的规划条件、产业准入及生态保护要求等,并将其落实于方案中。

3.编制土地入市方案

土地所有权人应当依据规划条件、产业准入和生态环境保护要求等,编制集体经营性建设用地出让、出租等方案,应载明宗地的土地界址、面积、用途、规划条

---

① 参见《土地管理法实施条例》第五节。

件、产业准入和生态环境保护要求、使用期限、交易方式、入市价格、集体收益分配安排等内容。

4．集体会议表决

土地所有权人编制集体经营性建设用地出让、出租等方案后，应当经本集体经济组织成员的村民会议三分之二以上成员或者三分之二以上村民代表同意。

5．政府审查入市方案

土地所有权人在集体经营性建设用地出让、出租前不少于十个工作日报市、县人民政府审查，市、县人民政府认为方案符合规划条件、产业准入和生态环境保护等要求的，方可实施；若方案不符合规划条件或者产业准入和生态环境保护要求等的，应当在收到方案后五个工作日内提出修改意见。土地所有权人应当按照市、县人民政府的意见进行修改。

6．组织土地供应程序

土地所有权人应当依据集体经营性建设用地出让、出租等方案，以招标、拍卖、挂牌或者协议等方式确定土地使用者。集体经营性建设用地入市原则上应通过农村产权流转交易市场平台进行。

7．签订入市合同

通过土地供应程序，确定土地使用者后，土地所有权人与土地使用者签订书面合同，载明土地界址、面积、用途、规划条件、使用期限、成交价格、交易价款支付、交地时间和开工竣工期限、产业准入和生态环境保护要求，约定提前收回的条件、补偿方式、土地使用权届满续期和地上建筑物、构筑物等附着物处理方式，以及违约责任和解决争议的方法等。未依法将规划条件、产业准入和生态环境保护要求纳入合同的，合同无效；造成损失的，依法承担民事责任。

8．入市合同备案

土地所有权人与土地使用者签订经营性建设用地出让、出租合同后，应报市、县人民政府自然资源主管部门备案。

9．土地使用权登记

土地使用者应当按照约定及时支付集体经营性建设用地价款，并依法缴纳相关税费，对集体经营性建设用地使用权及依法利用集体经营性建设用地建造的建筑物、构筑物及其附属设施的所有权,依法申请办理不动产登记。

具体的入市流程见图1-3。

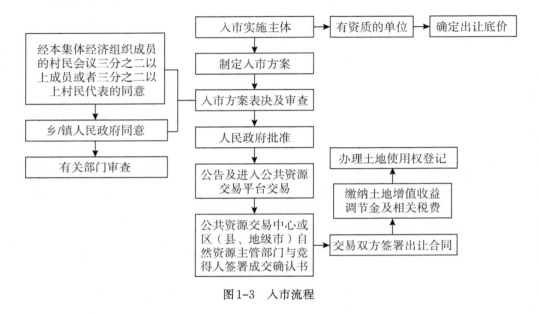

图1-3　入市流程

(七)收益分配

集体经营性建设用地入市后,可以产生较高的土地收益。《中华人民共和国土地管理法实施条例》第四十条规定:"集体经营性建设用地出让、出租等方案应当载明宗地的土地界址、面积、用途、规划条件、产业准入和生态环境保护要求、使用期限、交易方式、入市价格、集体收益分配安排等内容。"对于此收益,新颁布的《中华人民共和国土地管理法实施条例》并未做出明确规定。这既是考虑我国实际情况,为各个地方实际操作留有一定的灵活空间,也为研究提供了较大空间。

第二章 集体经营性建设用地入市收益分配的实践探索

集体经营性建设用地入市是当下优化土地资源配置、有效利用土地资源的现实要求。在取得巨大的收益之后,怎样合理分配收益成为重点关注的问题。自党的十八届三中全会提出入市改革以来,相关政策文件相继出台(见表2-1)。不难看出,均衡收益配置维度下的分配制度对于进一步推进入市改革具有重要意义。"三块地"改革试点中,33个试点地区对集体经营性建设用地入市及其收益分配,都根据当地的现实发展情况进行了大胆尝试,为制度的制定提供了宝贵的现实样本。

表2-1 集体经营性建设用地入市改革部分政府文件

时间	文件名称	相关内容
2013年11月	《关于全面深化改革若干重大问题的决定》	在符合规划和用途管制前提下,允许农村集体经营性建设用地出让、租赁、入股,实行与国有土地同等入市、同权同价
2014年12月2日	《关于农村土地征收、集体经营性建设用地入市、宅基地制度改革试点工作的意见》	建立兼顾国家、集体、个人的土地增值收益分配机制,实现土地征收转用与集体经营性建设用地入市取得的土地增值收益在国家和集体之间分享比例的大体平衡

续表

时间	文件名称	相关内容
2015年2月27日	《关于授权国务院在北京市大兴区等三十三个试点县(市、区)行政区域暂时调整实施有关法律规定的决定》	授权国务院在北京市大兴区等三十三个试点县(市、区)行政区域,暂时调整实施《中华人民共和国土地管理法》《中华人民共和国城市房地产管理法》关于农村土地征收、集体经营性建设用地入市、宅基地管理制度的有关规定
2016年12月26日	《关于稳步推进农村集体产权制度改革的意见》	充分发挥市场在资源配置中的决定性作用和更好地发挥政府的作用,明确农村集体经济组织市场主体地位,完善农民对集体资产股份权能,把实现好、维护好、发展好广大农民的根本利益作为改革的出发点和落脚点,促进集体经济发展和农民持续增收
2019年4月15日	《关于建立健全城乡融合发展体制机制和政策体系的意见》	加快完成农村集体建设用地使用权确权登记颁证。按照国家统一部署,在符合国土空间规划、用途管制和依法取得的前提下,允许农村集体经营性建设用地入市,允许就地入市或异地调整入市
2020年1月1日	《中华人民共和国土地管理法》	土地利用总体规划、城乡规划确定为工业、商业等经营性用途,并经依法登记的集体经营性建设用地,土地所有权人可以通过出让、出租等方式交由单位或者个人使用,并应当签订书面合同,载明土地界址、面积、动工期限、使用期限、土地用途、规划条件和双方其他权利义务
2020年4月9日	《关于构建更加完善的要素市场化配置体制机制的意见》	建立健全城乡统一的建设用地市场。加快修改完善土地管理法实施条例,完善相关配套制度,制定出台农村集体经营性建设用地入市指导意见
2021年9月1日	《中华人民共和国土地管理法实施条例》	对于国土空间规划确定为工业、商业等经营性用途,且已依法办理土地所有权登记的集体经营性建设用地,土地所有权人可以通过出让、出租等广东交由单位或者个人在一定年限内有偿使用
2022年9月6日	《关于深化农村集体经营性建设用地入市试点工作的指导意见》	推进农村集体经营性建设用地入市改革,事关农民切身利益,涉及各方面利益重大调整,必须审慎稳妥推进。试点县(市、区)数量要稳妥可控。要坚持同地同权同责,在符合规划、用途管制和依法取得的前提下,推进农村集体经营性建设用地与国有建设用地同等入市、同权同价,在城乡统一的建设用地市场中交易,适用相同规则,接受市场监管。要坚持节约集约用地,坚持先规划后建设,合理布局各用途土地

第一节 义乌市集体经营性建设用地入市收益分配研究

随着我国经济发展水平的持续提升,对发展空间——土地要素的需求量必然会增加,集体经营性建设用地入市改革迫在眉睫。2015年,十二届人大常委会第十三次会议中提出抓住农村土地制度改革这个关键环节,义乌市作为国家在地方开设的集体经营性建设用地入市改革的试点之一,在衡量自身集体经营性建设用地数量多、分布不均、价值较高的条件下,积极响应国家政策方针,充分借鉴其他试点地区经验,结合自身实际,走出了一条具有义乌特色的改革道路。

一、义乌市集体经营性建设用地入市政策

义乌市地处浙江省中部,东南北三面群山环抱,地貌结构类型呈现出多样化特点,地理位置优越。义乌市也是全国最大的小商品城市。2015年3月,国土资源部出台《关于印发农村土地征收、集体经营性建设用地入市和宅基地制度改革试点实施细则通知》,同时,义乌市被列为农村土地改革的试点区域,承担了宅基地的改革任务。宅基地改革两年后,义乌市获得了一定的成果,并总结出了一些经验。2016年9月,为响应国土资源部"三块地"联动改革的要求,进一步释放土地潜能,义乌市以宅基地改革为重点,统筹协调推进农村土地制度三项改革。义乌市借农村宅基地制度改革开展的势头并获得国土资源部的批准,开启了农村集体经营性建设用地入市改革之路。义乌市充分借鉴其他地区改革试点的成功经验,结合本市的经济发展水平、自然条件和管理能力,对当地集体经营性建设用地分布范围、权利主体、利用现状及未来规划等展开了深入细致的调查,查清了全市92宗共868亩集体经营性建设用地的基本情况,并建立起了唯一编码的存量农村

集体经营性建设用地数据库。[①] 为保障农民集体的合法权益,规范经营性用地的入市行为,坚守"不能把农村土地集体所有制改垮了、不能把耕地改少了、不能把粮食生产能力改弱了、不能把农村利益损害了"四条底线,[②] 义乌市制定了较为完善的制度体系,明确农村集体经营性建设用地的产权制度、交易规则和监督服务规则等,阐明了入市准入制度中的途径、范围、主体,交易制度中的方式和程序,以及收益分配制度中涉及的主体、主体为何能参与分配、如何参与分配、主体的责任和义务等内容,为保障土地入市、收益分配、资金使用提供了制度保障。2017 年 12 月 21 日,义乌市出台了《义乌市农村集体经营性建设用地入市管理办法(试行)》《义乌市农村集体经营性建设用地使用权抵押贷款工作实施意见(试行)》《义乌市农村集体经营性建设用地出让地价管理规定(试行)》《义乌市农村集体经营性建设用地异地调整规定(试行)》《义乌市农村集体经营性建设用地入市土地增值收益调节金征收和使用规定》等多个文件。之后,为了规范当地集体经营性建设用地的使用权出让行为,更好地优化当地的土地资源配置,2018 年 3 月 29 日,义乌市根据之前出台的入市管理办法,制定了《义乌市农村集体经营性建设用地使用权出让规定(试行)》,主要内容如图 2-1 所示。

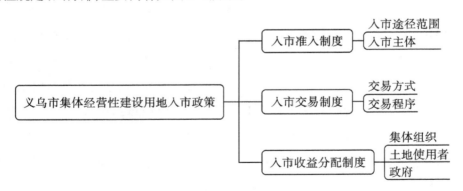

图 2-1　义乌市集体经营性建设用地入市政策

---

① 关注 | 义乌农村成奢侈品了! 首批两宗农村集体经营性建设用地成功入市,全年计划出让金额 1 亿元以上! [EB/OL].(2017-05-26)[2020-02-11]. https://www.sohu.com/a/143858769_679055.

② 习近平:加大推进新形势下农村改革力度[EB/OL]. (2016-04-28)[2020-09-26] http://politics. people.com.cn/n1/2016/0428/c1024-28312703.html.

（一）义乌市集体经营性建设用地入市准入制度

从途径范围来看，义乌市集体经营性建设用地包含了两类：第一类土地是符合总体规划和城乡规划，具备开发建设基本条件，并且面积大小适中的农村集体经营性建设用地，这类土地可以直接进入土地市场挂牌交易；第二类是单个地块面积小、分散在农村的集体经营性建设用地，这类土地在农村中大量存在。当前对此类土地的利用方式主要是调整入市。根据2018年发布的《义乌市农村集体经营性建设用地入市管理办法（试行）》，不同权属关系的农村集体经营性建设用地其入市实施主体亦不相同。属于村集体经济组织的，由村股份经济合作社或其代理人作为入市实施主体；属于镇街集体经济组织的，则由镇街资产经营公司等镇街全资下属公司或其代理人作为入市实施主体；若是在实施"异地奔小康"工程的村庄，农民下山脱贫后其农村住房已全部收归国有，则由原村集体经济组织和镇街全资下属公司或其代理人组成混合入市实施主体。[①]

（二）义乌市集体经营性建设用地入市交易制度

从方式来看，土地所有者可将农村集体经营性建设用地按出让、租赁等有偿方式纳入市场，土地使用者又可将依法取得使用权的集体经营性建设用地在使用期限内通过出租、转让、抵押再次入市，具体期限因建设用地用途方式的不同而不同，租赁最高年限为20年，出让与作价出资的最高年限，商服、旅游等用地为40年，工矿、仓储用地为50年。

从程序来看，首先由集体经济组织研究出台《农村集体经营性建设用地入市决议》，阐明土地面积、使用方式和年限、交易方式、支付方式等，进而由评估机构评估入市土地价格并提供地价评估报告；集体经营性建设用地经过镇街和相关部门审核确认后，由实施主体向国土资源局提出申请；经国土资源局报人民政府审核后，核发《义乌市农村集体经营性建设用地入市核准书》，将拟入市集体经营性建设用地纳入交易平台，发布交易信息；交易成功后由双方签订合同，竞得人再与国土资源局签订确认书，办理不动产登记，完成整个入市交易流程。

---

① 参见《义乌市农村集体经营性建设用地入市管理办法（试行）》第十一、十二、十三条。

二、义乌市集体经营性建设用地入市收益分配制度

根据《义乌市农村集体经营性建设用地入市管理办法》,义乌市集体经营性建设用地入市后产生的收益分配在集体组织、土地使用者及政府三者间进行。集体组织通过出让、作价出资及租赁等方式获取收益;而土地使用者可以在使用期限内再次通过转让、出租、抵押等方式取得再次转让的收益,并且向政府缴纳调节金,调节金作为当地政府财政收入的重要来源,需要将义乌市农村集体经营性建设用地成本和收益进行对比,明确入市增值收益调节金收取方式,差别化确定调节金征收比例,农村集体经营性建设用地入市收益扣除"集地券"费用后按三级超额累进征收率征收调节金,平衡入市收益与征地补偿收益。[①]

(一)地方政府以土地增值收益调节金参与收益分配

入市过程中,地方政府作为完善周边基础设施建设的承担者,理应在土地升值后参与到收益分配中去。故当地农村集体经济组织需向当地政府缴纳土地增值收益调节金,承担部分基础设施的建设开发成本。

据有关规定,在义乌市作为试点期间,农民群体应向当地市人民政府缴纳土地增值收益调节金,通过履行其义务,同时在上述收益来源中提到的三种收益方式——出让、租赁、入股中,交易双方都应缴纳土地增值收益调节金。使用权出让、租赁的,一般按照表2-2所列出的方式对出让人进行调节金的征收,而承租人应该按照成交地价总价的3%缴纳调节金。对于通过入股获得收益的,将参照上述使用权出让的方式进行缴纳,出让人应缴纳的调节金应于作价出资(入股)形成的股权发生转移时缴纳。

表2-2　义乌市调节金三级超率累进征收方式

分类	具体标准	出租方征收率/%	承租方征收率/%
租赁出让部分	增益收益未超过扣除项目50%的部分	30	3
	增益项目超过扣除项目50%未超过100%的部分	40	3
	增益收益超过50%的部分	50	3

①毕云龙,王冬银,蒙达,等. 农村土地制度改革三项试点工作的成效与思考——以浙江省义乌市、德清县为例[J]. 国土资源情报,2018(7):28-33.

分类	具体标准	出租方征收率/%	承租方征收率/%
入股部分	增益收益未超过扣除项目50%的部分	30	3
	增益项目超过扣除项目50%未超过100%的部分	40	3
	增益收益超过50%的部分	50	3

资料来源:《义乌市农村集体经营性建设用地入市土地增值收益调节金征收和使用规定(试行)》。

根据义乌市的相关规定,收取的调节金主要统筹用于城镇和农村基础设施建设、农村环境整治、土地前期开发等支出。[①] 此外,由于在上缴税款时,在总收入中可先将上缴调节金去除后,再算上需缴税收的金额,从而避免了多余的税款,也使更多调节金可以回馈于民,给农民带来切身的福利。

(二)农村集体在经营性建设用地入市中获得大量收益

近几年来,继宅基地改革的大胆创新之后,土地入市给当地农村带来了较高的收益。在投资方支付的土地款中,除了需缴纳一定比例的服务费及产权证书的工本费用外,其余大部分的收益都归农村集体。农民的收入水平显著提高,人均可支配收入由2014年的25963元,增加到2017年的33393元(见表2-3)。而当地城乡收入差距也在逐步减小,尤其是在2014—2015年,国土资源部相关文件下发后,农民人均可支配收入占城镇人均可支配收入的比重由原有的50.03%增加到了50.24%。

表2-3　2014—2017年义乌市城乡可支配收入状况

年份	人均GDP/元	农民人均可支配收入/元	城镇人均可支配收入/元	乡城收入比/%
2014	127280	25963	51899	50.03
2015	135882	28433	56586	50.24
2016	89146	30571	60773	50.30
2017	89695	33393	66081	50.53

注:该数据来源于《浙江统计年鉴》(2015—2018)。

(三)农民按当地的"三资"管理规定进行收益分配

除了调节金,其余通过经营性建设用地获得的收益归集体经济组织所有。义

---

① 参见《义乌市农村集体经营性建设用地入市土地增值收益调节金征收和使用规定(试行)》。

乌市城镇(街道)农村集体"三资"代理服务中心统一分配、管理所获得的收益。根据获得的收益来源不同,管理分配收益的方式也有所不同,大体主要有以下三种:

(1)村集体获得的收益可以用来投资、买股份等,即用钱生钱,从而壮大集体经济,若从中获得新的收益,将其中不少于30％的部分按照股份分红,给农民带来福利;其他的部分用来维持村级组织的日常运行。如果用于公益事业,则需要得到相关镇街审核同意后才可以使用。

(2)镇街集体经济组织的用地入市后获得的收益基本用在农村基础设施建设及一些民生项目上,保障了义乌市农民生活的便利。

(3)对于一些已收归国有的经营性建设用地,如已被国家收购的建设性用地,城镇街道根据收益共享、强镇富村的原则,将由该类型用地获得的大部分收益用于义乌市的农村基础设施的建设、民生项目的支出上。而对于其剩余部分的收益,将按照上述第1点中的方式进行分配管理。

由上述分析可以看出,分配中涉及三个关键的利益主体。

从土地所有权来看,农村集体经济组织是代表义乌市农村集体建设用地所有权的利益主体,包含了村集体组织和镇街集体组织,具有开发土地的权利,同时也承担着将土地合理定价后参与市场竞争并且将收益按比例分配给组织成员的责任,并承担受到组织成员监督的义务。在土地征收模式向集体经营性建设用地入市的改革中,集体组织参与集体经营性建设用地带来的收益方式也产生了变化。在过去的土地征收模式里,当地政府通过征地的方式,在给予农民一定比例的补偿后,将农民与村集体的集体建设用地征收并上报上级政府,由上级政府审批后按比例下放至义乌市政府手中,此时,土地使用者通过招拍挂的形式竞争新增建设用地使用权。如今,集体组织只要获得相关部门审批,即可直接参加由义乌市政府组织的集体经营性建设用地竞拍,竞拍的收益由义乌市政府和集体组织按协商比例分配。同时,集体组织会将使用权流转收益按照相应的比例纳入镇(街道)农村集体"三资"代理服务中心统一管理,实施收支两条线运作,严格执行相关规定,并将资金用于集体成员的社会、医疗保障及基础设施建设等方面。集体组织要将不少于30％的收益按股份分红到个人,其余收益可以多种形式进行再投资。在某些特殊条件下,政府还会通过转移支付补偿那些为集体经营性建设用地入市做出贡献却无法通过市场机制得到回报的土地所有者。[①]

从土地使用者来看,农民作为集体组织的组成人员和原土地使用者,承担着监督集体组织及政府在入市工作中的每一个环节的责任,履行着听从政府和集体组织的计划与安排、遵守相关制度法律法规的义务。农民有着多种获得收益分配的方式。在集体经济组织将一部分集体经营性建设用地入市收益纳入农村集体"三资"代理服务中心后,剩余的收益量化后按照一定比例直接分配给集体经济组织成员。而当他们作为原土地使用者时,与现土地使用者之间的收益分配有下述两种情况:一是将土地以租赁、出让等有偿让渡的形式转移给新的土地使用者,并从中收取租金等费用,在新的土地使用者履行自身责任对土地进行重新规划后再次流转带来新的增值收益,也会将部分收益交付给原土地使用者作为补偿,并履行向当地政府部门交纳相应的增值收益调节金的义务;二是仅仅将土地交付给现有土地使用者进行重新规划,规划完毕后继续由原土地使用者经营土地,这样他们便可以得到重新规划后的土地带来的增值收益,但同时也需给现土地使用者提供相应的回报并向政府部门缴纳相应的增值收益调节金。

从政府来看,义乌市政府作为当地集体经营性建设用地入市环节的主导者,有着维护市场秩序、制定符合地方情况的入市政策、定期按比例向集体组织及土地使用者征收增值收益调节金的责任,也履行着接受集体组织和农民监督的义务。相较于从前的征地制度而言,义乌市政府能参与的收益分配仅为入市建设用地所实现的土地增值部分,而非土地价值部分。集体经营性建设用地的开发强度提升及规划许可的用途改变会产生一部分增值收益,这部分收益因为地方制度和政策落实的进度不同,会产生极大的差异。所以为了促进公平,实现全面建设小康社会,当地政府参与到了这部分收益分配中。集体经营性建设用地入市后,需要按照国家规定缴纳增值收益调节金,土地使用者在使用过程中也需要向政府缴纳耕地占用税及耕地开垦费等,这些资金按照政府非税收管理,资金全额纳入市财政,又通过政府统筹用于农村环境治理、城镇和农村基础设施完善及土地前期开发等支出。

---

① 岳永兵,刘向敏. 集体经营性建设用地入市增值收益分配探讨——以农村土地制度改革试点为例[J]. 当代经济管理,2018,40(3):41-45.

三、义乌市集体经营性建设用地入市政策的成效

在入市改革试点初期，义乌市努力落实党的十八届三中全会提出的"建立城乡统一的用地市场，允许并鼓励农村集体经营性建设用地租赁、出让、作价出资等，实行与国有土地同等入市，同权同价"的构想。自义乌市集体经营性建设用地入市政策发布以来，当地政府积极引导镇街村集体将土地投入市场交易中，与国有土地同时同价竞争。在开展改革试点的几年时间里，亮点纷呈，改革效应不断释放，集体经营性建设用地入市不断创造出新的成果，其成功经验为其他试点地区提供了政策参考。

2017年2月，义乌市开展首批农村集体经营性建设用地入市推进会，进行了改革计划的布置，这批集体经营性建设用地地块来源于后宅街道遗安村、福田街道宗泽村，上溪镇里美山村、城西街道何斯路村。[①] 其中城西街道何斯路村何庄二期面积为4135平方米的土地，在政府的帮助下顺利在义乌市政府网进行集体经营性建设用地使用权挂牌出让公告，于2017年5月成为第一批入市地块，由义乌草根休闲农业专业合作社以262.986万元的价格竞得，用途为住宿餐饮用地。[②] 福田街道宗宅小区东清溪西侧面积为4998.76平方米的土地，由义乌市市场开发服务中心有限责任公司以454.8871万元的价格竞得。[③] 2017年12月4日，城西街道七一村东河街面积为3381.67平方米的土地，由义乌市柒益果蔬专业合作社以619万元竞得，用途为商业用地。[④] 2017年12月6日，北苑街道黄杨梅路北侧面积为1722.24平方米的土地，由义乌市龟山脚市场开发有限公司以768万元竞得，并与之签署了《集体经营性建设用地使用权出让合同》。[⑤] 具体情况如表2-4所示。

---

① 盛秋平. 浅谈义乌改革发展和农村土地制度改革试点[J]. 浙江国土资源，2017(4):10-14.

② 杨雪萍，郭金喜. 包容性发展：义乌城西街道何斯路村样本[J]. 邢台学院学报，2019,34(2): 73-76.

③ 最新消息!浙江义乌市首批农村集体经营性建设用地入市试点地块成交[EB/OL]. (2017-05-26)[2021-09-10]. https://www.tudinet.com/read/4999.html.

④ 再出让一地块! 义乌村集体经营性建设用地入市取得新进展[EB/OL]. (2017-12-05)[2020-02-02]. https://baijiahao.baidu.com/s?id=15859340191538807977&wfr=spider&for=pc.

⑤ 768万元成交! 义乌北苑首宗集体经营性建设用地入市[EB/OL]. (2017-12-06)[2020-02-02]. https://baijiahao.baidu.com/s?id=1586032237750376287.

表2-4　义乌市集体经营性建设用地入市交易成功案例

地块位置　　　具体内容	土地竞得方	土地面积/平方米	成交价格/万元	用途
城西街道何斯路村何庄二期	义乌草根休闲农业专业合作社	4135	262.986	住宿餐饮用地
福田街道宗宅小区东清溪西侧	义乌市市场开发服务中心有限责任公司	4998.76	454.8871	商业用地
城西街道七一村东河街	义乌市柒益果蔬专业合作社	3381.67	619	商业用地
北苑街道黄杨梅路北侧	义乌市龟山脚市场开发有限公司	1722.24	768	商业用地

具体来说,义乌市在实行集体经营性建设用地入市过程当中取得了以下几方面的成效。

(一)增加集体经济组织收益,推动地方经济发展

研究发现,义乌市集体经营性建设用地收益分配政策在"让利于民"方面取得了成效。农民集体获得的土地增值收益在经营性建设用地入市后有所增加,绝大部分是从村里获得的,这给当地的农民带来了不少收益。据统计,截至2018年1月,在义乌市已有18处集体经营性建设用地成交,具体有福田街道宗宅村菜市场地块、何庄二期城西街道何斯路村何庄二期、七一村东河菜市场等地块,总用地面积达66254.99平方米,总计约7645万元的成交款。再除去应收的增值收益调节金(约为1145万元)之后,农村集体经济组织总计可获益6500万元,这大大促进了当地经济的发展。具体的成交信息可参见表2-5。[①]

表2-5　义乌市18宗集体经营性建设用地具体信息

编号	成交地	面积/平方米	成交价/万元	用途
1	佛堂镇倍磊四村	2324.23	176	公共设施、商业用地
2	上溪镇里美山村	8037.22	561	旅馆用地
3	义亭镇陈店村	5110.50	490	商业居住用地
4	赤岸镇赤岸四村	3464.80	320	公共设施、商业用地
5	福田街道下西陶村	4119.79	720	公共设施、商业用地

---

① 义乌市农村集体经营性建设用地入市改革成效显著[EB/OL]. (2018-01-04)[2021-06-08]. https://jh.loupan.com/html/news/201801/3039257.html.

续表

编号	成交地	面积/平方米	成交价/万元	用途
6	江东街道金村	813.94	200	公共设施、商业用地
7	江东街道孔村	2896.78	370	公共设施、商业用地
8	江东街道塔下洲村	5408.58	910	公共设施、商业用地
9	北苑街道曹道村	4308.59	266	公共设施用地
10	北苑街道上里角塘村	2022.31	390	公共设施用地
11	北苑街道下山头村	1882.74	124	公共设施用地
12	后宅街道何界村	1055.09	444	商业用地
13	廿三里街道西田畈村	8291.88	360	公共设施用地
14	福田街道宗宅村菜市场	4998.76	455	公共服务设施用地
15	城西街道何斯路村何庄二期	4135.00	263	住宿餐饮用地
16	七一村东河菜市场	1259.73	618	公共设施用地
17	北苑街道季宅村菜市场	2582.00	768	公共服务设施用地
18	大陈镇楂林茶厂	3543.05	210	公共服务设施用地
	总计	66254.99	7645	

注:数据来源于义乌市政府网站。

经营性用地入市让农民集体获得的土地出让收益大大提高。义乌市何斯路村党支部书记何允辉曾这样说过,何斯路村通过农村集体经营性建设用地已获得了200多万元的集体收益。与以往相比,这着实给地当老百姓带来了不少利益。

(二)摸清家底,因地制宜开展入市工作

根据改革试点地区先进经验,义乌市根据当地实际情况,进行深入调查,确定了该市92个农村集体经营性建设用地(总计868亩)的主体基本情况、分布范围、规划用途、利用现状等,并建立了当地首个农村经营性建设用地状况的数据库;制订了相关配套政策,包括完善产权制度,明确入市范围和途径,建立交易规则,监督服务规则,建立兼顾国家、集体和个人的土地增值收益分配机制等。[①] 截至2018年1月,已成交的18宗地块中土地用途主要为公共设施和商业居住用地。在此基础上,义乌市大胆创新,提出以不同用途分层入市的新模式。例如,在义乌的金村、塔下洲村、赤岸四村,按不同楼层采用了不同的使用方式:底层是公共配套菜

① 毕云龙,王冬银,蒙达,等. 农村土地制度改革三项试点二作的成效与思考——以浙江省义乌市、德清县为例[J]. 国土资源情报,2018(7):28-33.

市场,二层作为商业混合型超市。在曹道村、上里角塘村、下山头村和西田畈村等地块,基本是将底层或者二层作为菜市场,三层等位置扩展为村老年活动中心或村办公用房等。义乌市农村集体通过各种新的尝试,开拓了全新的混合性用途及模式,为改善和丰富农村集体建设用地提供了实践的样本,为其他试点发挥了模范带头作用,这项改革也取得了阶段性成果。

(三)居民幸福感有所提升

据中国农业网报道,义乌市北苑街道曹道村集体经营性建设用地入市项目举行了工程奠仪式。在这之前,义乌农商银行为这个项目提供了1200万元授信基金,投入新建菜市场项目中,这代表着义乌农商银行全面启动义乌经营性建设用地入市试点金融工作。当地的稠山市场开发有限公司负责人凌尔生指出,此后菜市场开发建设进度将会大大加快,新的智能菜市场的建设逐步推进。新建菜市场项目的实施不仅重新利用了义乌市村集体的土地资源,同时也改善了当地村民的居住环境。当地广大农民的生活比之前更便利,自身利益得到了更好的保障,幸福指数也随之提高。此外,有了这样的地方,当地的就业问题也得到解决,产业发展也获得了相应的提升。

义乌市集体经营性建设用地入市工作取得了不错的成效,同样给全省乃至全国其他试点地区提供了示范和经验。

首先,为各试点地区建立起一个城乡二元平衡的建设用地交易市场提供了成功的范例,不仅有利于各试点地区集约节约用地,也有利于其城乡差距的缩小,顺应全面建设小康社会的潮流。各试点地区将市内各村镇集体经营性建设用地纳入市级公共资源交易中心,建立由政府主导,集体组织参与的入市交易机制,初步实现了党的十八届三中全会中对集体经营性建设用地入市交易的构想,增加了农民与政府的收入,增强了地区经济活力。

其次,各试点地区通过参考义乌市的成功经验,建立由集体组织、土地使用者、政府多元参与、构建平衡的收益分配机制,使入市形成多方共赢的局面,多方共同享受入市成果,从而进一步促进社会公平,根据土地产权、区位、用途等对收益分配模式进行探索,努力保障集体经营性建设用地收益分配的合理公正,积极维护集体组织和农民的合法权益。

最后,为其他试点地区中小企业重现活力提供了切实可行的方案。集体经营性建设用地入市交易后,为一些中小企业开辟了新的用地来源,这不仅意味着它们有机会获得更多土地的使用权,也意味着他们可以进行更多不同的用地规划,促进产业的升级与转型。考虑到中小企业资金方面有限的现实情况,可通过实施灵活的租期制度,从交租40年、50年到交租5年、10年,大幅减轻了中小企业的资金压力,让它们有更多的资金投入用地规划、设备更新及产业升级中,促进企业良好健康发展。

第二节　文昌市集体经营性建设用地入市实践

一、文昌市集体经营性建设用地入市做法

海南省文昌市作为33个试点中唯一的海岛型试点地区,试点范围覆盖17个镇。受地理位置、人文环境等因素影响,文昌市在乡村建设和发展中存量农村建设用地数量较多,闲置宅基地所占比例高,制度的制约降低了农村集体建设用地的使用效率。文昌市于2015年12月部署开展了全市17个镇的农村集体建设用地的调查摸底工作,排查梳理出闲置农村集体建设用地面积19.64万亩。[①] 为盘活农村建设用地,文昌大力推进闲置集体建设用地入市试点。

文昌市经过5年的探索实践,结合文昌市各乡镇的地理区位和土地性质,为确保集体经营性建设用地的顺利入市,对其入市途径和入市条件进行了规范,如表2-6所示。在开展试点工作中,文昌市注重产业优势的结合,使市场准入项目促进本地区的产业发展,并积极将工商业资本、金融机构和社会资金引入农村并合作发展,为农村发展注入新动力,[②] 为2020年海南省全省进行试点工作开展提供了"文昌做法"。

---

① 苏明远. 文昌市农村集体经营性建设用地入市增值收益分配问题研究[D]. 海口:海南大学,2020.
② 李拉,邢代洪. 乡村美 农民富 产业兴[N]. 中国自然资源报,2020-01-14.

表2-6　文昌市经营性建设用地入市途径及条件

入市途径 入市条件	就地 入市	调整入市	整治入市
共性条件		1.符合文昌市总体规划(空间类2015—2030)、相关产业规划及环保要求; 2.依法取得集体所有土地权属或集体土地使用权证书; 3.地上建筑物、构筑物及其他附着物已补偿完毕,或经所有权人书面同意; 4.未被司法机关、行政机关限制土地权利; 5.法律法规规定的其他条件	
个性条件	无	1.需调整地块在现行土地利用现状图中为建设用地; 2.需调整地块位于村庄范围内,且布局零星、分散; 3.需调整地块应当复垦为农用地,且复垦后的农用地面积不得小于拟入市地块面积;调整涉及占用耕地的,复垦为耕地的面积不得小于所占用的耕地面积,且质量不得低于所占用的耕地; 4.拟入市地块不属于永久基本农田,且为文昌市总体规划(空间类2015—2030)划定的建设用地,城乡规划或村庄规划确定为工矿仓储、商服、租赁性住房及自建住房等经营性用途的农村集体建设用地; 5.拟入市地块在调整完毕后,必须符合本办法第十一条第一款第一项及第四项规定的条件; 6.调整完毕后的建设用地面积总量不得大于调整之前	1.整治地块的土地权属各方应当以书面形式签订相应的土地整治协议。土地整治协议应当包括整治地块的位置、范围、土地权属调整等事项,作为集中整治后,重新划分宗地和确定产权归属的依据; 2.整治之后的拟入市地块应为未被征收或者未纳入储备范围,已依法取得集体所有土地权属证书的农村集体建设用地; 3.整治之后的拟入市地块应属于文昌市总体规划(空间类2015—2030)划定的建设用地,城乡规划或村庄规划划定为工矿仓储、商服、租赁性住房及自建住房等经营性用途的农村集体建设用地

注:以上表格根据文昌市政府文件整理所得。

二、文昌市农村集体经营性建设用地入市收益分配制度

集体经营性建设用地的成功入市,带动了农村经济的快速发展,而整个过程中收益分配是最重要的一环,利益的均衡分配能够促进试点工作的顺利进行。文昌市主要从土地增值收益调节金和地块入市后的收益分配这两部分入手,确保分配的公开和公正。

(一)建立收益分配制度体系

根据五年以来的试点情况,文昌市发布了《文昌市农村集体经营性建设用地入市试点暂行办法》《文昌市农村集体经营性建设用地异地调整入市实施办法》《文昌市农村集体经营性建设用地入市土地收益集体和个人分配指导意见》《文昌市农村集体经营性建设用地入市交易规则》,这是文昌市探索集体经营性建设用地收益分配的关键性制度建设。文昌市政府主要通过征收土地增值收益金参与集体经营性建设用地收入市场的收益分配。根据相关规定,农村集体经营性建设用地使用权以出让、出租、作价出资(入股)交易的,入市主体应当缴纳土地增值收益调节金,全额纳入市级国库;以招标、拍卖、挂牌方式出让(出租)集体经营性建设用地的,土地增值收益调节金按比例从土地出让成交价款(租金)中计提缴纳;以作价出资(入股)方式交易的,土地增值收益调节金按比例从作价出资(入股)金额或评估价值款中计提缴纳。[①] 与出让方式相比,以租赁和作价出资(入股)方式入市除了需缴纳相同比例的土地增值收益调节金外,还需缴纳增值税、企业所得税等各类费用。市财政应当将一定比例的土地增值收益调节金分配至入市地块属地镇政府,专款用于支持入市地块所属村集体或全镇乡村基础设施建设,扶持试点地区农村集体经济的发展。市财政留存部分应当专款用于支持全市范围内乡村基础设施建设或用于支持建立建设用地指标调配平台。

由于受到出让地块用途和区位的影响,再加上土地规划因素,如果土地开发用作公益性用地或经营性用地,计算土地增值收益调节金以净收益按照一定比例进行计提,具体比例主要综合入市地块区域位置、入市方式、入市土地用途及使用年限等因素分级计提(见表2-7)。同时分配办法规定,入市主体应提取入市净收益的2%用于支持所属村委会行政事业及农村经济的发展,剩余净收益资金可按照3:7的比例在村集体和村民间分配。

---

① 参见《文昌市农村集体经营性建设用地入市试点暂行办法》。

表2-7　文昌市土地增值收益调节金提取比例

入市土地用途	入市方式	出让比例/%	出租比例/%	作价出资(入股)比例/%
商服及住宅	文城镇	25	23	28
	旅游区	22	22	26
	其他镇	20	21	24
工矿仓储		5		
其他用地		10		

(二)科学设置收益的分配办法

文昌市集体经营性建设用地土地收益是指地块入市成交价款在缴付土地交易需缴税费、土地增值收益调节金等费用后,余下的收益部分。该土地收益属于入市土地所在农村集体经济组织的经济收益,为该经济组织全体村民的合法共同财产,由该经济组织依法管理使用,并将收益合理分配给集体经济组织及其成员。文昌市鼓励经济发达程度不同的集体经济组织之间建立股份合作社形式,按份额分配的方式将收益进行合理分配,避免出现收益差异过大的情况。而在农村集体经济组织内部分配土地收益时,文昌市也及时出台了相关指导意见:由集体经济组织拟定分配方案,分配方案应将不少于30%的土地收益留存在农村集体经济组织,剩余部分可分配至本村集体各成员,方案经村民大会或者村民代表会议2/3以上村民或村民代表表决同意才可生效。留存在农村集体经济组织的土地收益,可以用于加强集体成员社会保障、村内公益事业建设、支付入市费用及助力发展产业等,农村集体经济组织可以将剩余入市收益作为农村集体经济组织发展资金,促进农村经济的可持续性发展。[①] 同时,为保证农村集体经济组织内部分配公平高效,《文昌市农村集体经营性建设用地入市土地收益集体和个人分配指导意见》还对入市土地所在农村集体经济组织享有分配权的成员身份做出了明确规定。

三、文昌市实行集体经营性建设用地收益分配取得的成效

海南省文昌市于2015年2月启动农村集体经营性建设用地入市试点,2016年9月启动农村土地征收制度改革试点,2017年12月启动宅基地制度改革试点,从

---

① 参见《文昌市农村集体经营性建设用地入市土地收益集体和个人分配指导意见》。

单项突进到双向耦合,再到三项统筹,在此过程中,整合"土地整治＋"、美丽乡村建设等多项政策、措施与手段,统筹推进乡村振兴。[①] 文昌市集体经营性建设用地收益分配取得的成效可归纳为以下两点。

(一)以点带面引导土地入市,农村集体经济组织获得收益

文昌市改革试点通过"以点带面"的方式将各项土地制度的改革融入乡村建设中,推进乡村集体经济的建设,对"点"获取的收益进行分配。通过对选"点"的具体探索和实践,文昌市政府以"点"及"面",将在"点"上遇到的实际问题和解决问题的经验形成相应的改革政策和指导性文件进行"面"上的推广。以潭牛镇大庙村试点为例,大庙村是一个交通便利、地理环境优越的自然村,在美丽乡村建设的基础上,结合综合整治工作,划出部分集体建设用地直接入市,吸引企业对村内闲置宅基地及废旧房屋进行改造,发展乡村旅游经济。海南梧乡田园旅游产业发展有限公司将竞拍获得的地块进行商业化的改建,以精品民宿酒店项目带动大庙村的旅游经济,与村民共同打造海南梧乡大庙村共享村庄。

(二)因地制宜,完善收益分配体系

文昌市对建设用地入市的途径进行规范性引导,加强收益分配政策的系统性建设,给农民带来了效率和实惠。2020年3月20日,文昌市自然资源和规划局发布了关于征求《文昌市农村集体经营性建设用地入市试点暂行办法》等7个农村"三块地"改革政策文件意见的公告,其中涉及收益分配的《文昌市农村集体经营性建设用地入市土地收益集体和个人分配指导意见(征求意见稿)》是文昌市试点5年以来的成果。收益分配意见的出台,保障了农民的土地财产权利,缓解了存量建设用地多的困境。

---

① 叶红玲,尹建军,谢岛. 统筹改革推动乡村振兴——海南省文昌市的农村土地制度改革试点探索[J]. 中国土地,2019(3):4-8.

第三节 佛山市南海区集体经营性
建设用地入市实践

一、南海区集体经营性建设用地入市现状

广东省佛山市南海区集体经营性建设用地入市流转的实践开始得很早。1992年,佛山市南海区就已经开始探索集体建设用地的流转,在不改变土地的集体性质的前提下,将集体建设用地向外出租,但这种集体土地流转是非官方的、不受法律保护的流转。[①] 这种以土地为中心的农村股份合作制试验有效激发了经济发展活力。2005年,广东省政府制定了《集体建设用地使用权流转管理办法》,成为我国集体建设用地入市流转的先驱,从官方角度为集体建设用地入市提供了制度保障。但由于中央对于集体建设用地入市并没有相关发文,国家立法也没有为这一项地方政策提供法律保障,甚至从一定意义上来说这项地方政策与国家立法相背离,因为在1999年颁布的《中华人民共和国土地管理法》第六十三条中,明确禁止了农民集体所有土地的使用权出让、转让或者出租用于非农业建设。所以广东省政府的这项政策并没有激发集体建设用地流转的热情,更多利益参与者选择了观望,集体土地市场冷淡。[②]

2008年,中央首次针对集体建设用地入市流转发声,在党的十七届三中全会上首次提出集体建设用地与国有土地平权,将建立公开规范的集体经营性建设用地流转市场。但此后的几年,中央并没有针对集体建设用地入市流转出台相关政策。

2015年2月,佛山市南海区位列"三块地"改革试点。南海区通过"三块地"改革,"破冰"农村集体经营性建设用地入市。经过四年多的试点,证明集体经营性

---

① 刘若谷. 论我国农村集体经营性建设用地流转制度的构建[J]. 山东青年政治学院学报,2014(2): 31-37.

② 刘雪梅. 土地承包经营权确股的"南海模式"研究[J]. 国家行政学院学报,2016(4):103-107;方涧. 修法背景下集体经营性建设用地入市改革的困境与出路[J]. 河北法学,2020(3):16-21.

建设用地入市流转符合市场经济下的农村发展现状。[①]

随后,国家将集体经营性建设用地入市流转相关政策以法律形式写入《中华人民共和国土地管理法》。2020年1月,新版的《中华人民共和国土地管理法》颁布,意味着集体经营性建设用地入市流转的政策将在全国范围内落实,成为我国针对农村土地问题开展的一项重大改革。

(一)试点期间入市流转的基本情况

2015—2021年,佛山市南海区集体经营性建设用地通过区政府交易平台进行土地流转的土地共计6313宗,各年流转数量如图2-2所示,其中2015年512宗,2016年577宗,2017年760宗,2018年1037宗,2019年1301宗,2020年1580宗)。由图2-2可以清晰地看出南海区集体经营性建设用地入市数量呈每年增长的趋势,农村集体经济组织的参与程度每年都在提高。

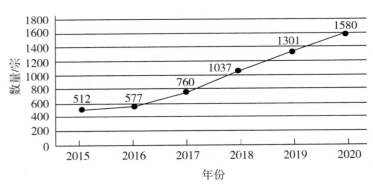

图2-2　佛山市南海区2015—2021年集体经营性建设用地入市数量

数据来源:佛山市公共资源交易中心南海分中心网站,http://www.nanhai.gov.cn/fsnh/wzjyh/ggzyjyzx/jyxx/。

南海区政府在试点阶段做了很多尝试,从2015年开始,区政府在制度和组织架构上都做了重大改革。2014—2021年,政府共制定14项相关政策,从入市流转的方式、相关费用标准等角度,以规章制度的方式构建了集体经营性建设用地入市流转"1+N"的制度框架(见表2-8)。

---

① 贺雪峰,桂华,夏柱智. 论土地制度改革的方向与思路[J]. 西北农林科技大学学报,2019(7):1-7.

表2-8 佛山市南海区集体经营性建设用地入市政策体系

文件名称	修订版
佛山市南海区农村集体经营性建设用地入市管理试行办法(南府〔2015〕50号)	佛山市南海区农村集体经营性建设用地入市管理试行办法(南府〔2020〕80号)
佛山市南海区农村集体经营性建设用地土地增值收益调节金与税费征收使用管理试行办法(南府函〔2015〕149号)	佛山市南海区农村集体经营性建设用地土地增值收益调节金与税费征收使用管理试行办法(南府函〔2020〕78号)
佛山市南海区农村集体经营性建设用地产权登记管理试行办法(南府〔2017〕47号)	佛山市南海区农村集体经营性建设用地产权登记管理试行办法(南府〔2020〕81号)
佛山市南海区关于加强农村集体经营性建设用地入市监管的指导意见(南府办〔2016〕40号)	佛山市南海区关于加强农村集体经营性建设用地入市监管的指导意见(南府办〔2020〕16号)
佛山市南海区存量农村集体经营性建设用地完善手续实施细则(南府函〔2015〕148号)	—
佛山市南海区农村集体资产管理交易办法(南府〔2016〕12号)	佛山市南海区农村集体资产管理交易办法(南府〔2021〕142号)
佛山市南海区村(居)集体经济组织财务管理办法(南府〔2014〕94号)	—
佛山市南海区农村集体经营性建设用地抵押融资管理试行办法(南府〔2016〕40号)	—
佛山市南海区关于开展农村集体建设用地片区综合整治的指导意见(南府〔2016〕43号)	—
佛山市南海区农村集体经营性建设用地入市公开交易规则(南府〔2016〕43号)	—
佛山市南海区农村集体经营性建设用地产业载体项目管理试行办法(南府〔2016〕43号)	佛山市南海区农村集体经营性建设用地产业载体项目管理试行办法(南府〔2021〕26号)
佛山市南海区农村集体经营性建设用地整备管理试行办法(南府〔2016〕43号)	佛山市南海区农村集体经营性建设用地整备管理试行办法(南府〔2020〕82号)
佛山市南海区农村集体经营性建设用地片区综合整治项目立项操作细则(南府办函〔2017〕175号)	—
佛山市南海区进一步完善存量农村集体经营性建设用地手续实施细则的意见(南国土〔2017〕124号)	—
佛山市南海区农村集体建设用地片区综合整治项目集体建设用地与国有建设用地置换操作(南府办函〔2018〕208号)	—
佛山市南海区农村集体经营性建设用地整备税收征管指引(试行)(佛自然资南〔2020〕227号)	—

续表

文件名称	修订版
佛山市南海区农村集体经营性建设用地及房屋开发经营监管试行办法(南府〔2022〕59号)	—
佛山市南海区农村集体经营性建设用地项目信息公示管理补充规定(南建水函〔2022〕58号)	—

资料来源:南海区人民政府官网,http://www.nanhai.gov.cn/。

在组织架构上,南海区政府做出相应调整,将区政府、街道、村集体与税务部门等做出了不同的分工安排,明确各部门职能,协调配合(见表2-9)。

表2-9 佛山市南海区各部门关于集体经营性建设用地入市流转的工作内容

部门	工作
区政府	政策与制度制定、入市工作监督、资金管理、区交易平台管理
街道	街道交易平台管理和合同鉴证
集体	集体土地管理
税务部门	调节金代征收和征收税费
自然资源部门	土地入市审批和调节金征收

资料来源:《佛山市南海区农村集体经营性建设用地入市管理试行办法》(南府〔2015〕50号)。

南海区集体经营性建设用地入市流转收益在试点阶段主要以内部分配为主,在政府分配环节中,政府的主要收益来源为土地调节金,且政府所取得的收益不纳入税收体系之中,直接作为当地政府的建设资金。在集体收益分配环节,收益的方式多样化,但基本模式都采用了统一管理的方式,这种分配模式处于初级阶段,需要通过参考相对成熟的管理模式来实现变革,提高公平和效率。在集体建设用地入市过程中,要想最大限度地实现集体土地所有者的利益,真正实现按股分红,需要集体高度自治化,建立集体资产管理平台,在土地交易环节具有民主决策机制,做到土地交易价格的公开透明,并合理分配土地增值收益。[①]

(二)南海区集体经营性建设用地入市流转方式

集体经营性建设用地入市流转是指使用权的入市流转,入市的土地必须是符合国家相关政策或者制度的集体经营性建设用地。对于入市流转的条件,南海区

---

① 高欣,张安录. 农村集体建设用地入市对农户收入的影响——基于广东省佛山市南海区村级层面的实证分析[J]. 中国土地科学,2018(4):44-50.

政府对于土地入市流转要求进行了简单化操作，一方面是即将入市的土地应符合相关制度的要求，土地在政府规定的种类范围之内；另一方面是土地的使用权人意愿的真实性，确保土地流转代表的是双方真实意愿，保障农民的利益。在土地达到上述两项条件之后，最重要的是取得政府的审批许可，集体经营性建设用地入市前须取得区自然资源部门出具的规划许可，如果没有通过政府审批而私下交易，交易不会受到法律保护，且签署的私人协议也不具备法律效力。

据统计，南海区农村集体经营性建设用地的78.01%为面积在25亩（约合16667平方米）以下的零星分散地块。[①] 针对农村集体建设用地数量多、地块小、分布广、难利用、产权分散、基础配套设施不完善等特点，南海区创新性地提出整备入市，以满足土地市场对入市地块在面积、配套设施等方面的要求，满足土地使用者在产业升级和经济转型过程中对土地的使用需求。南海区借鉴城市土地储备制度的运作模式，对符合入市条件的地块进行用地整理，在完成产业规划、前期开发等必要环节后，将其以收购或托管方式推入市场。实践中已经有多个成功入市的案例，如位于大沥镇的广佛国际商贸城就是成功入市的典型案例。由此可见，这一举措有效解决了农村集体经营性建设用地破碎化、难利用的难题，在集体土地所有权性质不发生改变的前提下，增加了农村集体经营性建设用地的数量，提高了农村建设用地的效率。

在土地流转的前期准备工作完成后，就开始进入土地流转的中间环节，土地流转的途径有三种，包括：在政府建立的交易平台（包括南海区公共资源交易中心和街道交易中心）交易、村集体组织交易和土地使用权人自行交易。在实践过程中，各村以村集体为单位组织交易的较多，是土地入市流转的主要途径。土地使用权人自行交易时，由于制度的缺失，很难保障交易双方的权益，所以该途径实际使用较少。

集体经营性建设用地入市流转的方式主要包括三种：第一种是土地出让，通过出让的方式使土地使用权流转，但出让年限有法律规定；出让人的权利与义务一并转移。第二种是租赁，在一定时间段内受让人享有土地使用权，但出让人的

---

① 叶红玲. 探索集体经营性建设用地入市新模式——广东南海农村土地制度改革试点观察[J]. 中国土地，2018(7):4-9.

权利与义务是否转移,要根据双方合同认定。南海农村集体经营性建设用地入市以租赁方式为主,主要为土地租赁和物业出租两种,其中土地租赁占绝对比重,约90%,而租赁的租期在21~30年的最多,31年以上的次之,10年以下租期的最少,超过20年租期的所占比重为67.45%,说明租期有一定的稳定性。① 第三种方式是作价出资(入股),可以通过入股的方式盘活土地,投资方可以根据合同共同与使用权人分享土地所带来的利益。入市流程如图2-3所示。

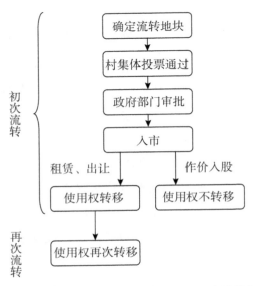

图2-3 南海区集体经营性建设用地土地入市流转流程

二、南海区集体经营性建设用地入市流转收益来源及分配方式

我国法律允许集体经营性建设用地进入市场,此时集体经济组织凭借所有权人身份,具有一定的自主权,在这一过程中产生的土地增值收益的分配则不再类似于征地中的那样由地方政府主导分配,可以有效维护农户的土地财产权益。

在初次流转中,收益分配涉及三个利益群体,分别是政府、集体和土地使用者。政府在初次流转过程中主要从土地出让调节金和税费中收益,如果使用权发

---

① 吴彩容,罗锋. 农村集体经营性建设用地入市模式研究——基于广东南海的实证分析[J]. 安徽农业大学学报(社会科学版),2019(6):41-49.

生转移,政府会收取调节金;如果使用权不发生转移,政府会按照国有建设用地的标准收取税费,政府收益在全部收益中占据较小的一部分。村集体在初次流转过程中占据的收益最多,村集体将内部各村民小组的土地作价入股,按照股份制公司模式统一对土地进行管理,然后对土地收益统一分配。土地使用者则是通过对土地的经营获得收益。

在再次流转中,收益分配涉及两个利益群体,分别是政府和土地使用者。政府通过征收土地调节金和税费收益参与收益分配。土地使用者在再次流转中主要是通过土地流转来获取收益。

(一)政府的收益来源与分配方式

1. 政府收益来源

政府的收益来源包括调节金和税费两种。根据土地流转方式的不同,政府收益的来源也不同。土地通过出让的方式使土地使用权发生转移的情况采取的是调节金模式;土地通过出租、作价出资的方式没有使土地使用权发生转移的情况,采取的是税收模式。再次流转过程中,也根据土地流转方式的不同,收取转让调节金或者税费。南海区政府集体经营性建设用地入市收益来源见图2-4。

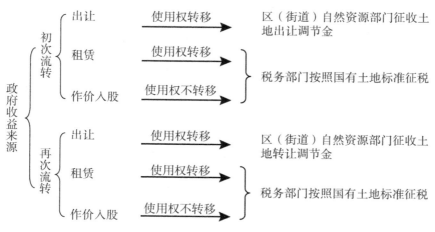

图2-4　南海区政府集体经营性建设用地入市收益来源

(1)出让调节金与转让调节金收益:政府在监管土地入市流转的过程中,通过收取调节金的方式来规范土地流转行为,增加政府财政收入。调节金的收取比例根据土地性质和土地价格及交易方式在1.5%～15%浮动。为了规避虚报土地价格的情况,政府通过前期土地价格评估与合同真实性的判断,使调节金征收所参照的价格最大限度地反映出市场真实价格。表2-10是南海区政府根据土地的功能性质对调节金制定了征收的不同比例。

表2-10　农村集体经营性建设用地使用权出让调节金与转让调节金征收比例

出让类型		出让调节金比例/%	征收基数
工矿仓储用途	城市更新("三旧"改造)或农村综合整治片区	5	土地出让收入(若协议出让价低于基准地价的,以基准地价作为征收基数)
	其他	10	—
商服用途	城市更新("三旧"改造)或农村综合整治片区	10	
	其他	15	
公共管理与公共服务用途	城市更新("三旧"改造)或农村综合整治片区	5	
	其他	10	
转让类型		转让调节金比例/%	
土地使用权	工矿仓储用途	2.5	转让收入
	商服用途	3.5	
	公共管理与公共服务用途	2.5	
房地产	工矿仓储用途	1.5	转让收入
	商服用途	3	
	公共管理与公共服务用途	1.5	
赠与	直系亲属或公益福利事业	免收	—

资料来源:佛山市南海区人民政府官网 http://www.nanhai.gov.cn/。

从表2-10中可以看出,政府在调节金收取标准的制定上按照土地的性质做出了相对科学的设定,对集体经营性建设用地的规划和管理仍是土地经济的粗放式管理。

(2)税收:在试点期间,由于相关税收体系没有建立,对集体经营性建设用地入市流转的税收没有形成相对成熟的税收体系,调节金也在一定程度上取代了税收,并且在土地通过出租、作价出资的方式进行流转的情况下,集体经营性建设用地的税费缴纳是采取国有建设用地的税费标准。

2．政府收益分配方式

调节金由当地自然资源部门收取或由当地税务机关代收，调节金在区、镇(街道)按照1:1的比例进行分配。当使用权没有发生转移的情况下，通过税收的方式，将资金纳入税收体系。

(二)南海区农村集体经济组织收益来源及分配方式

1．农村集体经济组织收益来源

农村集体经济组织的主要收益来源是土地初次流转过程中的土地流转收益。村集体经济组织在对集体资产统一管理的过程中，会提取一部分费用，作为农村集体经济组织的日常开销和内部建设资金。

2．农村集体经济组织收益分配方式

试点期间，南海区农村集体主要形成了两种分配方式，这两种分配方式各有优缺点：第一种以公平为侧重点的分配方式主要集中于较为富有的集体；第二种侧重效率的分配方式主要集中于较为贫穷的集体。

(1)以公平为侧重点的分配方式。这种模式是基于收益分配的绝对公平，按照各村小组占有土地的多少来分配。它是一种绝对公平的模式。但由于各村小组土地的占有数量不同，会造成贫富差距逐渐扩大，容易引发集体内部矛盾，不利于集体长远发展。

例如，M村采用土地股份制的方式，成立集体股份制公司，通过科学计算每个村小组的土地价值，以作价入股的方式让每个村民持有集体公司股份，村集体经济组织通过股份公司，对土地进行统一管理、统一安排，到年底时根据每个村民持有的股份为村民分红。

(2)以效率为侧重点的分配方式。这种模式更加侧重效率，注重解决集体内部的矛盾。虽然此模式能缩小贫富差距，但损害了一部分人的利益。

例如，X村通过土地作价入股的方式对入市土地进行统一管理，建立农村集体土地交易平台。在收益分配环节，为了避免因收益分配悬殊而造成集体内部贫富差距过大，进而采取以效率为侧重点的分配方式，即50％的收益在村集体内部平均分配，其余50％根据各村小组的股份来按比例分配。

三、南海区集体经营性建设用地入市收益分配成效

(一)农村产权制度改革为收益的公平分配奠定基础

南海区经济发展速度快,其各项制度改革一直走在前列。1992年,南海区农村集体经济组织开始在农村全面推行土地股份合作制,为了规避乡镇企业的经济效益下滑风险,以集体土地为资本,以出租、出让、转让、入股等形式对外招商引资,兴办工业园区和开发区。[①] 随着乡村经济的不断发展,南海区着力完善农村集体经济组织,村民小组和村集体分别成立了农村经济社和经济联社。2011年,南海区以基层党组织为统领,将农村基层经济组织中的经济职能与政治职能相分离,形成经济组织、自治组织各司其职、协调运转的治理体系,提升了农村集体经济组织的规范化程度,使其具备作为集体经营性建设用地入市主体的条件和能力。

(二)以租赁方式为主,与国有建设用地市场形成互补

南海区针对集体经营性建设用地的特点,出台了一系列文件,对利用效率低的集体建设用地因地制宜地进行再开发。当前,南海入市的集体经营性建设用地中租赁土地面积占比达89.72%。集体经营性建设用地入市以租赁模式主,一方面可以有效降低土地使用者的用地成本,另一方面也与国有建设用地市场的模式形成互补,避开了两个市场同质化竞争的问题,初步形成了互为补充的建设用地市场体系。2020年,南海集体经营性建设用地入市共54宗,用地面积约1335亩,为城乡用地市场提供了很好的补充。[②]

(三)有效增加了农村集体经济组织和农民的收入

经过多年的努力,南海区已经建立起"同权同价、流转顺畅、收益共享"的集体经营性建设用地入市制度体系。集体经营性建设用地入市有效显化了农村集体资产。截至2018年7月,南海共有88宗集体建设用地入市,面积达2471.7亩(约合164.8万平方米),成交总金额达70亿元,位居试点地区前列。其中,34宗土地实现

---

① 刘愿. 农民从土地股份制得到什么?——以南海农村股份经济为例[J]. 管理世界,2008(1):75-81.
② 李欣,张凤欢.闯将南海再出发 开创发展新格局[EB/OL].(2021-03-29)[2023-08-09].https://www.163.com/dy/article/G68F85BS0550037C.html.

抵押融资,抵押土地使用权面积为873亩(约合58.2万平方米),抵押价值达36亿元。[①] 土地入市释放了集体经营性建设用地权能,增加了农村集体经济组织的直接收入和成员的股份分红收益。2015年、2018年佛山市南海区集体经济组织成员人均股份分红分别为5172元和5994元。[②]

第四节　成都市郫都区入市收益分配实践

一、成都市郫都区集体经营性建设用地入市现状分析

郫都区位于四川省成都市西北部,地貌平缓,土地肥沃,下设9个乡镇、3个村。郫都区早在2008年就承担了农村经济综合体制改革试点任务,2015年作为我国"三块地"改革试点中的33个试点地区之一,承担集体经营性建设用地入市试点,后又同步推进宅基地制度改革和征地制度改革。郫都区对集体经营性建设用地的定义是:在农村存量集体经营性建设用地中,土地利用总体规划和城乡规划确定为工矿仓储、商服等用途的土地。[③] 在明确界定集体经营性建设用地概念的基础上,郫都区政府明确提出了基本条件,集体建设用地必须按照入市条件逐一比对审核,审核全部通过的地块则可以说具备了条件,方可进入市场。对成都市郫都区集体经营性建设用地的现状可以从以下几个方面描述。

(一)入市流程分析

从入市的实践来看,一般要经过以下几个步骤。第一步是明确入市的基本条件。该环节是在明确入市基本条件的基础上,对拟流转地块进行审核。如果符合入市条件,可以进入下一环节,没有确权的集体建设用地需要在颁证后入市。第二步是拟定入市方案。符合入市基本条件的地块,入市前需要拟定入市方案,并

①　叶红玲. 探索集体经营性建设用地入市新模式——广东南海农村土地制度改革试点观察[J]. 中国土地,2018(7):4-9.

②　佛山市南海区农村集体经营性建设用地入市改革试点探索简析[EB/OL].(2022-11-25)[2023-07-12]. http://www.huizhoutudi.com/nview-7092.html.

③　孙伟. 农村集体经营性建设用地入市的困境及对策研究——以成都市郫都区为例[D]. 成都:四川农业大学,2018.

召开村民代表大会,由村民大会表决通过。第三步是入市交易环节,该环节是在集体提交入市方案后,由地方政府对该方案进行审核,具体审核工作由区规划和自然资源局负责,审核内容包括入市宗地权属、范围等情况。以上内容审查无异议后上报,地方政府审核同意后方才由产权交易中心发布通知。第四步是受入市主体委托,区产权交易中心对入市集体经营性建设用地的资料和手续进行审查,无异议后发布招标、拍卖、挂牌公告,并组织招标、拍卖、挂牌活动,最终确定中标人或竞得人。第五步是入市成交环节,需要对成交结果进行公示,接受相关部门及社会的监督,无异议后由确定的土地受让人签订相合同,履行合同义务,并报送区规划和自然资源局备案。为保证入市的顺利进行,明确集体经营性建设用地的基本原则为"建规范、建机制、建网络平台"。于是围绕入市流程,建立健全了土地交易规范、交易流程、监督管理等方面的规章制度,又发布了土地进入市场、调节资金收取、收益分配等21个配套措施,以达到"机构化、民主化、市场化"的改革目标。

郫都区各村镇集体经营性建设用地入市情况见表2-11。

表2-11 郫都区各村镇集体经营性建设用地入市情况

乡镇	入市宗数	辖村数量	入市面积/亩	总金额/万元	单价/万元/亩
团结镇	1	1	7.89	684.82	86.80
唐昌镇	1	1	13.45	705.97	52.49
古城镇	2	1	25.43	709.93	27.92
新民场镇	1	1	3.14	178.98	57
友爱镇	3	3	16.04	877.09	54.68
安德镇	5	3	16.22	632.97	39.02
红光镇	10	1	128.29	8832.26	68.85
唐元镇	1	1	12.94	929.09	71.80
三道堰镇	8	2	163.9	11578.08	70.64
德源镇	1	1	11.68	163.52	14
合计	33	15	398.98	25292.71	63.39

数据来源:成都市国土资源局官网。

(二)成都市郫都区集体经营性建设用地存量情况

推进集体经营性建设用地入市改革,首先要通过全面的清产核资,摸清建设用地存量。农村地区经历过多年的建设和发展,土地利用情况盘根错节,要摸清农村集体资产数量,可以采用普查加各个地块外业调查的方式进行。在摸清底数的前提下,建立本地区详细的集体经营性建设地数据库,为集体经营性建设用地做入市前的准备。摸清家底使全体集体经济组织成员都能掌握本村的建设用地总体情况,做到心中有数。这样做不仅可以有效防止寻租行为和暗箱操作,也可以有效保护本集体经济组织的资产,使集体经济组织成员的权益得到保障。郫都区存量集体经营性建设用地情况见表2-12。

表2-12　郫都区存量集体经营性建设用地统计

序号	乡镇	存量/宗	占比/%
1	团结镇	1238	49.26
2	安靖镇	475	18.90
3	花园镇	326	12.97
4	唐昌镇	131	5.21
5	古城镇	128	5.09
6	新民场镇	72	2.87
7	德源镇	30	1.19
8	友爱镇	27	1.07
9	安德镇	26	1.03
10	红光镇	18	0.72
11	郫筒街道	10	0.40
12	唐元镇	9	0.36
13	犀浦镇	8	0.32
14	三道堰镇	15	0.60
合计		2513	100.00

数据来源:成都市国土资源局网站。

截至2018年,郫都区累计有43宗土地挂牌,总成交面积共计36.87平方千米,成交价款达3.97亿元,政府共收取土地增值收益调节金0.84亿元,其中与契税相当的调节金征收了1039万元,农民和集体的土地收入共计3.13亿元,取得了重大成果。[1]

---

[1] 邓柳馨,赵雨洁,周荷欣,等. 基于农户视角的集体经营性建设用地入市影响研究——以成都市郫都区为例[J]. 安徽农学通报,2020(7):3-7.

(三)明确集体经营性建设用地入市主体

郫都区于2008年被确定为农村经济综合体制改革试点,2018年又被农业农村部确定为农村集体产权制度改革试点单位。经过多项改革的同步推进,郫都区农村集体经济组织较为发达,管理规范,在落实农民集体收益分配权和对集体经济活动的民主管理权利方面具有良好成效,形成了有效维护农村集体经济组织成员权利的治理体系。因此,郫都区在集体经营性建设用地入市方面与其他地区有明显的不同。首先,出台了《乡村集体经营性建设用地入市主体认定工作方法》等规范,实现操作与监管的规范化。其次,组建了农村集体资产管理公司,明确其在入市中的主体性作用,以更加科学和公平的方式量化农村地区集体资产股权。

二、成都市郫都区集体经营性建设用地现行收益分配方法

(一)明确制定土地增值收益调节金收取比例

集体经营性建设用地的收益分配主体主要是地方政府、集体经济组织、农民个体三方。成都市相关政策规定,在集体经营性建设用地入市流转交易完成后,各区县的建设部门可以向土地受让方收取10%的基础设施建设费用,区县国土资源管理部门按照2%的比例收取耕地保护金。[①] 在集体经营性建设用地入市试点中,郫都区以中央发布的征收办法为基准,结合地方社会经济发展及土地市场中的供求关系,制定了《郫都区集体经营性建设用地入市增值收益调节金征收使用管理暂行办法》,对郫都区集体经营性建设用地入市调节金管理做出了明确的规定,具体收取标准详表2-13。

---

① 王亚萍. 农村集体经营性建设用地入市收益分配问题及对策研究——以成都市郫都区为例[D]. 成都:四川农业大学,2018.

表2-13　郫都区集体经营性建设用地入市增值收益收取比例

土地类型	交易方式	收取比例/%	征收依据
工矿仓储用地	招标、拍卖、挂牌	13	成交价
	协议	23	
商服用地	招标、拍卖、挂牌	30	成交价,基准地价Ⅰ级
		24	成交价,基准地价Ⅱ级
		15	成交价,基准地价Ⅲ级
	协议	40	成交价,基准地价Ⅰ级
		33	成交价,基准地价Ⅱ级
		25	成交价,基准地价Ⅲ级

资料来源:《郫都区集体经营性建设用地入市增值收益调节金征收使用管理暂行办法》。

(二)明确制定农村集体经济组织内部土地增值收益分配办法

在扣除相关税费和成本后,剩余的土地纯收益归农村集体经济组织所有。对于获取的集体经营性建设用地入市收益,按照相关规定要纳入集体资产统一管理、使用,接受监督,并定期进行审计。具体的管理者为各村镇集体资产管理公司。建立资产管理公司的目的是不仅要由专业的人管理好集体资产,还要规范高效,通过投资使集体资产有收益。根据管理办法,将扣除土地整治成本和入市成本之后的土地收益按照2:8的比例进行配置。其中的20%以现金形式分配给集体经济组织成员,让村民们能直接享受到现实的利益。其余部分用于投资或当地的基础设施建设和管理。为更好地服务于公共利益,农村集体资产管理公司将这些收益中的50%作为公司的公积金进行管理,农村集体经济组织成员作为该公司的股东可每年享受分红,这样长远的打算可以让集体资产细水长流,有效地防范分光、花光的问题出现,确保农户有长期生计、集体经济组织有长远发展。另外的30%则作为公益金,主要用于农村公共基础设施的建设与维护、村民的社会保障统缴等方面,以提高村民的公共福利和幸福指数。

三、集体经营性建设用地入市收益分配成效

现金分红、增厚股权、提高就业率等分配方式给郫都区的居民带来了巨大的收益。以2015年战旗村第一例集体经营性建设用地出让金分配方式为例,其13.4

亩集体经营建设性用地的成交总额达到705.97万元,在扣除土地整治成本和入市成本之后按照2:8的比例进行分配,其中20％的现金分配给1704名集体经济组织成员,人均增收520元;同时提取公积金后,集体经济组织成员股增值2600元①。截至2020年,全区入市100亩宗地与2309亩农村集体经营性建设用地,获取成交价款21.34亿元。②

---

① 成都郫都土改:农村集体土地"同权同价"入市,单亩均价88万[EB/OL]. (2018-12-22)[2021-04-16]. https://mp.weixin.qq.com/s.

② 江露. 郫都区集体经营性建设用地入市增值收益分配存在的问题和对策研究[D]. 成都:四川大学,2022.

第三章　利益均衡视阈下集体经营性建设用地入市收益分配现实比较及困境

对收益分配的考察分为两个层次:第一层次是政府与农村集体经济组织之间的利益分配,表现为集体经营性建设用地土地增值收益调节金的征收,其具体比例直接反映出代表社会公众的政府部门与土地所有权人之者间的分配关系。第二层次是集体经营性建设用地入市收益在农村集体经济组织内部的使用与分配,其表现为各入市试点地区的农村集体经济组织对收益分配所做的具体规定。虽然法律已经允许集体经营性建设用地入市,但从实际情况看,因入市需要相应的配套制度和技术规范等作为支撑,制度准备成本较高,因此在各地推行缓慢。2022年9月发布的《关于深化农村集体经营性建设用地入市试点工作的指导意见》,提出将在全国各省市选取不同地区进行第二轮集体经营性建设用地入市试点,集体经营性建设用地入市工作暂时放缓,拟通过再试点夯实基础。因此本书仍以33个试点地区为主要研究对象,把握我国集体经营性建设用地入市总体分配情况,在现实考察的基础上对各地区的入市主体、收益分配做横向的比较,拟对整体情况加以呈现。

第一节　入市主体分析

一、集体经营性建设用地入市实施主体概述

(一)概念的界定

集体经营性建设用地是指具有生产经营性质的农村建设用地。[①]集体经营性建设用地入市流转,是指农村集体将除宅基地和乡(镇)村公共设施、公益事业用地以外的经营性建设用地使用权,通过出让、出租、入股等形式,有偿转移给其他单位和个人的行为。[②]

在民法中,"主体"是指享受权利和负担义务的公民或法人。从法律角度来说,入市主体是土地的所有权人,[③]理论上,集体经营性建设用地所有权人(主体)是农民集体,应当由农民集体来行使所有权。但"集体"的概念模糊,[④]没有法人代表,是非民法意义上的主体,因此其权力只能通过法定的代表主体来实现。[⑤]新《中华人民共和国土地管理法》第十一条规定,入市主体是作为土地所有权人的农民集体和负责经营、管理集体经营性建设用地的农村集体经济组织、村民委员会和村民小组。

入市实施主体是土地入市的实际操作者,是受土地所有权人委托,代理农民集体对土地进行入市具体操作的土地所有权行使主体。可见,作为土地入市的实际操作者,入市实施主体并不一定拥有土地所有权,但有权力入市土地。入市实施主体在入市的准备环节经入市主体委托,代理入市主体在土地进行入市交易,

---

①　于建嵘. 集体经营性建设用地入市的思考[J]. 探索与争鸣,2015(4):55-58.

②　孙阿凡,杨遂全. 集体经营性建设用地入市与地方政府和村集体的博弈[J]. 华南农业大学学报,2016(1):20-27.

③　田国兴,周洋洋. 集体经营性建设用地入市法律问题研究——基于长三角4个试点地区的经验分析[C]//上海市法学会. 上海法学研究集刊2019.19. 上海:上海人民出版社,2019:115-120.

④　付宗平. 集体经营性建设用地入市存在的问题及对策——基于成都市的实证分析[J]. 农村经济,2016(9):31-36.

⑤　岳永兵. 集体经营性建设用地入市实施主体对比分析[J]. 中国国土资源经济,2019(6):29-34.

主要负责土地的整理开发、入市交易,比如土地面积测量、入市方案编制、土地评估、价格商讨、入市申请、出让合同制定等。

农村集体经济组织、村民委员会或村民小组依法可对集体土地进行经营、管理,也可以直接作为入市实施主体。除此之外,在试点实践中,有的地区会委托其他的组织机构等代理主体来对土地进行入市操作,主要有乡(镇)政府、具有企业法人资格的组织机构、土地联营公司、土地整备中心和土地储备交易中心。

(二)入市主体与入市实施主体的关系分析

1.入市主体和入市实施主体部分相同

如前所述,在法定地位上,农村集体经济组织、村民委员会和村民小组作为集体经营性建设用地所有权法定的代表主体,可直接对集体经营性建设用地进行入市操作。但在实践中,有的试点地区还会委托其他主体,代理入市土地,因此就出现了入市主体和入市实施主体既有相同的情况,又有不同的情况,两者的关系如图3-1所示。

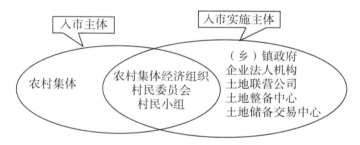

图3-1　入市主体与入市实施主体关系

由图3-1可知,入市主体是农民集体、农村集体经济组织、村民委员会和村民小组,入市实施主体是农村集体经济组织、村民委员会、村民小组、乡(镇)政府、企业法人机构、土地联营公司、土地整备中心和土地储备交易中心,两者都包含了农村集体经济组织、村民委员会和村民小组,主体部分相同。

2.入市主体与入市实施主体是委托代理关系

入市主体是建设用地所有权法定的代表主体,入市实施主体是建设用地所有权行使主体。就法律性质来说,入市主体和入市实施主体同为土地使用权人,两者为民事上的委托代理关系。^①无论是同为入市主体和入市实施主体的农村集体经济组织、村民委员会和村民小组，还是仅只作为入市实施主体的乡（镇）政府、企业法人机构、土地联营公司、土地整备中心和土地交易储备中心，都是代表或代理土地所有权主体行使土地所有权，对土地入市进行实际入市操作的主体，同时入市主体作为集体土地法定的代表主体，有权委托其他组织机构入市土地。在代理关系中，代理人（入市实施主体）与被代理人（入市主体）之间遵从意思自治，入市主体可自由选择代理人来进行入市操作。如图3-2所示，在入市准备环节，入市主体委托入市实施主体进行入市操作，入市实施主体受委托后代理入市主体做入市准备，并在入市交易环节入市土地，与土地受让方达成交易，完成入市操作。

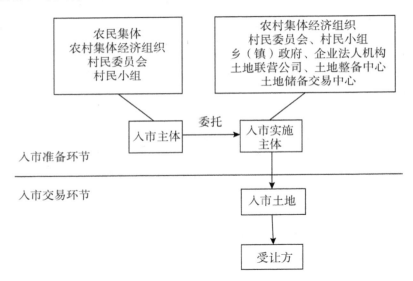

图3-2　入市主体委托入市实施主体入市土地流程

3．入市实施主体优越性分析

理论上，所有权人可直接行使所有权，作为集体经营性建设用地所有权人的农民集体和所有权法定的代表主体的农村集体经济组织、村民委员会及村民小组等入市主体可直接将土地入市，对土地入市进行操作，引入入市实施主体的说法在一定程度上将土地入市的过程及对集体经营性建设用地入市的研究复杂化了。

---

① 田国兴,周洋洋.集体经营性建设用地入市法律问题研究——基于长三角4个试点地区的经验分析[C]//上海市法学会.上海法学研究集刊2019.19.上海:上海人民出版社,2019:115-120.

而对入市进行委托代理也增加了入市成本,同时要给付一定的代理费用,农民所获收益也会受到影响。引入入市实施主体的原因主要在于:

(1)理论与现实不相符。入市主体仅是没有实体的农民集体和法律规定的农村集体经济组织、村民小组及村民委员会,能入市土地的只有后三者,但33个试点地区的经验直接表明,仅有以上三个入市实施主体不能满足集体经营性建设用地的入市操作需求,而这些额外的入市操作主体并不是入市主体,因此引入入市实施主体并将其归纳到一类主体中,才更有利于政策的制定及研究的开展。

(2)入市主体的界定存在一定困难。虽然《中华人民共和国土地管理法》对集体土地的所有权人进行了规定,但在现实中,产权主体仍然存在界定不明确的问题,这就导致集体土地所有权设置虚化,[①]入市主体难以明确,就没有对应的入市主体实施入市。而选择委托代理的方式将集体经营性建设用地的使用权进行委托,可以直接跳过入市主体确认阶段,保证集体经营性建设用地入市的顺利进行。

(3)入市实施主体具有专业性。农村集体经济组织、村民委员会和村民小组缺少集体经营性建设用地入市的专业能力,将集体经营性建设用地委托给专业的组织机构代理入市,能保证集体经营性建设用地入市的效果与效率。由此可见,引入入市实施主体确实有必要。

二、入市实施主体的形式与比较

通过对33个试点地区入市实施主体的调查发现,在试点地区入市实施主体的选择中,涉及村民委员会和村民小组的试点地区有14个,涉及农村集体经济组织的试点地区有14个,涉及企业法人机构的试点地区有14个,涉及乡(镇)政府的试点地区有2个,涉及土地联营公司、土地整备中心和土地储备交易中心的试点地区有3个。具体的情况如表3-1所示。

---

① 王秋兵,赫静文,董秀茹,等. 农村集体经营性建设用地入市障碍因素分析——基于利益主体视角[J]. 江苏农业科学,2017(4):255-258.

表3-1　入市实施主体对应试点地区

入市实施主体	试点地区
村民委员会和村民小组	1.河北省保定市定州市;2.山西省晋城市泽州县;3.辽宁省鞍山市海城市;4.内蒙古自治区呼和浩特市和林格尔县;5.吉林省长春市九台区;6.宁夏回族自治区石嘴山市平罗县;7.江西省鹰潭市余江区;8.山东省德州市禹城市;9.广西壮族自治区玉林市北流市;10.湖南省长沙市浏阳市;11.河南省新乡市长垣市;12.海南省文昌市;13.重庆市大足区;14.福建省泉州市晋江市
农村集体经济组织	1.天津市蓟州区;2.山西省晋城市泽州县;3.辽宁省鞍山市海城市;4.上海市松江区;5.浙江省金华市义乌市;6.浙江省湖州市德清县;7.福建省泉州市晋江市;8.湖北省襄阳市宜城市;9.广东省佛山市南海区;10.广西壮族自治区玉林市北流市;11.海南省文昌市;12.贵州省遵义市湄潭县;13.陕西省西安市高陵区;14.青海省西宁市湟源县
企业法人机构	1.天津市蓟州区;2.辽宁省鞍山市海城市;3.浙江省金华市义乌市;4.浙江省湖州市德清县;5.安徽省六安市金寨县;6.福建省泉州市晋江区;7.湖北省襄阳市宜城市;8.广东省佛山市南海区;9.广西壮族自治区玉林市北流市;10.海南省文昌市;11.四川省成都市郫都区;12.四川省泸州市泸县;13.云南省大理州大理市;14.甘肃省定西市陇西县
乡(镇)政府	1.山东省德州市禹城市;2.河南省新乡市长垣市
土地联营公司、土地整备中心、土地储备交易中心	1.北京市大兴区;2.广东省佛山市南海区;3.辽宁省鞍山市海城市

注:以上内容来自各个试点地区官方网站及研究整理所得,详见附录1。

(一)入市实施主体的形式

1.村民委员会和村民小组

作为入市主体,村民委员会和村民小组可直接进行土地入市操作。在实际试点中,吉林省长春市九台区作为欠发达地区,未成立土地资产经营管理公司,因此由村民委员会负责入市土地。根据九台区政府规定的民主议事程序,应听取村民意见,在经过广泛的讨论后形成比较成熟统一的方案,再进行民主表决。根据表决结果确定集体经营性建设用地能否入市交易,最终才可以通过挂牌出让的方式进入市场,与土地受让方签订供地合同。

村民委员会和村民小组作为入市实施主体,优点可归纳为以下几点:

(1)普适程度高。村民委员会和村民小组是按国家规定建立的基层群众性自治组织,每个行政村都应依法选举成员,成立村民委员会和村民小组,其存在具有普遍性。

(2)农民拥有自主决定权。村民委员会和村民小组建立的核心是实现村民自我管理、自我教育、自我服务,目的是实现民主。村民委员会作为入市实施主体,在入市决策时会充分听取农民意见,坚持民主决策,使农民能充分表达自己的想法,自主决定土地入市事宜。

(3)具有行为规范。《中华人民共和国村民委员会组织法》对村民委员会和村民小组的组织、决策、职责等进行了规定,为其工作提供了法律保障与行为规范。

尽管村民委员会和村民小组作为入市实施主体具有明显的优势,但其存在的缺点亦不能忽视,具体表现为:

(1)能力不足。村民委员会和村民小组的成员是村内人员,本身能力有限,并不具备土地入市所需的专业知识与能力,在市场中,既无法收集到市场供求信息,也不明白市场交易规则,还缺乏议价定价的能力,与入市交易受让方的沟通存在障碍。

(2)效率低下。村民委员会本身存在能力不足的问题,在进行决策时还要经历烦琐的召开会议、村民表决、提议通过等过程,在一定程度上影响了土地入市的效率。

(3)政经不分。村民委员会和村民小组承担农村与政府沟通的责任,与政府关系密切,听从政府指示,其主要职责是对村内事务进行管理,服务群众,调解纠纷,让其作为入市实施主体会导致职能混乱。[①]

2. 农村集体经济组织

农村集体经济组织是指对土地拥有所有权的经济组织,包括乡(镇)农村集体经济组织、村集体经济组织和组集体经济组织,一般情况下其具体表现形式是经济合作社或股份经济合作社。[②]作为入市主体,农村集体经济组织可作为入市实

---

① 吴娟梅. 集体经营性建设用地使用权入市规则的民法构建[D]. 赣州:赣南师范大学,2017.

② 杜党勇,蓝海林. 农村社区股份合作经济组织的内部治理结构与代理成本的实证研究[J]. 江西财经大学学报,2006(4):18-22.

施主体进行土地入市操作。如贵州省遵义市湄潭县、上海市松江区均以农村集体经济组织作为入市实施主体。

农村集体经济组织作为入市实施主体,优点有:

(1)符合农民心理预期。农村集体经济组织是应农村集体资产管理需求而成立的,土地入市是经济性活动,农村集体经济组织作为入市实施主体,与其性质和目的一致。

(2)具有行为规范。《中华人民共和国土地管理法》《中华人民共和国农业法》对农村集体经济组织的行为进行了规范。

其缺点有:

(1)假性政经分离。理论上农村集体经济组织是经济性组织,与政治性事务无过多牵扯,但是实际上农村集体经济组织的成员和村民委员会多有重叠,甚至出现负责人是村支书的现象,普遍存在"两块牌子,一套人马"的情况,[1]并没有真正做到政经分离。

(2)普适程度不高。当前,农村集体经济组织并非普遍存在的。截至2018年6月,我国仅有40.7%的行政村建立了农村集体经济组织,[2]农村集体经济组织作为入市实施主体不能在全国通用。

(3)机构不健全。法律对于农村集体经济组织的权利内涵和职能分工规定模糊),[3]农村集体经济组织的存在形式多样,经济联合社、股份经济联合社、"××公司"都是农村集体经济组织存在的形式,导致法人形式不够具体,不能完全发挥功能。

3.具有企业法人资格的组织机构

农民集体可委托具有企业法人资格的社会组织进行土地入市操作。在实际案例中,云南省大理州大理市双廊镇长育村村民委员会所有的集体经营性建设用地,经大理市人民政府核准土地信息后,由大理市双廊镇人民政府委托云南大理正泰拍卖有限责任公司对土地使用权进行社会公开拍卖。

---

① 李永军.集体经济组织法人的历史变迁与法律结构[J].比较法研究,2017(4):35-52.

② 岳永兵.集体经营性建设用地入市实施主体对比分析[J].中国国土资源经济,2019(6):29-34.

③ 吴娟梅.集体经营性建设用地使用权入市规则的民法构建[D].赣州:赣南师范大学,2017.

企业法人机构作为入市实施主体,优点有:(1)实现了政经分离。企业法人机构是受委托的中介服务机构,与农民集体只有经济利益上的牵扯,代理行为独立,仅受双方契约约束,属于完全的政经分离。(2)专业性高。在土地市场中,企业法人机构能比较容易获取市场供求信息,也熟知市场交易规则,在进行交易时能议价定价,与受让方进行良好沟通,让土地顺利入市。(3)能保证效率。一是企业法人机构的专业性能让入市顺利进行,二是为了顾及企业形象、绩效、收益等,企业都需要尽快将土地进行入市,效率有保障。其缺点有:(1)普适程度低。委托企业法人机构需要资金的支持,这不是所有农民集体都可以接受并承担的,因此普适程度并不高。(2)存在契约风险。企业法人机构受委托后行为独立,会出现违反农民集体意愿的行为。

4.乡(镇)政府

实践中,乡(镇)政府也可以作为入市实施主体对土地入市进行操作。如山东省德州市禹城市、河南省新乡市长垣县在实践中将乡(镇)政府作为入市实施主体。

由乡(镇)政府具体操作入市,优点有:(1)普适程度高。乡(镇)政府能充分满足农民集体的意愿,听从农民集体的决定,得到大多数农民的信任。[1](2)信息渠道广,可信度高。乡(镇)政府作为入市实施主体,具有官方土地入市信息发布渠道,信息传播范围广。由于是官方消息,其可信度也较高。其缺点有:(1)能力不足。作为入市实施主体,其专业性并不高,政府工作人员不具备土地相关知识储备,在土地准备入市阶段能力不够。(2)政经不分。(3)积极性不够。允许农村集体经营建设用地入市,会导致政府征地变得困难,这进一步导致地方财政收入的减少,从自身利益出发,政府会因此排斥集体经营性建设用地入市,并对入市进行限制。[2]

5.土地联营公司、土地整备中心和土地储备交易中心

基于农村集体经营性建设用地地块小、分布散的弊端,可由多个村合作开发

---

① 付光辉,安春晓. 集体经营性建设用地入市利益相关者共同治理研究[J]. 安徽农业科学,2016(33):191-193,244.

② 刘亚辉. 农村集体经营性建设用地使用权入市的进展、突出问题与对策[J]. 农村经济,2018(12):18-23.

组建土地联营公司;而土地整备中心、土地储备交易中心往往是由政府部门成立的,隶属于其下的事业单位,主要通过网上发布招标信息的方式对土地入市进行操作。在实际案例中,北京市大兴区组建镇级土地联营公司,经过民主决策,实行"一次授权、全权委托",决定其担任入市实施主体,负责集体经营性建设用地经营管理,由政府进行监督。① 辽宁省鞍山市海城市在制定的管理办法中规定了所有权行使主体,同时还规定了入市程序:在确定入市主体后确定入市宗地,形成入市决议,经民主决策后交由镇政府审批,审核通过后核准入市,入市主体与市土地储备交易中心签订委托书,委托代理入市土地交易等有关事项。委托书包括拟订入市方案、组织地价评估、交易代理、签订土地出让(租赁、作价出资或者入股)合同、办理《建设用地批准书》、代理费用等内容。

其作为入市实施主体,优点有:(1)在一定程度上弥补了市场的缺位问题,能有效避免供给不足所带来的伤害。(2)具有专业性。土地联营公司、土地整备中心和土地储备交易中心具有较高的管理水平,能将集体经营性建设用地进行整合利用,实现土地的统筹规划,降低了土地的交易成本。② (3)信息传播渠道广。土地联营公司是多村组建的,成员涉及的村庄范围广,信息能散播更远;土地整备中心和土地储备中心一般有官方网站发布土地入市信息,消息容易获得,信息公开透明。其缺点有:(1)普适程度低。土地联营公司、土地整备中心和土地储备交易中心是由政府组建起来的,但各地政府能力水平不均,因此其并不是普遍存在的。(2)政经不分。土地联营公司、土地整备中心和土地储备交易中心是经政府建立的,其行为易受到政府干预。

(二)入市实施主体的对比分析

根据以上内容,分别从入市实施主体的普适程度、专业化程度、运行成本、合法性及是否政经分离等五个方面对入市实施主体进行对比,情况如表3-2所示。

---

① ② 大兴区农村土地制度改革试点调研组. 农村集体经营性建设用地入市改革的"大兴方案"[J]. 中国土地,2019(1):9-15.

表3-2　入市实施主体对比

运行特点	村民委员会、村民小组	乡（镇）政府	农村集体经济组织	企业法人机构	土地联营公司、土地整备中心、土地储备交易中心
普适程度	高	高	中	低	低
专业化程度	低	低	中	高	高
运行成本	低	低	中	高	高
合法性	合法	不合法	合法	合法	合法
是否政经分离	否	否	否	是	否

资料来源：岳永兵．集体经营性建设用地入市实施主体对比分析[J]．中国国土资源经济，2019(6):29-34.

在普适程度上，村民委员会、村民小组和乡（镇）政府普适性程度最高，农村集体经济组织普适程度一般，土地联营公司和土地整备中心普适程度低。在专业化程度上，企业法人机构、土地联营公司、土地整备中心及土地储备中心的专业化程度高；农村集体经济组织相比于村民委员会和村民小组及乡（镇）政府，在职责上更加专一，目的更加直接、明确，在专业性程度上成长速度较快；村民委员会和村民小组及乡（镇）政府的权力范围过大，职责过多，内部成员缺乏对应的专业知识，专业化程度低。在运行成本上，企业法人机构、土地联营公司和土地整备中心的运行成本高，农村集体经济组织的运行成本会相对低一点，村委会和村民小组及乡（镇）政府运行成本低。在合法性问题上，农村集体经济组织、村民委员会和村民小组依据《中华人民共和国土地管理法》可对集体土地进行经营、管理，企业法人机构、土地联营公司、土地准备中心是合法的市场主体，仅乡（镇）政府入市土地不合法。[①] 在政经分离方面，仅企业法人机构真正做到了政经分离。

总体来看，普适程度、运行成本和专业化程度三个指标往往不能形成协调一致的状态。普适度高的入市实施主体往往在专业化程度方面表现欠佳，但运行成本处于低位，是比较理想化的状态。专业化程度高的入市实施主体普适程度低，而运行成本高；运行成本高的入市实施主体普适程度低，但专业化程度高。不同的入市实施主体具有不同的优缺点，因此不能仅凭某一特性来判断入市实施主体的优劣。

---

① 岳永兵．集体经营性建设用地入市实施主体对比分析[J]．中国国土资源经济，2019(6):29-34.

从总的发展趋势看,入市实施主体必然会经历不同发展阶段,专业化程度会逐步提高。这是社会发展的需求,随着入市工作的顺利开展,市场对专业的要求会变得越来越高,村民自治组织和人民政府成员能力不足,不仅会影响土地入市的进程,还始终与"政治"分不开,不符合"政经分离"的行政法治理念,最终会回归到政治性事务中。农村集体经济组织会随着农村的不断发展而变得更加普遍,逐渐实现政经分离。而企业法人机构则是最理想的入市实施主体,符合市场需求。

但就目前而言,入市实施主体可以分为三大类:第一类是以村委会、村民小组和乡(镇)政府为主的基础类,普适程度很高,运行成本较低,当然专业化程度也较低,可实施入市,但受自身限制过多,短时间内可取,不利于农村土地市场的建立。将村委会作为入市主体,实质上是一种过渡形式,大多是因为集体经济组织发展不够成熟而被迫采取的无奈之举。^①将乡(镇)政府作为主体的改革实践,有利于从更高层面统筹入市问题,解决集体经营性建设用地分散细碎,无法满足入市门槛的问题,同时也可以协调区域内土地利用效率,提升农村集体经济组织的收益。第二类是以农村集体经济组织和企业法人机构为主的适宜类。从客观上来说,此类是理想的入市实施主体。农村集体经济组织符合农民预期,既满足基层群众自治,又解决了土地所有权代表主体能力不足的问题。尤其是在一些经济相对发达的地区,集体经济组织成立时间早,参与市场的经验相对比较丰富,并已充分推行农村产权制度改革,集体经济组织基本与村委会脱钩,完成了"政经分工"的过程。企业法人机构专业化程度高,有利于土地市场的建立。第三类就是以土地联营公司、土地整备中心和土地储备交易中心为主的探索类,由于当前将这三者作为入市实施主体的试点地区还较少,其前景如何还需要进一步探索。

(三)总结

将选择五类入市实施主体的试点地区按发展状况进行分类整理,选择村民委员会、村民小组、农村集体经济组织和企业法人机构的地区分布比较平均,未表现出比较明显的特征,选择乡(镇)政府的两个地区发展较落后,选择土地联营公司、土地整备中心和土地储备交易中心的三个地区发展较好。具体情况如表3-3所示。

---

① 大多数中西部试点地区的主要入市主体都是村委会。——作者注

表3-3　不同入市实施主体对应试点地区发展状况统计

试点 地区区位	村民委员 会、村民 小组	农村集体 经济组织	企业法 人机构	乡（镇） 政府	土地联营公司、 土地整备中心、 土地储备交易中心
一线城市	0	1	0	0	1
新一线城市	2	2	2	0	0
二线城市	1	3	3	0	1
三线城市	5	4	3	1	1
四线城市	3	2	4	1	0
五线城市	3	2	2	0	0

注：城市的划分依据为2019年《第一财经》发布的城市排名。

根据表3-3,33个试点地区对于入市实施主体的选择未能形成模式,在入市实施主体的选择上,地区发展程度与入市实施主体的选择并没有明显相关性。

选择不同的入市实施主体会产生不同的入市效果。在有关管理办法中,在土地入市的程序上都规定需要进行民主决策,农村集体经营性建设用地入市的最终目的是在保障农民权益不受损的前提下提高农民收入,因此以下从农民参与自治的积极性、是否需要给付代理费用和入市实施主体的效率等三个方面对不同入市实施主体的入市效果进行分析,具体情况如表3-4所示。

表3-4　入市实施主体达到的效果分析

效果	村民委员会、 村民小组	乡（镇） 政府	农村集体 经济组织	企业法 人机构	土地联营公司、 土地整备中心、 土地储备交易中心
农民集体参与自治积极性	高	高	高	低	低
代理费用	无	无	无	有	有
效率	低	低	低	高	高

村民委员会和村民小组、乡（镇）政府和农村集体经济组织作为入市实施主体,与农民集体沟通顺畅,在决策时坚持民主自治,因此能充分调动农民集体参与自治的积极性,最大限度地体现农民意愿,并且不用支付额外的代理费用。但是由于内部人员缺少与土地入市相关的知识储备,决策时参与民主决策的人员因为缺少相关知识,会造成决策上的阻碍,这些都会使土地入市效率受到影响。而企业

法人机构、土地联营公司、土地整备中心和土地储备交易中心专业化程度高,因此效率高,但因为是代理行使所有权,所以需要支付代理费用。而农民集体委托行使所有权后就不能参与土地入市的决策,这将会打击农民参与自治的积极性。

　　以上是针对入市实施主体的特征对入市效果进行比较,但是实际的情况较为复杂。我国地区经济、土地资源情况、人文意识等差异较大,政府执政能力也存在一定差异,因此即使选择同一个入市实施主体,由于地区的实际情况不一样,实际达到的效果也大相径庭。

　　因此,全国必然不能规定统一的入市实施主体,只有选择适合本地实际情况的入市实施主体,才能将其优点彻底发挥出来,避免问题的出现,取得最大的效益。部分试点地区入市主体、途径与用途统计见表3-5。

表3-5　部分试点地区入市主体、途径与用途统计

试点地区	入市主体	交易平台	入市用途
贵州湄潭	土槽村村委会;湄江街道办回龙村股份经济合作社;兴隆镇龙凤村股份经济合作社等	湄潭地区拍卖会	商服用地
浙江德清	洛舍镇沙村村股份经济合作社;莫干山城建发展有限公司;新市镇蔡界村股份经济合作社等	德清公共资源交易中心	商服用地 工业用地
北京大兴	北京市盛世宏祥资产管理有限公司	北京市土地交易市场大兴分市场	绿隔用地 租赁用地
甘肃陇西	巩昌镇西街村委会;首阳镇南门村集体;樵家河村集体等	首阳镇永宁路交易会	商服用地
佛山南海	沥镇太平村北海股份经济合作社;丹灶镇石联村石西股份经济合作社;桂城街道、九江镇土地整备中心等	南海区公共资源交易中心	科教用地 工业用地
重庆大足	宝顶镇东岳村2组集体经济组织;龙水镇保竹村1组集体经济组织等	重庆市大足区公共资源综合交易服务中心	商服用地 工业用地
湖北宜城	流水镇刘台村村委会;小河镇高嶈村村委会;王集镇人民政府;宜城市美丽王集建设开发有限公司;罗屋村、魏岗村集体股份经济合作社等	宜城市公共资源交易中心	科教用地 商服用地
上海松江	松江区永丰地区农民集体经济联合社等	上海市土地交易市场	商服用地 工业用地

　　资料来源:魏来,黄祥祥. 集体经营性建设用地入市改革的实践进程与前景展望——以土地发展权为肯綮[J]. 华中师范大学学报(人文社会科学版),2020(4):34-42.

第二节　收益调节金比较

　　调节金是指政府对集体经营性建设用地入市形成的土地增值收益提取的比例，其本质上反映了一种分配关系。根据财政部、国土资源部联合印发的《农村集体经营性建设用地土地增值收益调节金征收使用管理暂行办法》（简称《暂行办法》），在入市及再转让过程中，政府会收取一定比例的土地增值收益调节金。[①] 由于《暂行办法》中对于调节金仅给出了一个征收的范围，因此，在《暂行办法》明确指出各地在制定具体的征收比例时，要"考虑土地用途、土地等级、交易方式等因素确定调节金征收比例"，同时规定了调节金征收的相应管理细则。

一、调节金征收的差异化表现

　　土地收益分配及管理是集体经营性建设用地使用权流转中的关键问题，关系到集体经营性建设用地入市运作的利益保障机制。[②] 建立和完善集体经营性建设用地使用权出让收益分配机制，是为了保障集体和成员的合法土地权益，也是为了规范集体经营性建设用地使用权出让中的政府行为。[③] 从试点实践来看，在综合考虑入市土地用途、入市地块区位、入市方式、交易方式等因素后，试点县政府主要采用分类、分级方式计提调节金。[④] 从各试点地区的征收情况看，主要问题表现在调节金的征收比例、计算依据及使用规定均不相同。

（一）调节金征收比例的差异化

　　《暂行办法》中明确指出，具体分配比例的决定权在于各地方政府，因此实践中调节金的收取呈现出多样化的特点，各地的规定大相径庭。各试点地区根据自身的情况，在符合《暂行办法》规定的基础上，确定了土地增值收益调节金的征收

---

　　① 岳永兵,刘向敏. 集体经营性建设用地入市增值收益分配探讨——以农村土地制度改革试点为例[J]. 当代经济管理,2018(3):41-45.

　　② 王权典.农村集体建设用地流转的法律障碍及变革创新[J].法学杂志,2008(4): 47-50.

　　③ 陆剑. 集体经营性建设用地入市中集体与成员权利配置论[J]. 领导之友 2016(1):39-47.

　　④ 马翠萍. 集体经营性建设用地制度探索与效果评价——以全国首批农村集体经营性建设用地入市试点为例[J]. 中国农村经济,2021(11):35-54.

比例,以合理分配政府与农村集体经济组织之间的利益。现有研究对于调节金征收的特征、设定等进行了较为深入的研究。本书根据对33个试点地区土地增值收益调节金征收办法的收集、分析和总结,将试点地区的调节金按征收比例大致分为两大类。

1.依据单一标准划分征收比例

单一标准主要是指将集体经营性建设用地入市中某一操作环节作为分别设置土地增值收益调节金比例的依据,如入市方式、出让方式等。实践中,安徽省芜湖市将县、乡、村的收益分配比例确定为1:4:5;而山西省晋城市泽州县则规定入市的土地增值收益由国家征收20%的调节金。根据出让和转让的不同环节区分市场,入市主体缴纳的调节金应占入市收入的16%,土地受让方缴纳成交价款的4%。二级土地市场中转让和再出租的,调节金按土地增值的20%收取(见表3-6)。这种类型操作简单,但实践中并不多见。究其原因,主要在于集体经营性建设用地入市情况较为复杂,不仅入市土地区位不同、方式不同,且入市后用途也可分为商业用地和工业用地,因此实践中各试点地区较少采用这种办法。

表3-6　山西省晋城市泽州集体经营性建设用地土地增值收益调节金收取比例

出让方式	收取比例/%
出让	出让方16
	受让方4
转让、再出租	20

数据来源:根据《泽州县农村集体经营性建设用地入市管理办法(试行)》整理。

2.多标准复合式确定征收比例

在实践中,大部分试点地区会基于对入市方式(就地入市、调整入市、整治入市)、所处区位(乡镇规划区内外)、土地用途(商服用地、工业仓储类)、出让方式(招标、拍卖、挂牌)、土地等级等多重因素的考虑,将不同的标准相互叠加,形成复合式的调节金征收标准。此种征收方式在试点地区中较为普遍,只是具体的征收标准有一定的差异,征收比例也不尽相同(见表3-7)。宁夏石嘴山市平罗县根据就地入市、调整入市、整治入市的不同,在考虑入市土地区位因素的基础上,根据其用途确定调节金征收比例区间为20%~50%(见表3-8)。成都市郫都区的征收依据是招拍挂和协议出让,再考虑土地用途及区位,确定的调节金征收比例范围为13%～40%(见表3-9)。湖南省浏阳市根据集体经营性建设用地的地价等级及流转用途等分类,以成交总价为基础,依据相应的比例控制调节金。例如根据地价等级划分,商业用途土地按基准地价等级分类为一、二、三级,分别对应三级20%、二级30%、一级40%三种比例征收调节金(见表3-10)。[①] 而工矿仓储用地一般按最低价的10%征收调节金。浙江省德清县全面考虑了出让方式的差异,包括使用权作价出资(入股),叠加区位及用途,针对出让(出租)人和受让(承租)人分别设定了调节金征收比例(如表3-11)。

表3-7　试点地区调节金征收比例

试点地区	征收类别	调节金征收比例/%
辽宁省海城市	出让、租赁、作价出资(入股)	10～40
上海市松江区	用地类型	20～50
宁夏石嘴山市平罗县	就地入市、调整入市、整治入市	20～50
重庆市大足区	一类街镇、二类街镇、三类街镇	20～50
四川省成都市郫都区	招拍挂、协议出让	13～40
四川省泸县	协议、拍卖、挂牌	20～30
广东省佛山市南海区	是否属于城市更新("三旧"改造)项目或农村综合整治片区内	5～15
海南省文昌市	用地类型	5～25
福建省晋江市	招拍挂、协议出让	15～55
浙江省义乌市	出让、租赁	三级超率累进征收率

表3-8　宁夏石嘴山市平罗县集体经营性建设用地土地增值收益调节金收取比例

入市方式	土地区位	土地用途	收取比例/%
就地入市	乡镇规划区内	商服旅游类用地	50
		工业仓储类用地	40
	乡镇规划区外	商服旅游类用地	40
		工业仓储类用地	30

---

① 李明贤,周蓉.农村集体经营性建设用地与国有土地同等入市的推进机制研究——以湖南省浏阳市为例[J].湖湘论坛,2018(2):123-129.

续表

入市方式	土地区位	土地用途	收取比例/%
调整和整治入市	乡镇规划区内	商服旅游类用地	35
		工业仓储类用地	25
	乡镇规划区外	商服旅游类用地	30
		工业仓储类用地	20

表3-9　四川成都市郫都区集体经营性建设用地土地增值收益调节金收取比例

出让方式	土地用途	土地等级	收取比例/%
协议	商服用地	基准地价一、二、三级	40、33、25
	工矿仓储	基准地价一、二、三级	23
招标、拍卖、挂牌	商服用地	基准地价一、二、三级	30、24、15
	工矿仓储	基准地价一、二、三级	13

表3-10　湖南浏阳市集体经营性建设用地土地增值收益调节金收取比例

出让方式	土地用途	土地等级	收取比例/%
出让、转让	工矿仓储	—	10
	商业用地	一级	40
		二级	30
		三级	20

表3-11　浙江德清县集体经营性建设用地土地增值收益调节金收取比例

出让方式	缴纳人	所处区域	收取比例	备注
出让、租赁	出让(出租)人	位于县城规划区	商服类用地按48%缴纳,工矿仓储类用地按24%缴纳	—
		位于乡镇规划区	商服类用地按40%缴纳,工矿仓储类用地按20%缴纳	—
		其他地块	商服类用地按32%缴纳,工矿仓储类用地按16%缴纳	—
	受让(承租)人	—	按成交地价总额的3%缴纳	—

出让方式	缴纳人	所处区域	收取比例	备注
使用权作价出资(入股)	出让方(土地所有权人)	—	—	于作价出资(入股)形成的股权发生转移时缴纳
	受让方	—	—	
转让	转让方	—	商服类用地按3%缴纳,工矿仓储类用地按2%缴纳	按照使用权转让收入总额计征调节金

(二)调节金计算依据差异化

依据《暂行办法》,试点期间农村集体经营性建设用地入市项目除受让方须向所在县(市、区)人民政府缴纳与契税相当的契税调节金(一般按成交价款的3%～5%征收)以外,还需要对农村集体经营性建设用地入市征土地增值收益收调节金。这是在没有颁布相应税法的条件下,对试点地区农村集体经营性建设用地土地增值收益进行的规范管理,目的是在国家、农村集体经济组织与个人之间构建均衡的收益分配机制。

《暂行办法》中明确规定:调节金的征收基础为土地增值收益。但是在实际试点中,征收计算依据出现了差异,并非只有土地增值收益。操作中,增值收益调节金的征收方式主要有两种:一是按照《暂行办法》,将入市土地总价款扣除取得土地、土地整理开发、税费等成本之后的土地增值收益为计征基数,调节金计征比例设置范围为5%～60%。二是以入市土地成交总价款为计征基数,调节金计征比例设置为8%～50%(见表3-12)。显然,两种方式相比,以土地增值收益作为计征基数更具有合理性。虽然第二种计征方式有别于政府发布调节金征收的初衷,但是其具有简单明了、计算方式简便、易于操作等优势,而且实践中也受到地方政府部门、农村集体经济组织和农民的一致认可,并承认其存在的合理性,如上海松江地区。部分地区由于历史原因、人员变动等无法评估土地成本,造成土地增值估算操作困难,阻碍了集体经营性建设用地入市。因此可以说两种计征方式各有所长,以土地总价款作为计征依据也是符合现实需求的。

表3-12　试点地区调节金基数及计征比例节金征收计算基础的差异化

试点地区	计征比例/% （计征基数：土地增值收益）	试点地区	计征比例/% （计征基数：土地总价款）
河南省新乡市长垣市	30～60	北京市大兴区	8～15
重庆市大足区	20～50	四川省成都市郫都区	13～30
辽宁省鞍山市海城市	20～40	浙江省德清县	16～48
黑龙江省绥化市安达市	15	广东省佛山市南海区	15、10、5
海南省文昌市	5～28	上海市松江区	50或20
甘肃省定西市陇西县	20～50	广西壮族自治区玉林市北流市	5～40
吉林省长春市九台区	20～50	贵州省遵义市湄潭县	12
山西省晋城市泽州县	20～50	—	—

数据来源：根据各试点地区相关政策文件整理。

(三)调节金使用规定差异化

收益分配是农村集体经营性建设用地出让制度构建中的核心,其关键不仅在于如何在国家、集体和农民个人之间科学合理地分配土地收益,土地收益分配后的具体使用范围也是关注的重点。对于调节金具体使用的规定,从本质上说是明确具体责任的过程。地方政府与农村集体经济组织均参与收益,调节金的使用即是两个利益主体在获取收益后所应承担的相应责任。在城市国有建设用地市场中,地方政府从出让中所获取的土地出让收入使用去向散见于多个政策文件中,如《廉租住房保障办法》《城乡建设用地增减挂钩试点管理办法》《关于从土地出让中计提教育资金有关事项的通知》等。根据各项政策要求,土地出让金中至少有45%用于廉租房建设、教育、农田水利建设及农业土地开发等。此外,为了使国有建设用地有效入市,地块的"七通一平"费用、周边基础设施建设等都由地方政府负担。由此可以看出,调节金的分配,不仅是收益的分配,更是责任的明确。

《暂行办法》第十五条规定:"调节金全额上缴试点县地方国库,纳入地方一般公共预算管理。"第十六条规定:"农村集体经济组织以现金形式取得的土地增值收益,按照壮大集体经济的原则留足集体后,在农村集体经济组织成员之间公平分配。"可见,从国家层面来说,并未明确规定调节金的使用范围。从实践来看,各地对于调节金的使用都做了规定,使用范围一般限定在"城镇和农村基础设施建设、农村环境整治、土地前期开发等支出"①领域,未明确规定数额。而平罗县则更进一步,不仅明确指出了数量,而且将使用的地域范围也明确划出,即"收取的调节金60%主要优先用于入市交易地块所在乡镇和村庄基础设施建设、农村环境整治、土地前期开发等费用支出"②。湖州市充分尊重土地所有权,将收益的80%留给农村集体经济组织,地方政府只利用剩余的20%来覆盖5%的手续费和15%的乡镇基础设施建设费。常州市则将调节金使用范围进一步扩大,除了"统筹用于镇、农村基础设施建设、农村环境整治",还可以用于"生态补偿、耕地保护激励补偿、土地复垦、失地农民保障以及对农村经济困难群众的社保补助和特困救助等"③。

通过上述分析可以看出,各地对于集体经营性建设用地土地增值收益分配调节金的使用都做了相对具体的规定,地方政府在获得增值收益调节金时,其建设与管理责任也是十分明确的。从各地的土地增值收益调节金征收和使用管理办法来看,仍存在一定差异,主要是使用比例、细分领域规定上的不同。农村集体经济组织在集体经营性建设用地入市后更多的是从土地所有者的身份来考虑如何在内部进行合理分配与建设,对于其对村域内及周边的基础设施建设责任等基本没有涉及。从某种程度上来说,这造成了主体责任的不对等。

二、差异化产生的原因

土地增值收益调节金收取比例决定了国家与集体之间收益分配。若收取比例过低,入市收益将远高于征地补价部分,不利于土地征收的顺利进行;而若收取比例过高,集体及村民的收益会降低,改革就失去了实际性意义。同时,调节金还具有统筹平衡不同用途土地增值收益差距的作用,增值收益经常受到土地用途的影响而导致混乱不公,根据增值幅度收取不同比例的调节金能最好地平衡利益差

---

①　参见《义乌市农村集体经营性建设用地入市土地增值收益调节金征收和使用规定(试行)》《德清县农村集体经营性建设用地入市土地增值收益调节金征收和使用规定(试行)》。

②　参见《平罗县农村集体经营性建设用地土地增值收益调节金征收管理使用分配暂行办法》。

③　参见《常州市天宁区农村集体经营性建设用地入市收益调节金征收和使用管理实施办法》。

距。试点地区大都从入市方式和土地用途出发,综合考虑其他条件,对调节金征收比例进行了差别化设定。各地将规划区内外、土地级别、价格区间等因素进行综合考量。可见,当前入市收益在国家与集体农民之间如何分配尚未形成一致方案。

根据各试点地区调节金收取比例的对比,可以看出调节金征收差异的成因主要有以下几个方面。

1.《暂行办法》规定的增值收益征收比例范围较大

《暂行办法》提出的征收比例存在很大的弹性,导致各地在制定当地具体政策时存在较大选择空间。集体经营性建设用地入市增值收益与土地区位地价和用途等因素息息相关,因此分配比例的确定应充分考虑以上因素。每个试点地区需要根据当地的实际情况,合理规划增值提取比例的标准,所以导致调节金收取标准的各地区差异较大。由此看来,征收比例范围较大从某个地区本身来看并不存在问题,只是在进行横向比较时会有不公平之嫌。

2.各地区的调节金收取的影响因素暂未规范

调节金在试点地区所考虑的影响因素包括多个方面,目前尚无统一规范。调节金设定的影响因素主要包括入市方式(首次流转、再次流转)、土地用途(商办、工业)、规划区内外、土地级别和成交价格区间等。[1] 从实际操作来看,各地在设定调节金比例时考虑的因素不尽相同,但也存在一定的共性。对于各影响因素在设定增值收益调节金具体比例时的影响程度有多大并没有科学研判,亦缺乏相应的理论基础。因此,具体设定只能按照惯例、习惯和一般认知加以明确。在众多影响因素中,入市方式和土地用途是各地政策制定部门关注的重点,这两项因素也都成为考虑的重要条件。例如:泽州县主要考虑区分出让、转让环节;浏阳市还考虑了区位和土地级别影响;北流市主要考虑对土地因素进行调整。可见,即便是同一因素,不同地区在设定调节金时比例也不尽相同。正因如此,试点中各地调节金比例设定大相径庭也就不足为奇了。

---

① 何芳,龙国举,范华,等. 国家集体农民利益均衡分配:集体经营性建设用地入市调节金设定研究[J]. 农业经济问题,2019(6):67-76.

3.各地区的实际情况与区位因素存在差异

科学合理的调节金比例设定需从实际入手,参照该入市地块所在区位的基础设施建设水平、用地面积与占比、区域土地征收成本与开发成本大小等具体确定。例如相对发达地区城郊接合部人口密集,土地补偿水平高,征收成本高,政府分配比例应该较少;相对发展不足的区域,基础设施与公共设施不完善,开发成本小,需要政府进行统一调配与改造升级,政府分配比例应当相对提高。因此,在不同区位因素的影响下,各地的实际情况导致调节金比例呈现出差异。

总而言之,由于涉及调节金的设定范围、干扰要件及地域类型特征等原因,集体经营性建设用地入市收益在政府与集体之间的分配比例暂未形成统一和完善的规定。而现有研究更侧重于对试点地区的数据及实施情况开展实证分析,控制变量对比多因素影响下不同区域的实施情况,缺乏普遍适用性。

第三节　入市收益在集体内部分配的比较分析

入市收益在集体组织内的分配又称内部分配,是去除政府收取调节金的部分外,土地增值收益由集体组织以及集体成员分享。集体内部分配切实涉及每一位组织成员的利益及集体组织未来的发展,因此如何保障集体和村民合理分享和利用收益、科学确定分割比例是入市制度构建的重要问题。

一、集体内部分配模式

为了保障农民权益,建立兼顾国家、集体、个人的土地增值收益分配机制,根据目前我国各地集体经营性建设用地入市收益分配的具体操作,可以将其划分为以下几种模式。

(一)按照收益分配的操作模式划分

1."集体资产管理+折股量化分配"模式

德清县是全国33个农村土地制度改革的试点之一。德清县紧守三条底线,针对本县具体情况,构建了"一办法、两意见、五规定、十范本"的政策体系,以拍卖方式完成了全国首宗集体经营性建设用地入市。[①] 截至2017年底,德清县共完成入市土地131宗共856亩,成交金额为1.88亿元,农民和农民集体获得收益1.53亿元,共涉及49个集体经济组织,惠及农民8.8万余人。[②] 对于所处不同区位的集体经营性建设用地,德清县根据其具体用途分别确定了集体经营性建设用地增值收益调节金比例(见表3-11)。提交收益调节金后,根据土地权属的性质,采用不同的分配办法。属于乡镇集体经济组织的,收益纳入乡镇财政统一管理,用于辖区内基础设施建设、民生项目等支出。属于村内其他集体经济组织(村民小组)的,其入市收益在扣除国家相应税费、村集体提留及入市的相关费用后,既可以用于农户分配,也可用于投资。属于村集体经济组织的,收益作为集体积累统一列入集体公积公益金进行管理。该收益资金作为村股份经济合作社(或村经济合作社)经营性资产,以股权增值方式追加量化成员股权。[③]

2.“集体资产管理＋公益金＋分红”模式

四川省成都市郫都区自2015年试点农村集体经营性建设用地入市以来,集体土地被盘活。郫都区人民政府于2017年5月发布了包括《郫都区农村集体经营性建设用地入市规定》在内的28个文件,明确了集体经营性建设用地入市收益的主体为村民、集体和国家。截至2017年6月,郫都区已完成30宗总计353亩农村集体经营性建设用地入市交易,获得成交价款2.1亿元。[④] 郫都区以成交价格为基础,对于不同用途的土地,根据其入市方式和所处区位,分别制定了集体经营性建设用地土地增值收益调节金收取比例(见表3-9)。在扣除相关费用后,本着“既要切实维护农民的土地权益、保障农民公平分享增值收益,又要坚持集体经济性质,发展壮大集体经济”的原则,郫都区提出了集体经营性建设用地收益分配的指导意见,即提取大部分收益作为本集体经济组织的发展资金,用于发展壮大集体经济;提取小部分用于本集体经济组织生产生活设施改造、新村建设与管理,以上两部分不得低于80％;剩余部分可用于集体经济组织成员或项目参与成员的分红。

---

① 江宜航. 德清农村集体经营性建设用地入市改革取得阶段性成效[N]. 中国经济时报,2016-01-29.

② 苑韶峰,王之戈,杨丽霞,等. 集体经营性建设用地入市的农户福利效应分析——以德清县东衡村、砂村为例[J]. 中国国土资源经济,2019(6):59-65.

③ 参见《德清县农村集体经营性建设用地入市收益分配管理规定(试行)》。

④ 丛峰. 农地入市改革试点进入最后阶段[J]. 小康,2017(20):56-57.

3."集体提留+现金分配"模式

2015年获批试点后,重庆市大足区稳步推进农村集体经营性建设用地入市改革,分地区、分用途确定土地增值收益调节金标准。集体通过提留一定比例增值收益的方式参与分配。提取比例由农村集体经济组织按程序集体讨论确定,原则上不高于土地纯收益的20%。剩余部分按照《村民委员会组织法》和《重庆市集体资产管理条例》的有关规定,以老社为单位,在农村集体经济组织成员之间公平分配。改革中,共有7宗地纳入试点,总面积为63.74亩。截至2017年5月,7宗地集体收益1070.03万元,集体分配841.01万元,分配给农户422户1735.6人头,集体留存161.76万元,留存比例为15.12%。

(二)按照集体经济组织的占比和管理权限划分

入市收益分配的重点问题在于集体与成员的分配比例及合适的分配模式,根据集体经济组织在收益分配中所占的比重,还可将集体内部的收益分配归纳为以下三种类型。

1.由集体组织统一留存支配为主

集体组织将土地入市增值收益主要用于经济发展生产、升级基础设施、提升村民的生产生活条件,也包括相关公益性事业。例如湖南省浏阳市规定集体经营性建设用地入市收益,主要用于基础设施建设、耕地开发等公益性事业。

2.集体按规定比例留存,内部成员之间公平分配

入市收益分配主要存在两种分配倾向:一种是集体组织分配比例较大,如广西北流市规定集体分配固定比例,其他部分由组织成员分配,主要为七三分成。另一种是集体成员分配比例较大,例如山西泽州县对于入市一级市场以现金形式取得的土地出让纯收益,在留取土地增值收益调节金后,剩余收益集体分配三成,个人分配七成;湖南浏阳市集体内部入市收益分配的主体为集体土地所有者,其中直接占地农户占主要部分,其他集体成员占次要部分或不参与分配。

3.集体经济组织统一管理,实现再投资分红

集体经济组织入市所得收益,主要用于城镇内农村公共设施的完善及公益性项目的建设等。部分农村集体经济组织通过投资合作、购入债券等方式,使收益滚动起来,实现更大的经济效益,在用于完善和建设集体组织的部分外,同时也确

定了集体成员二次收益分红比例,为农民带来了更大的收益福利,构建了农民的长效收益机制。[①]

在实践中,各试点地区通常并不会局限于单一模式,而是建立在充分了解当地实际情况的基础上,积极探索多元模式,将更多的切实利益带给集体和农民,激发改革动力。例如山西泽州县在集体与成员三七分成的基础上,实施提取收益分成、保底分红等多种集体收益分配方式,推行公平发放、增设年末福利、推进村庄基础设施建设等多种收益分配方式;而广西北流市通过差别化的调节金比例标准、对于特殊项目加征再分配金及合作企业推进公共基础设施的建设与完善,在尽可能平衡各方利益的基础上,推动集体经营性建设用地成功改革入市。佛山市顺德区则将全部收益归为农村集体经济组织,地方政府不做提取。这种做法主要出现在全国开展集体经营性建设用地试点前。原因在于,此前广东省作为试点省份,在全省范围内开展集体建设用地入市流转。为保障集体土地所有权,广东省政府决定将集体建设用地流转收益全部归集体所有,地方政府不参与分配。但是对于村内如何分配并使用建设用地收益,广东省出于保护集体成员权益的角度进行了规范。《广东省集体建设用地使用权流转管理办法》要求土地收益中的一半作为农村集体经济组织成员的社会保障金,让成员通过土地流转收益获得更长期的收益和保障,而另一半如何使用则由各地方自行决定。顺德区将剩余50%中的20%留于集体,用于村内事务和基础设施建设,另外80%则以现金的形式分配给成员。这种分配办法既保证了农村集体经济组织成员的长远利益,又在短期内获得了实实在在的收益,可谓一举多得。同在广东省的中山市在将一半收益用于成员的社会保障后,其余50%中的20%留在集体,用于发展集体经济,20%作为集体公益设施和基础设施建设资金,剩余60%分配给成员。各地集体经营性建设用地收益分配做法见表3-13。

[①] 郭浩楠,王淑华. 集体经营性建设用地入市收益分配制度研究[J]. 中国国土资源经济,2020(6):55-62.

表3-13 各地集体经营性建设用地收益分配做法

各地	流转方式	地方政府	农村集体经济组织和农民个人
成都市郫县	土地使用权拍卖	按照土地成交价的15%收取土地增值收益调节基金	20%的土地收益按股东人数进行现金分配; 50%作为集体资产管理公司公积金,用作村级资产再投资和公共资源配套优化,并在公司股权中量化到股东; 30%作为公益金,用于村级公共福利,如购买新农合、发放养老补助、基础设施维护和环境综合整治等
贵州湄潭县	土地使用权拍卖	土地成交价中的12%为土地增值收益调节金	土地成交价的88%归集体所有
深圳市凤凰社区	土地使用权拍卖	70%归市国土基金	30%归社区; 出让地块所建物业总建筑面积约20%的物业用于产业配套,收益归社区
苏州市相城区	实行年租制	租金的20%归乡(镇)以上政府	集体经济组织为40%; 农民不低于40%
佛山市南海区	出让、转让、出租、抵押	—	农村集体经济组织成立集体经济股份有限公司,将集体土地作价入股,制定各村小组的股份占比;土地由股份公司统一管理、统一租售;年终将结余收益按股份比例分红到各小组的每位村民的个人账户上
重庆	地票交易采取挂牌或者拍卖方式进行	—	宅基地及其附属设施用地复垦的单户,交易总面积未超过667平方米的部分,地票净收益的85%归宅基地使用权人,15%归农村集体经济组织;超过部分的地票净收益全部归农村集体。单户复垦交易的宅基地证载面积已超过667平方米的,宅基地对应收益的85%归宅基地使用权人,15%归农村集体经济组织;其附属设施用地地票净收益全部归集体经济组织;村公共设施、公益事业等建设用地复垦的,地票净收益归村集体

注:该表格根据《郫县农村集体经营性建设用地入市制度改革试点实施方案》《贵州省湄潭县农村集体经营性建设用地入市改革实施方案》《苏州市农村集体存量建设用地使用权流转管理暂行办法》《佛山市南海区集体建设用地使用权流转实施办法》《重庆市地票管理办法》《芜湖市农民集体所有建设用地使用权流转实施细则》及相关新闻报道整理。

综上可知,各地集体组织内部的经营性建设用地入市收益无论是组织统一支配管理,还是组织与成员按一定比例分成,抑或是集体组织投资分红再分配,甚至各试点地区不同地域特色的分配方式等,都充分体现了"人民的意志",都是在最大限度地保障村民利益的基础上进行的合理分配。

二、差异成因分析

集体组织内部分配是集体组织与村民之间及村民之间收益分配的关键环节。如果分配模式与比例不恰当,可能导致集体组织管理者贪污私用等违法违规行为的出现,也容易造成村民对集体组织的不满意,无法保障村民合理的土地增值收益,也增加了集体经济组织内部的不安定因素。

同时,集体组织内部收益分配还影响着当地未来基础设施建设、福利保障等制度完善及村民生活水平的提升。由于不同试点地区的分配模式不尽相同,本书根据山西泽州、湖南浏阳及广西北流三地的集体经济组织内部收益分配的比较研究,将集体经济组织内部收益呈现差异化的原因归纳为以下三个方面。

(一)缺乏相对统一的政策规定

入市改革尚处于初步阶段,暂时还未有统一完善的集体内部分配的方案或模式。同时,从本质上说,每一位农民个体都应当是集体土地权利、权益的受益者,因此,只要是以农民受益为改革标准并能够进行实践总结的分配模式,都具有参考价值。至于模式之内具体的分配数值及标准设置,是依据不同组织内部自治管理能力和现状所决定的,没有必要由政府进行强制性的规定与审核,只需要进行一定的引导或帮助即可。

(二)各试点地区的区位因素存在差异

良好的分配模式设定需要建立在对当地情况深入了解的基础上,根据所在区位的基础设施覆盖情况、集体经济组织结构层次、区域福利保障等制度落实情况等具体确定。例如相对发达地区基础设施建设完善、集体组织结构清晰、收益良好,同时有完善的福利保障制度,更适合由集体组织进行管理投资,成员能够获得更高的分红收益;相对发展不足的地区,基础设施还不完备,集体组织结构较为单一,制度落实存在缺漏,更适合由集体组织和成员按比例分配,以更好地保障每一位村民的利益。

(三)各试点地区集体组织形式与管理水平不同

合适的分配模式最主要取决于集体组织的发展水平,高水平的集体组织更受到成员的信任与支持,同时组织成员对于投资理财有一定的基础知识认知,两者相辅相成,通过集体组织的管理与投资将组织成员的收益扩大化;而发展不足的集体组织,与成员可能存在一定的距离,同时组织成员注重实际收入的利益,通过合理的比例分配,既满足了集体组织运行的需要,也保证了组织成员的应有利益。

综上所述,集体组织内部分配模式因受到不同因素的影响而在不同村集体中表现出分配模式的多样性,不同的模式之间并不存在高低之分。但应当注意明晰产权,提升民主运营能力,提高对资金的监督管理等,切实保障每一位集体组织成员的利益。

第四节 收益分配中的困境

农村集体经营性建设用地直接入市是我国现阶段深化改革的核心内容之一。集体经营性建设用地进入市场,能够促进城乡一体化发展,对目前土地供应格局也会产生影响,尤其是对一些土地资源紧张、土地市场较热的城市。除此之外,还可为集体土地市场化、多元化营造符合市场发展的基本环境,使土地市场出现一个真实的市场供求价格,有利于土地价格的理性回归。同时,将盘活集体经营性建设用地,提高农村土地资源配置效率,有利于农村产业结构升级,也会相应增加农民的土地财产权益。在集体经营性建设用地入市后,收益分配成为核心问题之一,如何平衡政府、农民集体、农民个人三者的利益,从而推动改革持续深化,是土地制度改革中的重中之重。亚当·斯密的"理性经纪人"假说中,认为人类都是利己的。[①] 由于人类追求利益最大化的本性,在农村集体经营性土地进入土地市场所得收益分配过程中,各个依法享有收益权的利益分配主体间势必产生不可避免

---

① 王京安. 现代主流经济学的人性假设及其批评[J]. 中南财经政法大学学报,2006(6):15-20.

的利益冲突和纠纷。目前试点地区已对农村集体经营性土地入市增值收益分配做出相关管理规定,但在国家和农村集体经济组织、集体组织内部三者的分配关系中存在明显的利益冲突现象。从利益均衡角度看,集体经营性建设用地进入土地市场交易产生的收益分配,在政府征收土地收益调节金及其比例设置、进入土地市场交易产生的收益在各利益主体间的分配比重等方面存在许多问题。明确国家、集体及其个体是分配主体,自然享有农村集体用于生产经营用途的土地入市收益的权利,但往往会因为某一方权力过大或分配方式的问题而引起利益纠纷。

因此,只有充分厘清集体经营性建设用地在增值过后的收益分配关系,认识到我国当前的收益分配关系存在着哪些缺陷及矛盾,才可能对这些已有的问题提出相应的解决思路,才能够真正实现国家推进深化改革的目的,提升政府、乡村集体及广大农民群众的切身利益。

一、国家及地方法律法规和政策不完善

由前述分析可知,集体经营性建设用地入市后面临较多的问题,但是对于实践中出现的无据可依等问题,属于试点中出现的阶段性问题,随着试点的不断深入,在经验总结和实践梳理的基础上,国家会适时出台专门的法律法规给予指导。2020年1月起实施的《中华人民共和国土地管理法》就对集体经营性建设用地入市进行了明确规定。

由于缺乏国家法律法规及地方性法律法规的制约与保护,试点地区在集体经营性建设用地入市制度的建立和完善中遇到了诸多问题。

我国在全国范围内设置了33个试点地区进行集体经营性建设用地入市分配的探索,各个地方出台的政策与制定的法律法规都是以国家政策及法律法规为标准的。国家在试点改革过程中,没有及时出台权威性的政策文件和相关法律法规条款,导致试点地区出台的政策不仅有所空缺,而且与其他试点地区有着较大的差异,空缺表现在部分没有登记产权的使用权人,在发生纠纷或者权利受到侵害时,没有法律武器可供他们维护自己的合法权益。

收益分配表面上来看是集体经营性建设用地入市后入市收益在地方政府、农村集体经济组织和村民等多个主体间的划分,实际上它不仅包括土地收益的分成比例,还有权责的分配问题。比如当农民享有更多土地财产权后,过去由地方政府通过土地出让金来支持的基础设施,由谁来建?

(一)入市主体界定模糊、职能缺失

一方面,"农民集体"的界定模糊、虚化容易导致农民利益受到损害。法律规定了国有土地所有权人为国务院,却未对"农民集体"在集体经营性建设用地入市分配中做出明确的限定,哪些农民群体有资格参与到收益分配中,都未进行定义。农民享有集体土地所有权,但又不能单独行使该项权力;当地村民委员会也不用通过集体内部成员的一致同意来行使自身权利,甚至往往还会有干部谋取私利的现象发生,难以保障集体经营性土地入市收益分配的公平,农民往往成为最大的受害者。

另一方面,在国家涉及集体经营性建设用地所有权的有关法律,例如《中华人民共和国村民委员会组织法》《中华人民共和国物权法》《中华人民共和国土地管理法》等法案中,对集体经营性建设用地所有权者使用了多个不同的名称,如"村民委员会代表""本集体成员""村集体经济组织",地方法律法规也未对所有权者做出明确的规定,土地产权不明晰,使得农村集体经济组织的在入市过程中行使的合法经济权利受到具有行政性质的村民委员会的干预,妨碍了农村集体经济组织参与入市交易活动。

(二)收益分配对象不明

根据我国土地法规,从流入的角度来看,集体经济组织内部成员是建设用地的主体;从流出的角度来看,乡(镇)及村集体经济组织和村民自治组织是其主体。虽然试点地区已经发布了一些关于收入分配的规范性文件,但由于土地产权不够明确,缺乏完善的土地法规,故在土地经过流转之后,上述各个主体的经济利益关系会变得较为复杂,进而难以确保农民集体受益主体的地位。故在利益分配的过程中,当地农民集体分得的利益很容易受到损害。

同时近年来,由于大量农村人口的流动,农村户口无法成为判断当地原居民

是否能作为利益划分主体的依据,所以只能以土地产权制度的改革为时间点,按照当时的情况对农村集体组织成员进行划分。但由于土地股权已被固化,新增的人口虽然也是农村集体的成员,但享受不到他们应享受的权利,而自此之后从农村流出的人口,他们不再履行农村集体应尽的义务,却仍然可以分得相关土地的收益,这便会导致不公平现象的产生。

(三)收益分配主体认定难

除了上述关于收益分配方式、分配比例的问题外,受益主体认定难也是集体经营性建设用地实施试点项目的主要障碍之一。按照改革试点的精神,文昌市只规定了集体经济进入市场的唯一形式,进入市场的建设用地主体是代表其所有权的农民集体,也可以是具有法人资格的农村集体授权的土地股份合作制土地专营公司。在界定受益主体的过程中,对于土地所有权人和土地使用权人混淆的情况,文昌市没有明确的规定,可能造成实际使用过程中出现权属纠纷而难以解决。政府、集体经济组织按照市政府文件确定的比例进行分配,而对于直接参与人、土地使用权或归属权人的收益分配并无相应明确文件,于是村集体只能通过村民大会、合作社会议等形式讨论各参与人获得的份额。由于文昌市地理位置的客观因素,各乡镇获得的收益不同,各级主体获得收益也不同,受益主体概念的模糊势必导致分配的不公平性和不公正性。

二、土地增值收益调节金收取有待规范

(一)征收基数不合理

农村集体经营性建设用地的收益是指入市后所得的收入扣除土地开发支出的净收益及土地使用权通过再转让环节产生的收益除去土地开发支出后的净收益。[①] 我国目前关于收益分配基数计算有三种操作:第一种是按照成交价格的一定比例收取土地增值收益;第二种是按照土地增值收益的一定比例收取;第三种是区分交易类型,出让环节按照成交价款缴纳调节金,转让环节按增值收益收取

---

① 参见《关于印发〈农村集体经营性建设用地土地增值收益调节金征收使用管理暂行办法〉的通知》(财税〔2016〕41号)。

调节金。[1] 根据规定,农村用于非农业生产经营性用途的集体土地获得的增值收益,在无法估计入市或经再转让环节使土地取得利润的地区,可以将土地成交总价作为基数提取一定比例的调节金。以增值收益为基数的试点地区较少,主要原因在于土地成本计算难度大,具体扣除项目不易确定,我国目前没有制定相应的标准,难以准确估算土地入市的净收益。

在试点过程中,浙江省德清、义乌两个试点地区都以进入土地市场成交的价格作为增值收益的提取基数。虽然有些地块从收益的角度看成效不明显,仅从入市来看收益相对较低,但如果考虑开发利用荒废闲置的农村土地,通过农地入市对地方经济发展产生的推动作用,则其中长期的经济效益还是非常可观的。以成交价款入市明显跟国家注重土地增值收益分配的初衷不同。

(二)集体经营性建设用地增值部分计算困难

由于集体经营性建设用地来源不同,其支出成本也各不相同。因此,增值收益部分需要"一地一计",具体地块具体计算。然而,目前并没有对"增值"的概念进行科学规范的界定,农村集体经营性建设用地入市的土地成本核算难度较大。因此,土地收益的"增值"部分难以核定。这就导致在实际的操作中,虽然国土资源部和财政部明确征收的是"土地增值收益调节金",但多数地方仅以土地成交价格作为计征依据,名不符实,容易引起涉及土地入市收益分配所在地区群众的误解,给基层干部增加了大量的解释工作。当然,也有部分地区开展了土地增值收益核算的理论和技术探索及试验。[2] 但由于现实情况较为复杂,进展缓慢。

义乌市集体经营性建设用地入市存在着许多隐性成本,尤其是历史性投入成本数据的取得与计算难度大,基础资料数目繁多,需要较强的专业素质,工作量较大。由于无法准确统计出这些隐性成本,这一部分成本常常被忽略不计,导致应有的分配收益常常低于实际分配收益;再加之受国土空间规划、产业发展规划、生态保护规划等制约,符合条件的入市建设用地寥寥无几,并且地块较少、相对零

---

① 岳永兵,刘向敏. 集体经营性建设用地入市增值收益分配探讨——以农村土地制度改革试点为例[J]. 当代经济管理,2018,40(3):41-45.

② 邱芳荣,靳相木,赵旭. 土地增值收益如何分配——以浙江省德清县经营性建设用地入市实践为例[J]. 中国土地,2017(11):21-23.

散,入市效果不明显,进而导致了收益分配数量少。

(三)收取比例跨度大

建立合理的法律制度来平衡政府、集体及农民之间的利益,其根本目的在于解决三者之间利益分配的失衡问题。然而纵观我国土地制度发展的历史不难发现,在相当长的一段时间里,我国的分配制度是倾向于满足工业化的需求而重视国家利益,较为忽视集体和农民的权益的。虽然这种分配制度在一定程度上因为时代发展的特点可以被理解,但是并不表示各级的地方政府可以各行其是,随意地制定土地增值调节金留取的数额。为了保证试点地区能够因地制宜,有充分的自由裁量权,我国规定入市或再转让的农村集体经营性建设用地,"调节金按入市或再转让农村集体经营性建设用地土地增值收益的20%~50%征收"。调节金实质上是国家参与集体经营性建设用地收益分配的方式,因此,确定时应适当考虑"农村集体经营性建设用地入市取得的土地增值收益在国家和集体之间分享比例大体平衡"[1]。

就目前我国各级地方政府确定的调节金收取比例情况来看,由于缺乏相关法律法规的约束,差异是较为明显的。各地在执行此政策时依据出让方式和土地用途等分别制定了从最低2%到最高48%不等的收取比例。同一土地用途同一出让方式,收取比例仍然相差较大。德清县的土地增值收益征收比例为16%~48%,按照土地的不同用途设置不同的征收比率。义乌市按照超出扣除项目的部分的比率采取三等级差进税率征收,设置30%、40%、50%三档税率。上海市松江区、重庆市大足区的调节金收取比例也高达土地成交价格的50%,而海南省文昌市调节金收取比例最低可为5%。设定土地增值收益调节金比例跨度太大,导致政府提取调节金的比例差异明显的现象,不仅仅会造成政府、集体、农民之间的收益分配关系不均衡,产生新的不公平现象,打击集体及其成员参与到集体经营性建设用地入市这一过程中的积极性,更进一步来看,政府所造成的收益分配不均,会造成土地入市和土地征收之间的收益不平衡。具体而言,在集体经营性建设用地入市的过程中,土地的区位及土地的用途会给土地带来巨大的增值空间,而征

---

[1] 赵振宇,丁晓斐."以人为核心"新型城镇化:内涵、约束及政策保障[J].宁波大学学报(人文科学版),2017(3):117-121.

收土地往往并不考虑土地的后期用途,所以如果土地入市调节金提取比例差异过大,无论是集体的收益显著提高,打击政府的土地财政收入,还是政府的利益依旧压制集体的利益,对于集体经营性建设用地入市这一过程,都会形成较为明显的阻碍。综上所述,政府收取调节金的比例差异过大,造成国家在各地分享的土地收益数额不等,客观上造成了对部分集体经济组织和村民利益的侵害,同时也难以避免地方政府在土地调节金征收比例设置中的不合理性和随意性,会对土地制度改革形成较大的阻力,且造成一系列不公平的现象。

政府在集体经营性建设用地入市过程中理应扮演管理、监督的角色,同时其仍然具有调控土地市场的能力。从博弈论的角度来看,由于人类具有追求利益最大化的心理,处于强权地位的主体势必会为自己谋取更多在土地入市增值收益方面的利益,在土地增值收益分配过程中占据"霸主地位"。然而处于劣势地位的农村集体组织,其力量不足以与地方政府相抗衡,难免会导致农民集体利益受损。基于与国有土地有平等的入市条件、同权同价,要求集体经营性建设用地入市交易须缴纳土地收益调节金。在试点地区,入市地块周围的公共基础设施先前得到地方政府或者国家的建设投入,这样使农村集体经营性建设用地初次入市时很难估计土地成本。如此,集体经营性建设用地入市的增值收益并非真正的土地净增值收益,而土地增值收益大体上都是按照土地入市成交价收取的。[①]

农村集体经济组织用于非农业生产经营用途的土地进入市场流转,缓解了国有建设用地市场中的土地需求,同时也降低了地方政府在土地财政税收方面的收入。[②] 由于中央政府对农村建设用地入市改革推进的压力,地方政府出于自身利益考虑,对农村集体经营性建设用地进入市场的数量进行不合理的控制,试图从土地使用权流转收益中谋利。而农村集体经济组织则必然希望通过集体经营性建设用地入市来增加集体的收益。农村集体一方面需要依靠政府规划才能实现农村集体经营性建设用地入市交易;另一方面为了维护自身合法收益权,必定与

---

① 解直凤. 集体经营性建设用地入市试点增值收益分配研究[J]. 山东科技大学学报,2017(6):60-68.

② 赵振宇,陈红霞,赵繁蓉. 论集体经营性建设用地增值收益分配——基于博弈论的视角[J]. 经济体制改革,2017(4):77-83.

政府间存在利益纠纷。① 土地增值收益调节金征收比例决定着在国家和集体组织间收益分配是否合理。征收比例过低或过高都会直接导致入市收益低于或高于征地补偿,无论是哪种结果,都会导致两者关系的失衡,影响土地征收工作的推进。

(四)增值收益调节金征收有待科学化

根据《暂行条例》,调节金征收的依据是土地增值收益,但在实际操作中往往难以准确计算。对于无法核定本地区入市或再转让土地取得成本的,可根据土地征收或土地收储的区域平均成本情况,确定农村集体经营性建设用地的平均成本,或制定按成交总价款一定比例征收调节金的简易办法。② 实践中,德清县征收土地调节金的计算依据是成交地价总额;义乌的计算依据有两个——出让和出租以增值额征收,而再转让按照成交价征收。余姚市虽然已经在2020年10月成交了1宗集体经营性建设用地入市,但目前仍未出台调节金征收办法。从入市地区来看,各地征收比例在16%～48%,区域差别较大。多数地区区分土地用途,部分地区区分土地区位,征收办法相差甚远。征收比例直接决定着土地增值收益分配关系,不同区位调节金设定比例大相径庭,缺乏公平性。

山西省泽州县尽管规定了明确的入市土地增值收益调节金比例、入市收益留存于集体的比例,也覆盖到了集体成员之间的平均分配,但通过对比可以发现,对不同区位、不同用途的入市地块征收统一比例的调节金,这对于市场经济的规则而言是不符合客观现实的。单一固定的比例难以适应不同村镇的发展需求与实际情况,在一定程度上限制了集体组织及其成员的能动性。③

(五)土地增值收益调节金使用有待规范

当前,我国仍未从法律层面对土地增值收益调节金性质做出清晰的阐述。调节金在管理中是以"非税收入"名义收缴的,可见官方并没有将其看作税收。④ 土

---

① 王秋兵,赫靖文,董秀茹,等. 农村集体经营性建设用地入市障碍因素分析——基于利益主体视角[J]. 江苏农业科学,2017(4):255-258.

② 吴昭军. 集体经营性建设用地土地增值收益分配:试点总结与制度设计[J]. 法学杂志,2019,40(4):45-56.

③ 李丽萍,王秦俊,宋可. 农村集体经营性建设用地入市研究——以山西省泽州县为例[J].江西农业学报,2018(5):146-150.

④ 李鹏举. 集体建设用地入市增值收益分配路径[J]. 中国土地,2018(10):34-35.

地增值收益调节金不属于税收,同时它也不具备"费"的特点。费的产生是由于政府提供服务,缴费者可以从中获益,所得的服务和所支出的费用两者间具有一定的有偿交换关系。[①] 而政府部门在建设用地入市过程中收取的调节金并未提供过相应的公共服务。属性的模糊使征收土地增值收益金后如何使用也出现了困惑。客观上说,政府在集体经营性建设用地入市分配过程中承担了相应的管理与监督职能,集体组织为土地的所有者,农民又是土地的直接使用者及集体组织的成员,三者都应该参与收益分配,但在各地区发展程度不同、经济条件及实施的政策有所差异的现实条件下,收益分配的侧重点也不同,如义乌市政府部门获得的分配比例竟然比佛山市南海区政府部门获得的分配比例高出了17%。同时对比义乌市政府和其他试点地区政府部门在入市收益分配上的对策,可以看出义乌市更加注重当地基础设施建设及民生问题的解决;郫县更加注重集体组织的经济收益发展;湄潭县则将保障农民的利益放在了分配活动的首要地位。这样的主体之间收益分配不均衡严重影响了各主体利益的有效保障,长期持续下去可能影响到社会的繁荣与稳定。

鉴于集体经营性建设用地入市工作目前仍处于试点阶段,缺乏相应的法律界定和理论依据,同时也没有成熟的实践经验可以借鉴,因此各地区在实践中根据当地情况制定相应的土地增值收益调节金使用办法,呈现出多样性。对于入市收益,绝大部分试点地区调节金征收办法中都对调节金的使用做出了规定。如文昌市在《文昌市农村集体经营性建设用地入市试点暂行办法》(2021年修订)中明确规定,应将一定比例分配至入市地块属地镇政府,专款用于支持入市地块所属村集体或全镇乡村基础设施建设。但入市地块大多位于村庄范围内,项目建设所需的水、电、路及排污等配套设施相对较多,通过当前收取的土地增值收益调节金并不能完全满足基础设施建设的资金需求。如果为满足基础设施建设,一味调高提取比例,则村民会产生"政府与民争利"的想法,造成村集体入市意愿不强,不利于农村集体建设用地入市的实施。[②]

---

① 贾康,白景明,马晓玲."费改税"与政府收入规范化思路研究[J].管理世界,1999(4):55-64,70.

② 陈礼,颜洪平.海南省农村集体经营性建设用地入市流转问题研究——以文昌市为例[J].南海学刊,2022(4):54-65.

三、入市实施主体存在的问题

(一)入市实施主体没有界定且缺乏与之配套的法律规制

入市实施主体至今仍无科学规范的界定。入市实施主体是什么,哪些组织可以作为入市实施主体,其法律地位怎样、职责如何,可以实施哪些具体的行为,在土地入市过程中可以发挥哪些作用,具有哪些权力,如何进行监督,这些都是需要明确规定的内容,但是与集体经营性建设用地入市相关的法律法规并未对其进行规定。第三次修正的《中华人民共和国土地管理法》的正式实施,扫除了农村集体经营性建设用地入市的法律障碍,规定了建设用地的所有权人、入市范围、入市方式与途径,但没有对入市实施主体进行相关规定。除第二条规定了国家所有土地的所有权由国务院代表国家行使,其他条款未出现与"行使所有权"有关的规定。2015年1月印发的《关于农村土地征收、集体经营性建设用地入市、宅基地制度改革试点工作的意见》中也并未提到入市的实施主体,仅要求建立市场交易规则;新的集体经营性建设用地入市管理办法也还在制定中。《中华人民共和国村民委员会组织法》着重强调其政治性功能,与土地入市有关的仅是其中关于民主决策的部分及第二十八条[①],但也未对其作为入市实施主体进行行为规范。与农村集体经济组织有关的《中华人民共和国农业法》《中华人民共和国土地承包法》规定了农村集体经济组织的性质与服务性职责,保障农村集体经济组织的权利,没有与"入市实施主体"相关的规定;与企业法人机构有关的《中华人民共和国公司法》也没有相关内容。甚至在试点地区的管理办法中仅规定了入市实施主体,未对入市实施主体其他方面做出具体详细的规定。没有对入市实施主体进行界定,很容易造成入市主体与入市实施主体概念混淆,在对入市实施主体的调查中,多个地方混淆入市主体与入市实施主体,将企业法人机构认作入市主体,如安徽省六安市金寨县在出让土地时,报道"熊家河创福发展公司作为入市主体"[②],是典型的没有

---

① 《中华人民共和国村民委员会组织法》第二十八条规定:属于村民小组的集体所有的土地、企业和其他财产的经营管理以及公益事项的办理,由村民小组会议依照有关法律的规定讨论决定,所作决定及实施情况应当及时向本村民小组的村民公布。

② 安徽省首宗集体经营性建设用地入市[EB/OL].(2017-07-15)[2022-03-20]. http://www.gov.cn/xinwen/2017-07/15/content_5210667.htm.

区分入市主体和入市实施主体。基础概念的混淆容易让村民产生误解,不利于集体经营性建设用地入市工作的开展与推进,因此需要尽快将入市实施主体进行界定与规范。

(二)缺少对不同形式入市实施主体的规制

在前文中提到,农村集体在土地入市的过程中会采取多种形式作为入市的主体,尽管集体采取何种方式作为入市主体有较大的自主选择权,但如果政府不采取相应的手段来对其进行合理的管制,无论是哪种形式的入市主体都会产生一定的问题,从而造成土地入市流转的矛盾。具体而言,第一,村民直接组成的村委会和村民小组与管理集体资产的村民经济组织都可以作为入市的主体,参与土地增值收益的分配,且同时都具有使用、管理集体土地的权利,但是两者之间究竟是并列关系还是从属关系,谁可以优先行使对土地的权利尚不明确。第二,对于乡镇层面的农民集体来说,其实际上的可操作性并没有村集体那么大,往往是被架空的一个集体形式,这就造成在实践中,乡镇政府会取代乡镇农民集体参与到土地增值收益的分配中,一定程度上这是对集体收益的一种侵蚀。第三,代表农民利益的村委会或是村民小组并不是在任何情况下都完全从村民自身利益角度出发的,由于其地位的特殊性,一方面是农民利益的代言人,另一方面又是政府政策的协助推动者,这就使村委会在政府及农民的利益之间形成了两面性,即可能追求个体农民的利益最大化,但也有可能伙同政府侵害农民的切身利益。这种角色的错位,一定程度上也是缺乏相关法律法规规制的后果。第四,较为特殊的土地联营或是管理公司作为入市的主体地位仍然不明确,由于其严格意义上不属于集体经济组织,因此在土地入市的过程中能否享受集体经济组织所能享受的相应税收优惠政策就存在疑问。如果地方政府从自身利益出发,不将其定义为集体经济组织,从而保证政府的税收,那么相比于以正规集体经济组织形式作为入市主体的方法来说,必定会对集体及成员所获得的利益造成影响,产生不平等的现象,然而从本质上来讲,地方政府的行为又是无可厚非的。[①] 因此,缺乏对于以不同形式作为入市主体的管制,无论是对于政府、集体还是农民来说都是存在损害的,从分配

---

① 岳永兵. 集体经营性建设用地入市实施主体对比分析[J]. 中国国土资源经济,2019(6):29-34.

关系平衡的角度出发,我国仍然需要制定相应的法律法规,对各种形式的入市主体进行有效的规制。

(三)决策机制运行效率低

第三次修正的《中华人民共和国土地管理法》第六十三条规定:集体经营性建设用地出让、出租等,应当经本集体经济组织成员的村民会议三分之二以上成员或者三分之二以上村民代表的同意。这一规定保障了农民的自主决定权,但是在实际的操作中,却存在一定问题。首先,农民个人土地权利意识不强,对土地入市的认知也不准确,这将会导致农民参与土地入市决策时认知不足、行为消极。其次,在农民进行决策时,由于村内人员数量多,个人利益诉求不同,决策要达到"三分之二"成员同意的要求并不容易,容易出现多次决策。如果农民对政策理解不充分,还会出现意见反复的情况。在这种情况下,基层工作人员不得不花费大量的时间与精力与村民进行沟通,进行必要的讲解和解答,使村民在充分理解政策的前提下,积极参与决策。这样的民主决策机制降低了决策效率,阻碍了土地入市进程。

(四)入市实施主体存在代理风险

作为入市的具体操作者,入市实施主体在入市过程中拥有很大的权力,如果不进行必要的规范与监督,容易造成公权的滥用。五个类型的入市实施主体都会存在一些问题,这可能会危害农民权益。当村民委员会和村民小组作为入市实施主体时,村民委员会和村民小组若与土地受让方发生利益捆绑,则容易产生腐败行为;村民委员会和村民小组还会利用农民对自己的信任,引导农民做出非理性决策,以实现自己的目的,以权谋私。当乡(镇)政府和农村集体经济组织作为入市实施主体时容易出现寻租行为;乡(镇)政府工作人员会因自己拥有土地管理权,处于强势地位而为自己谋取利益,甚至贪污受贿,而政府又是主要监督力量,进而增加了监督职能部门工作人员与土地入市工作人员同流合污从而损害农民利益的可能性。当将土地所有权委托给企业法人机构代理行使时,会出现企业法人机构伙同土地受让方一起欺骗农民集体,打压土地价格、更改土地用途等问题,而土地所有权被委托后,代理人行为是相对独立的,因此还会产生企业法人机构违背农民意愿的情况。当土地联营公司和土地整备中心入市土地时,政府会利用职权命令其做出有利于政府而不利于农民的行为,由于它们与政府关系密切,还会产生监管不当的问题。

（五）对入市实施主体的选择存在困难

前文明确了五种不同形式的入市实施主体各自的优点与缺陷,并从普适程度、专业化程度、运行成本、合法性和是否政经分离等方面进行了比较,也从农民集体参与自治积极性、代理费用和效率三个方面分析了不同入市实施主体的效果。通过对入市实施主体和33个试点地区发展状况的相关性分析,并未得到具有明显优势的入市实施主体选择模式。进而笔者得出结论:不同的入市实施主体具有不同的影响与入市效果,并无优劣之分。我国地区发展差异较大,土地情况不尽相同,人文理念也不相同,必然不能统一入市实施主体。客观上来看,这一结论符合我国国情。但自2020年1月1日起,集体经营性建设用地入市工作在全国开始进行,各地也会逐步推进入市土地,在国家没有相关规定的情况下,对于入市实施主体的选择可能存在困难。如果选择了不合适的入市实施主体,也会阻碍土地入市,影响农民收益。比如在村民委员会能力不足的情况下,如果让其负责入市大量的布局分散的集体经营性建设用地,势必无法承担情况复杂地块的入市操作。即便投入大量的时间与精力,其结果也不一定是正向的。再比如小幅的集体经营性建设用地,如果将其进行委托,可能会造成收益变少,从而增加不必要的入市成本。因此在入市实施主体的选择上需要进行一定的引导,帮助各地选择合适的入市实施主体。

四、集体组织内部的收益分配不均衡

农村集体组织的内部收益分配,主要体现在政府征收土地增值收益调节金后,剩余收益中农村集体组织提留多少比例,进入土地市场交易产生的收益是采取直接分配还是间接分配,其成员以何种形式、多少比例获得进入土地市场交易产生的收益这三个方面。

在政府提取调节金的环节后,土地增值产生的剩余收益如何在农村集体和集体成员之间进行分配,就属于集体土地所有权人行使所有权进行管辖的范围了,一定程度上遵照意思自治的原则进行调控,国家则不宜过多干涉。在这一过程中,可以说农村集体与其成员进行收益分配是基于相同的意愿和基础之上,且绝大部分农民并不排斥集体提留一部分土地增值收益这一行为,两者之间的关系更多是对立统一的。但是还应该看到,虽然集体与个体之间有追求共同利益的关系,但两者之间依旧是会产生矛盾的。一方面,在集体之中不乏追求自身短期利益的个体,但是集体所思考的往往是其作为整体从长远角度出发的利益,因此从根本诉求的角度来看两者有可能产生一定的矛盾。另一方面,集体作为一种组织形式,必定会有层级的划分,集体的管理者难免会从自身利益出发,在分配土地收益的同时为自身谋取更多的私人利益。正是基于以上两点理由,国家在积极推进土地制度改革,制定相关的法律法规时,应当正视集体与农民及农民与农民之间的种种收益分配矛盾,以调整农村集体内部的利益分配关系,确保土地增值收益不仅能够推动集体的生产和发展,还能够提升农民的生活环境、生活水平。

(一)收益分配比例不明确

国家对于"集体组织提留"比例并未做出明确规定。从集体经营性建设用地试点地区收益分配的实践可以看出,现有的增值收益分配没有形成一套可推广的分配标准,集体经济组织和政府根据自己的实际情况制定不同的收益分配办法。德清县以农民集体组织收益的10%作为村集体提留,用于发展农村公益事业项目;义乌市并未确定"集体提留"比例。从浙江省这两个试点进入土地市场交易产生的收益分配政策来看,农村集体组织从集体经营性建设用地入市中获得的收益会以股权的形式分配给其组织成员,集体组织会以公积金、公益金的形式代为管理,并对这些收益进行内部分配。集体经营性建设用地进入土地市场交易产生的收益由于需要经过集体组织的手里,最终是否能以合理的收益分配比例和分配形式分配给组织成员,是否能真正落实到农民个体的手中,有待考证。这取决于农民集体组织与内部成员之间分配比例的设置是否合理,国家和地方政府的监督制度是否到位。另外,该由谁来制定农民集体与内部成员间收益分配比例也至关重要。根据区位和土地用途等因素的不同,土地增值收益调节金的差异较大,集体内部分配也存在多样性,农民在土地增值收益中的利益分配既不规范也不明确,土地增值收益分配失衡阻碍了农民权益的实现。

(二)收益分配机制不完善

在农民集体组织内部收益分配关系中,按照我国相关规定,农村集体经济收益不得直接分配,集体组织内部成员所获得的收益是由农民集体组织进行分配的。根据"产权理论",土地所有权是获得土地收益的依据。在各试点地区的实践中,主要的分配方式以当前集体组织内部户籍人口数为基数,农民集体组织掌握更多的分配权,极有可能为了获取更大的收益分配份额,而出现侵占农民个人权益的情况,因此组织内部成员处于劣势地位。目前政府监管机制不健全,并且农民缺乏维护自身收益权利的意识,无法捍卫在集体经营性建设用地进入市场流转获益分配过程中的权利。

随着义乌市农村集体土地制度改革的持续推进,农民获得的分红收益不断增加。大多数村民对目前分到的收益表示满意。由于义乌市不同地段的集体经营性建设用地入市用途存在差异,因此产生的土地增值收益差异较大。在经济发展程度较高的乡镇,土地红利比例较高,当地居民对分得的结果会比较满意;而对于部分经济发展程度较低的乡镇村落群体,却没有如此高的土地分红比例,其满意度也会因横向比较产生的收益落差而下降。各乡镇之间由于区位条件和规划用途的影响,不同集体经济组织之间的入市收益不同,在各个地区要做到同时平衡各个利益主体间的关系就变得十分困难。

按照党的十八届三中全会通过的《中共中央关于全面深化改革若干重大问题的决定》(简称《决定》)要求,当前用途和计划用途须均为集体经营性建设用地。在国家一级的试点文件中,进入市场流转的对象应严格限于集体经营性建设用地存量。[①]由于地域不同及村镇的位置规划等原因,往往会造成各个村之间获得的利益出现差异。虽然因为集体经营建设用地的收益,农民及集体的收入会提高不少,但会因为这种潜在的不公平性影响到村民的实际获得感。

---

① 王文. 集体建设用地流转收益分配政策研究[J]. 中国土地,2011(12):41-42.

五、入市的农村集体经济组织之间收益分配不平衡

建设用地入市的收益,由于受到不同区位地价、土地用途等因素的约束,几乎都难以在不同集体组织之间达到完美的平衡。集体经营性建用地入市的收益大部分归属于集体与农民所有,他们自然而然更倾向于在入市方式上选择收益高的类别,而对于诸如工业用地等土地收益不高的方式,涉及的数量就会减少,这容易导致入市土地用途的不平衡性。很多地区采取单纯的行政手段来管控入市土地的规划用途,缺乏相应的经济平衡。[1]各地在集体经营性建设用地入市试点中都专门制定了收益分配办法,提出不同用途、不同出让方式下土地增值收益调节金的收取比例。但是对于集体经济组织内部的收益分配,往往只做原则性的指导。

部分地区并没有针对入市收益制定具体分配办法,未形成收益分配的政策体系,导致实践中集体经济组织管理者在实际分配中没有抓手,最终的分配常常具有主观性、随意性和不稳定性。客观上讲,具体分配比例往往是集体经济组织内部多主体博弈的结果,而并非根据实际情况划分公正合理的分配比例,集体提留的土地收益缺乏统筹的使用安排,具体分配办法等相关制度建设不健全,容易造成分配不公。如果分配差异较大的情况出现于不同地区、不同省份,似乎问题还并不突出。如果明显的分配差异出现在相邻的或是距离比较近的两个区域,则这种差异性容易让农民产生不公平的感觉,造成心理落差,进而产生不满情绪。这种情况不仅导致农民之间产生矛盾,尤其是分配收益低的农民会对收益高的群体产生敌意,也会让农民对集体经营性建设用地入市政策产生不满,认为政策本身存在问题,使政策的进一步推进受到阻碍。例如成都市郫都区,由于缺乏统一而明确的分配政策,导致集体经营性建设用地入市试点中,相邻的战旗村、白云村和宝华村在分配收益时差异较大。在分配收益最少的战旗村,每个农户所分得的收益仅为520元。距离不远的白云村通过土地整治而促成的集体经营性建设用地入市,让每个农户都拿到了1.5万元的拆旧补偿。同区的宝华村则支付给土地安置区的村民1.2万元补贴,并给每户农民分配了65平方米的住宅。同在一个区的

---

① 陈书荣,陈宇. 创新入市模式　推进乡村振兴——广西北流市农村集体经营性建设用地入市试点的实践与思考[J]. 南方国土资源,2018(10):13—16.

三个村,不仅农民获得的收益数额差异大,而且个别村还分配到了住房这一看得见、摸得着的实物,村民的获得感强,也让其他村的村民更加强烈地感受到不公平。

由成都市郫都区集体经营性建设用地入市收益分配的典型案例可以看出,入市收益一方面看地块所在地区的社会经济发展情况、自然条件、区位等因素,另一方面也是对集体经济组织治理能力的检验。尤其是入市收益分配由农村集体经济组织自行决策如何分配时,差异性表现得更为明显。因此,在入市收益分配过程中,有必要建立一套相对完备的分配标准。虽然绝对的平均分配、相同数额是无法达成的,但是有了明确的制度体系,农民对此也有了相对客观的预期,会有效降低不合理预期带来的落差和不满。可见将收益分配的比例确定下来,是当务之急。

六、收益分配监管不到位

从各地的试点实践来看,针对入市操作、收益分配等制定了相对完备的政策。由于集体经营性建设用地入市涉及的资金量比较大,收益分配更是广泛受到关注,因此分配过程中如果一旦缺少监管,其产生的负面影响巨大。对于开展集体产权制度改革较早的地区来说,其集体资产管理政策体系较为完备,建设用地入市收益往往统一纳入集体资产管理进行规范分配。分配规范,监督制度也能得以有效执行。但是,仍然存在部分地区,由于缺乏上位法的要求和约束,收益分配过程不规范,更缺乏监管。在这种情况下,村民的权益难以得到保证。从集体经济组织内部分配而言,集体之于农民是一种归属感的存在,也是保障农民基础经济权益的庇护所。相对于集体而言,村民个体不论在收益分配的流转过程中还是比例分配上都不占据话语权。寻租行为的出现与蔓延,不仅会极大地影响集体的信誉度,也对农民应有的合理收益造成了损害。不难看出,在管理处置权主要集中在干部手中的前提下,尽管农村集体经济组织拥有对集体经营性建设用地的所有权,一旦集体中的管理者被金钱利益驱使,便可能出现寻租行为。由于农民本身对于集体的完全信任及自身认识程度不高,导致群众监督匮乏,容易引起管理者贪污腐败问题,影响社会安定与发展。[①]

集体经营性建设用地入市收益分配需要当地政府依法管理,并且制定行之有效的管理机制,由相关管理部门进行有效监管,对违法违规交易实施相应的处罚。但目前义乌市在市场之外的非法交易及市场内部的交易纠纷都未能得到有效的解决,这主要是监督机制缺失所带来的后果。集体经营性建设用地入市过程中缺少监管机制,归根结底还是国家法律法规的不完善所引起的。缺乏监管,分配的公正性与透明度就会大打折扣,这一问题还具体表现在乡镇、村集体组织在财务管理过程中隐瞒财政收入,非法挪用集体组织收益,从而导致集体组织及农民利益受到损害。

(一)收益分配缺乏有效的规范和监管

根据我国的相关政策,当地政府发布的大部分相关文件,对于入市对象、入市交易、国家该如何参与分配、集体内部的分配比等进行了规定,但这些规定往往比较笼统,缺乏可操作性。具体落实时,决策权往往掌握在村委会手上,农民集体所拥有的决策权很难被保障,进而会对农民个体分得的利益造成损害,而在收益分配的过程中易导致混乱。

增值收益分配没有管理机制,农民的合法权益就很难保障。在分配过程中,并没有具体方案说明管理期间的交易过程,增值收益应如何分配,因此导致缺乏分配管理机制,并且难以维持农民集体内部利益有序合理的分配。

另外,作为入市交易的管理者,并没有从这个角度来履行义务。虽然农村的经济发展随着经营性建设用地的入市不断加快,但是,由于对集体资产的监管不到位、不严格,农村集体之间的冲突不可避免。一方面,由于缺乏有效的集体资产管理和完善的监督机制,村干部可以决定土地资源的配置,各种腐败现象随之而来;另一方面,地方政府需要村干部的帮助来开展工作,所以他们便会对相应的贪腐现象视而不见甚至互相勾结,农村集体内部收益分配的矛盾也会因为不良现象而加剧。除了明面的市场交易,私下交易的现象仍然存在。政府缺乏对私下交易行为的规制和管理,乡村级组织财务管理中财务不披露的违法行为成为常态,或

[①] 刘亚辉. 农村集体经营性建设用地使用权入市的进展、突出问题与对策[J]. 农村经济,2018(12):18-23.

是获得的收益被不当使用等,集体和农民的切身利益被损害是不可避免的。因此规范和管理集体资产,完善农村集体资产监管体系相当重要。

(二)没有设置收益分配监督机构

集体经营性建设用地入市是全面建设新农村、发展乡村经济的重要途径,建设用地的收益分配关系着民生,因而相应的监督是对政府部门、集体经济组织和直接参与人获得收益是否公平、是否公正合理的重要保证。文昌市通过审计部门监督执行收益的分配,从市级、乡镇政府和集体经济组织皆核实收益,但是对于乡镇以下的直接参与人,缺乏对具体收益分配的监督,不能保障直接参与方获取收益的公平性。而在集体经济组织和农民个体间的收益分配中,尽管文昌市规定农村集体经济组织分配土地收益,必须经村民大会或者村民代表会议2/3以上村民或村民代表表决同意才能生效,但是缺乏第三方的有效监督,难免会出现贪腐、克扣等现象,因此存在来自政府内部自上而下的监督制度和监督机构的缺失,缺乏相应的监督方式会影响试点工作的进程。

七、农民参与程度较低,处于弱势地位

增值收益分配从本质上来说属于自治范畴,如何在农民集体内部分配以确保分配方案的公正透明,村务公开工作是保障农民知情权、保障农民对收益分配监督权和对收益分配方案参与权的重要渠道。然而村务收入分配和公示工作存在的主要问题是:基层组织内部监督管理机制不健全,村民会议和其他村民自治组织不健全,村务公开监督小组没有充分发挥作用,甚至成为摆设,使村务公开缺乏说服力;同时,在村务公示中很少考虑如何收集公众的反馈,认为做到公开就可以了,尤其是乡镇和村对干部对群众提出的收益分配的意见和建议不重视,未能采取合理公开的方式给予直接参与人相应的收益比例,导致群众与试点精神相背,影响农村土地改革的进程。

在集体内部分配中,集体中村民经济收益需求、自我认知水平能力,导致无法满足所有人的意见,因此难以达成统一的意见,同时也会耗费巨大的时间精力不同,容易造成村民的厌烦心理与对集体的不信任。因此,部分村委会选择了象征

性地进行村民表决,本质上仍然是由村委会的干部领导或相关支部的领导拍板决定的。回顾整个决策过程,村民并没有完全参与到决策商议的过程之中,"四议两公开"只是官方的客套说辞,没有得到真正的落实。与此同时,村民上访、申诉能力及渠道有限,也没有相应的谈判能力与知识水平,导致村民们的真实声音难以被听见,应有的权利无法被保障。①

---

① 樊丽如. 农村集体经营性建设用地入市实践研究——以山西泽州试点为例[D]. 太原:山西农业大学,2018.

第四章 集体经营性建设用地入市收益分配主体博弈关系

第一节 收益分配中的利益关系

一、问题的提出

中共十七届三中全会提出,逐步建立城乡统一的建设用地市场,对依法取得的农村集体经营性建设用地,必须通过统一有形的土地市场,以公开规范的方式转让土地使用权,在符合规划的前提下与国有土地享有平等权益。[①] 中共十八届三中全会进一步明确了这个目标,指出要建立城乡统一的建设用地市场,在符合规划和用途管制的前提下,允许农村集体经营性建设用地出让、租赁、入股,实行与国有土地同等入市、同权同价。[②] 2015年7月,国土资源部审批通过33个试点地区推进集体经营性建设用地入市等试点工作改革方案。2016年,中共中央发布一号文件,明确要求总结农村集体经营性建设用地入市改革试点经验,适当提高农民集体和个人分享的增值收益。可见,在我国土地制度改革中,收益分配问题是

---

① 参见中共十七届三中全会通过的《中共中央关于推进农村发展若干重大问题的决定》。

② 参见中共十八届三中全会通过的《中共中央关于全面深化改革若干重大问题的决定》。

影响最大、关注度最高的焦点问题,它的解决对于构建城乡统一建设用地市场具有重要意义。为深入理解集体经营性建设用地的收益分配关系,本部分将拟从土地增值的产生、增值收益归属及收益分配主体三个方面再次对理论研究进行梳理,以深化对集体经营性建设用地入市收益分配的认识,为后续研究奠定理论基础。

关于土地增值的认识,有几种不同的观点。一是投资性增值。多数学者认为对土地投资可使其增值,并且这种增值可区分为对土地直接投资产生的增值和对土地周围设施投资引起的土地间接增值。[①] 二是供求性增值。它是指随着经济、社会的发展,对土地的需求日益增加所形成的相对无限的需求对相对有限的土地的争夺,从而使地价不断上涨。[②] 三是用途性增值。周诚认为,土地增值的自力增值和外力增值对于农业生产的作用通常是微不足道的。然而土地由农转非之后,地上的工、商、交、文、教等行业的生产、经营、生活等活动,便会与非农性基础设施发生紧密的联系,使其对于地价的作用凸显出来。[③] 除此之外,还有利率的变动影响土地增值、反通货膨胀增值、特殊地带或地段形成垄断地租及土地交易的低进高出形成增值等论断。[④]

而对土地增值收益分配存在着两种截然相反的观点:涨价归私论和涨价归公论。涨价归公论者普遍认为,土地增值是社会发展的结果,个人不能对此做出贡献。以周天勇、蔡继明、刘正山为代表的涨价归私论者则主张,农民拥有完整的农地产权,无论农地发生增值的原因如何,其自然增值部分都应当归原土地所有者所有。[⑤] 在上述两种完全相反的论断的基础上,我国以周诚为代表的一些学者提出了中庸的"私公兼顾"论,即将农地增值在充分补偿失地者的前提下,剩余部分

---

① 周诚. 我国农地征收应有合理的补偿值[J]. 中国土地,2006(9):22.

② 汪煜. 集体建设用地使用权流转收益分配研究[J]. 法制与社会,2011(11):96-98,118.

③ 周诚. 土地经济学[M]. 北京:商务印书馆,2003.

④ 郭俊胜. 土地增值及其分享[J]. 福建学刊,1994(3):23-27;殷琳. 土地使用权年限对土地增值的影响[J]. 城市开发,2003(8):41-42.

⑤ 周天勇. 维护农民土地权益的几个问题[J]. 实践(党的教育版),2004(6):33;蔡继明. 必须给被征地农民以合理补偿[J]. 中国审计,2004(8):18;戚名琛,刘正山. 对土地批租制度批评意见的批判[J]. 中国房地信息,2006(2):40-43.

归政府所有,用于我国其他农村地区建设。[①]

　　一直以来,关于集体经营性建设用地收益分配的主体,学界都存在争论。由于地方政府作为利益分配的主体地位较为特殊,其是否能够作为主体参与到集体经营性建设用地入市收益分配关系之中,是广大学者争论的焦点之一。对此持反对意见的学者提出基于产权的原则,集体经营性建设用地进入市场流转获得收益之后,收益的分配应当在集体土地的权利人之间展开,即土地的所有者及土地的使用者。地方政府在法理上并不具有作为集体土地增值收益分配关系主体的地位,因此没有理由参加土地增值收益的分配。[②] 同时,作为集体经营性建设用地流转的主导者和推动者,也不适合直接参与收益分配,因为这势必会诱使地方政府为攫取更多土地收益而极力甚至违规流转集体经营性建设用地,会在一定程度上造成土地流转市场的混乱,扰乱土地市场秩序,反而给土地制度的改革带来阻力。[③] 然而,集体经营性建设用地之所以可以流转并产生增值的一个重要原因是,地方政府对于该区域基础设施的投入改变了集体经营性建设用地的开发利用条件。换言之,正是地方政府对于集体经营性建设用地的开发和建设进行的投入,使土地使用者愿意支付一定的租金。一方面,土地基础设施建设的投入和发展并不会因为土地所有权的转移而发生改变,集体经营性建设用地入市产生收益在一定程度上完全可以看作地方政府建设投入所产生的外部正效应;另一方面,如果只强调农村集体所享有的土地权利而不让农村集体承担建设土地的责任,将地方政府排除在利益分配关系之外,无论是对于地方政府建设土地并且推动土地改革的积极性,还是对于农村集体及其成员的切身利益来讲,都不会产生长远的积极影响。可见,如果只强调集体土地权利而忽略地方政府对土地所做出的贡献,进而将地方政府排斥于集体经营性建设用地收益分配之外,显然也是不公平的。[④]因此,地方政府可以通过收取管理费用或土地增值税等形式参与集体经营性建设用地增值收益分配过程,这一做法不仅合理,而且是科学的。

　　关于收益分配主体存在的另一个争议是,个体农户是不是主体。由于国家所

---

①　周诚. 我国农地征收应有合理的补偿值[J]. 中国土地,2006(9):22.

②　李延荣. 集体建设用地流转要分清主客体[J]. 中国土地,2006(2):14-15.

③　陶镕. 集体建设用地使用权流转收益分配之法律探讨[J]. 湖南社会科学,2013(1):69-72.

④　贾康. 中国新型城镇化进程中土地制度改革的新思路[J]. 经济纵横,2015(5):1-10.

制定的此项土地改革措施所突出的是集体所拥有的经营性建设用地,因此在满足集体发展需要的同时,是否应当将集体成员的利益也放入考虑范围之内,将个体农户列入土地增值收益分配的关系中来,在我国也一直存在着争议。对此表示赞同的学者主要认为,确立了农民对于土地的所有权及决策权,能够在一定程度上提高农民参与集体经营性建设用地入市的积极性,从而进一步扩大集体经营性建设用地流转市场的通道,有助于不断完善集体经营性建设用地增值利益的分配关系。反对的学者则从农民自身不同的现实需求角度出发,指出农民对于土地仅仅拥有承包经营及使用的权利,如果不加思考地满足他们的各种需求,就极其容易在一些特殊地区,例如城中村、城郊村或是沿海地区的农村发酵出一群土地食利群体,这一类群体自身的经济情况与其他地区农村中的普通农民还是有一定差距的,同时仅占农民总人数的极少一部分,这种群体的出现,极易造成农民间贫富两极分化的情况,从而进一步造成新的不公平现象。[①]对于这一问题,结合我国农村发展的实际情况,研究认为农村土地产权的"集体化"实际上是对于农民对土地应有权利的一种架空,从最本质的根源上面来讲,农民对于收益分配的目标是最为单一的,一方面是提升自身的个人利益,另一方面则是通过土地的流转加强相应的基础设施建设从而提高生活质量。如果不将农民作为利益分配关系中的主体之一,他们的基本生活质量及生活需求得不到满足和提高,不仅会打击农民参与集体经营性建设用地入市过程的积极性,阻碍这一过程的发展,更严重的可能会造成农民的抗争,通过上访等方式维护自己的权益,不光影响了我国土地制度改革的发展,同时还可能对社会的稳定造成威胁。因此,应当将农民作为利益分配的主体之一,通过合理的方式最大化地提升农民所分配到的利益,保障农民的基本生活质量、满足农民的基本生活需求,同时提高农民对于集体建设土地入市的积极性。

纵观土地增值收益分配研究现状,农地转用过程中土地增值收益分配问题研究已经取得了一定成果,特别是在土地增值收益产生的原因、分配的理论依据、分配的主体等方面。然而,既有研究对形成土地增值收益的多个主体的贡献缺乏界

① 陈红霞,赵振宇. 基于利益均衡的集体经营性建设用地入市收益分配机制研究[J]. 农村经济,2019(10):55-61.

定,对不同层级的政府之间、地方政府与农村集体经济组织、农村集体经济组织与农民个人之间的收益分配博弈关系关注度不够。基于此,本部分将从集体经营性建设用地收益分配主体入手,明确各个主体的权利及其博弈关系,通过建立博弈矩阵,探讨各主体的博弈策略,为后续提出优化集体经营性建设用地增值收益分配的政策建议提供理论支撑。

二、集体经营性建设用地增值收益分配形成过程

本书所谓的收益,是指集体土地的所有者和使用者通过流转土地这一经济活动,获得实际物质财富的绝对增加。集体经营性建设用地增值与流转方式、流转主体等因素有关。目前,集体经营性建设用地流转主要有四种方式:集体经营性建设用地所有权的征收、集体经营性建设用地使用权的出让、集体经营性建设用地使用权的转让及集体经营性建设用地使用权的出租。[①] 根据对我国广东、江苏、安徽等10多个省市33个试点地区的流转管理办法和增值收益分配的研究,各地的增值收益方式可以分为首次流转的增值收益和再次流转的增值收益两种类型。首次流转增值收益通常是指集体经营性建设用地使用权的有偿出让、出租等,流转主体为集体经营性建设用地所有者(集体经济组织),大都会签订合同并明确规定具体的出让年限;再次流转通常指集体经营性建设用地使用权再转移的行为,包括转让、转租,流转主体是已通过首次流转方式取得土地使用权的土地使用者。集体经营性建设用地进入市场,除了能够促进城乡一体化发展,对目前土地供应格局产生影响,尤其是对一些土地资源紧张、土地市场较热的城市,用地相对紧张的局面将得到一定缓解之外,还可为集体经营性建设用地市场化、多元化,营造符合市场发展的基本环境,土地将会出现一个真实的市场供求价格,这有利于土地价格的理性回归;同时盘活集体经营性建设用地,提高农村土地资源配置效率,有利于农村产业结构升级,相应地增加农民的土地财产权益。因此在这一土地增值的过程中,政府、农村集体经济组织及个体农户各自占据着怎样的地位,土地所带来的收益又是如何在各主体之间进行分配的,就显得尤为重要。

---

① 吴丹妮. 中国农村集体建设用地流转研究[J]. 重庆大学学报(社会科学版),2010(1):100-104.

（一）首次流转收益的形成

与以往单独讨论流转收益和增值收益不同,本书把初次流转中土地成本所获取的收益部分看作由补偿性收益和辐射增值性收益构成,这种划分更加明确了土地收益的来源及各方对土地收益的贡献。补偿性收益是指由土地的原始价值及原来土地使用者追加投资(人工增值)所带来的收益。辐射性增值收益是指由于外部投资而导致土地收益的增加,这里的投资者主要是指政府。初次流转中非成本决定部分分为用途性增值收益和供求性增值收益,其中用途性增值收益是由于土地使用用途的改变获取的,供求性增值收益是根据土地市场的供给与需求来决定的。因此,初次流转中的增值性收益是由辐射性增值收益、补偿性增值收益、用途性增值收益和供求性增值收益共同组成的。形式上,土地的初次流转收益分为土地出让金和土地租金两种。结合各地情况,农村集体经营性建设用地增值收益形式,具有由县级土地管理部门确定基准价格和由省级土地管理部门构建交易平台等特点。

（二）再次流转收益的形成

本书将集体经营性建设用地再次流转界定为,农村集体经营性建设用地使用权人将集体经营性建设用地使用权再转移的行为,土地的所有权仍旧归农村集体所有,包括转让、转租等。再次流转收益的构成与初次流转相似,主要分为辐射增值性收益、补偿性收益和供求性增值收益三个部分。从各地的情况来看,集体经营性建设用地通常由流转双方确定再次流转的价格。

第二节　收益分配中的利益诉求及博弈关系分析

一、集体经营性建设用地增值收益分配主体利益诉求分析

集体经营性建设用地增值收益分配涉及多方利益主体,不同利益主体之间存在着复杂的竞争与合作的关系。在对各方主体博弈关系进行剖析之前,首先应界定各利益主体的身份角色。集体经营性建设用地增值收益的分配主体包括中央

政府、地方政府、集体经济组织和农民四个方面。集体经营性建设用地入市土地
收益合理分配需明晰利益主体的角色定位、利益诉求,以界定分配边界。作为土
地资源和公共利益的总代理,中央政府主要通过制定一系列相应的法律和政策来
调整和规范其他增值收益主体的行为,履行对土地征收的监督、管理、控制和审批
的职能,[①] 确保节约和集约利用土地、确保粮食生产安全、确保产业健康发展和协
调各利益主体之间的关系,共享发展成果等宏观目标,对整个国民经济健康有序
发展负有首要责任。

中央政府以国民经济总体发展战略为出发点,负责全国土地政策的顶层设
计。在农村集体经营性建设用地增值收益分配过程中,中央政府对于集体经营性
建设用地分配的原则、条件、程序、办法等提出了基本的制度体系。

各地方政府在中央政府指导的框架下制定具体的操作办法。中央政府对于
集体经营性建设用地流转仍持较为谨慎的态度,其顾虑主要在于担心产生大量
"三无流民"和破坏耕地保护政策。[②] 中央政府在集体经营性建设用地增值收益分
配中的出发点与原则是:保护耕地面积,禁止耕地浪费行为,保证国家的粮食安
全,同时还要保护农民在征地过程中的收益权不被侵犯。

基于上述分析,本书将主要分析集体经营性建设用地入市收益分配中涉及的
三大核心利益相关者:入市所在土地行政管辖区掌握行政审批权的地方政府,掌
握原土地使用权的集体经济组织和涉及入市土地的集体经济组织成员,即农民
(见表4-1)。

表4-1　集体经营性建设用地入市利益主体分析

利益相关者	利益诉求	角色定位	主要事项
地方政府	地区发展、政绩、财政收入等	土地管理者	公共投资、规划许可等
集体经济组织	发展集体经济、环境保护等	土地所有者	政策实施、经营管理等行为
农民	经济收入	实质所有者、原土地使用者	集体土地的用益物权,保障性投资行为等

① 毛寿龙.公共政策的制度基础[J].北京行政学院学报,2000(1):14-16.

② 王贝,童伟杰,王攀,等.农村集体建设用地流转中的地方政府行为研究[J].农业经济,2013(3):16-18.

（一）地方政府

地方政府是指能够获得大部分土地征收收益和土地增值收益调节金的一级政府，并且能够将从土地中获得的收益用于本级地方财政支出，主要为市级、区级和县级政府。[①] 关于政府是否应参与集体经营性建设用地入市收益分配，从本书的文献梳理部分可看出，目前学者普遍认同公私兼顾的观点。尽管从法理的角度来讲，参与收益分配的主体应当为土地的权利人，也就是土地的所有者、使用者及国家。然而国家所有人的这一虚职使地方政府能够在真正意义上行使土地的占有、使用、处置等权利并且具有了双重身份。一方面，地方政府是中央政府集体经营性建设用地政策的执行人和代理人；另一方面，地方政府也是当地微观主体的代表。[②] 这一执行者与供给者身份的结合，使地方政府在土地增值收益分配的过程中占据着较为重要的角色。本区域内土地增值收益调节金具体征收比例由地方政府根据上位法所明确的标准进行确定。

地方政府作为集体经营性建设用地入市过程中的供给者，可以决定集体经营性建设用地入市中商住用地和工业用地两类用途土地的数量和比例。地方政府对于土地基础设施建设的投入使土地的使用者愿意付出代价来使用土地。因此，地方政府对于土地的管理及投资是土地得以增值的重要原因之一。基于此，地方政府作为集体经营性建设用地增值收益分配关系之中的主体，其主要特点就在于尽管基于法理的层面来看，地方政府似乎并没有作为分配主体的充足理由，但是其对于土地的投入不能忽略不计，即基础设施建设的投入不能因为土地所有权性质的不同而发生改变，这也使地方政府成为一个较为特殊但是绝不能忽略的土地增值收益分配关系主体。从上层政策布局所带来的经济性影响等方面出发，政府通过公共投资或社会经济发展带来的公共效用，基于公共政策公平性及其服务的普惠性因素考虑，无须归公。除此之外，梳理土地增值的来源，集体经营性建设用地入市有规划用途转变和开发强度引起个别性增值，只针对集体经营性建设用地的规划许可。对于这部分增值收益，作为土地管理者的地方政府应参与分配。在

---

① 孙秋鹏. 集体经营性建设用地：入市与地方政府行为[J]. 上海经济研究，2020(11):5-18.

② 孙阿凡，杨遂全. 集体经营性建设用地入市与地方政府和村集体的博弈[J]. 华南农业大学学报(社会科学版)，2016(1):20-27.

各地的实践中,地方政府在规定范围内弹性化设置调节金比例,很大程度是依据其在集体经营性建设用地入市流转中投入的基建成本及规划用途变更形成的级差地租Ⅱ。土地增值中有一部分是由于政府行为而产生的,那么政府应享有这对部分收益进行分配的权利,但政府应作为市场管理者和社会财富再分配的角色参与其中,而不是充当谋利者,政府以促进乡村经济发展和均衡利益分配,实现公平和发展为目标。[①]

地方政府在集体经营性建设用地入市过程中,应以土地管理者的身份参与交易的确认、纠纷的调解和非法行为的处罚监管等,而不应干预集体土地使用权的行使。因此,在集体经营性建设用地增值收益分配中,地方政府可以作为管理者和监督者,以收取一定土地增值收益调节金等方式间接参与收益分配过程。

地方政府对于集体经营性建设用地入市的态度并不积极。财政收入上移而财政支出责任加重的税制结构让地方财政吃紧;"锦标赛"式的官员政绩考核升迁制度更让地方政府和官员感受到资金成为地方发展最重要的约束条件。在此背景下产生的"以地生财"的土地财政模式强化了其征地行为偏好。而集体经营性建设用地直接入市将对国有建设用地市场造成影响,减少地方政府的土地收益。因此,地方政府有维护现行制度安排的利益动机。然而,并不是说集体经营性建设用地入市对地方政府来说一无是处。集体经营性建设用地入市也可令地方政府在多方面获益。首先,有利于缓解城市建设用地紧张。我国大部分城市面临着或即将面临城市建设用地紧张的局面。而集体经营性建设用地入市可以盘活存量建设用地,支持城市建设和城镇化发展。其次,有利于促进城乡统筹发展。集体经营性建设用地入市,可以在一定程度上打破城乡二元结构,有利于统筹城乡发展,实现共同富裕。市场化流转可以充分体现集体经营性建设用地的价值,提高农民生活水平和质量,缩小城乡差距,保持社会的和谐稳定。最后,各级政府可以获得管理收益。各级政府的参与,不仅体现出政府的基本职能,如完善土地市场、财政监管、及时发现集体土地市场存在的问题并加以改进等,还可以通过基础设施建设投入和全过程服务等收取税金和管理费用。基于上述分析,可以看出地方政府对于集体经营性建设用地入市试点存在矛盾心态:短期内,入市直接影响

---

① 王小映. 论农村集体经营性建设用地入市流转收益的分配[J]. 农村经济,2014(10):3–7.

城市国有土地市场土地出让收入,财政收入吃紧;长期来看,城市发展空间的扩大有利于产业升级和经济提速。虽然地方政府难以更改和拒绝中央政府提出的集体经营性建设用地入市试点决定,但在具体执行过程中可以通过供地计划控制进入市场的集体经营性建设用地数量。

(二)集体经济组织

《中华人民共和国土地管理法》第十条规定:"农民集体所有的土地依法属于村农民集体所有的,由村集体经济组织或者村民委员会经营、管理。"按照土地产权理论,首先,由于土地所有者享有完整的产权,可以在保留所有权的前提下将使用权转让给其他权利主体,土地所有者享有增值收益分配的权利。[①] 其次,农民集体作为主要统筹主体,实践中部分农村集体经济组织参与到前期入市准备工作中,投入资金进行入市地块的平整和开发工作,完善入市地块的基本硬件设施,农村集体在这过程中贡献人力物力财力,有权通过收益分配得到回报。最后,作为集体土地经营管理主体,集体有着壮大集体经济和乡村振兴发展的诉求。[②] 因此农村集体作为集体经营性建设用地的产权主体、实施主体和经营管理主体,应该享有主要增值收益。

农村集体在集体经营性建设用地入市收益分配的过程中,主要有以下三种形式。第一种也是最基本的一种形式,是集体土地的所有者,也就是所有权人所组成的集体,这里的所有权人指的就是个体农民,因此这种农村集体即直接由个体农民所组成的集体,其中包括乡(镇)农民集体、村农民集体及村民小组农民集体。第二种是集体土地所有权拥有者法定的代表,即由个体农民所选举出的代表组成的组织,代理集体土地的所有权人行使土地的所有权,这一类形式的集体主要包括村民小组、村委会及农村集体经济组织。第三种也是较为特殊的一种,是以镇级土地联营组织或土地整备组织的形式参与土地增值收益分配,这一形式主要的代表有北京大兴组建的镇级土地联营公司,各村集体以土地的使用权作价入股,

---

① 皮特. 谁是中国土地的拥有者:制度变迁、产权和社会冲突[M]. 北京:社会科学文献出版社,2008.

② 岳永兵,刘向敏. 集体经营性建设用地入市增值收益分配探讨——以农村土地制度改革试点为例[J]. 当代经济管理,2018(3):41-45.

将土地的使用权交给土地联营公司进行入市,以获取收益。[①]

上述三种形式的农村集体,在土地增值收益分配关系中都有各自的特点。首先是以最直接的农民集体作为分配主体的形式,其特点就在于个体农民拥有最直接的土地所有权及使用权,保障农民参与到收益分配的过程中,更有效地提高了农民在集体经营性建设用地入市的过程中所获取的收益。其次是以集体土地所有权人代表作为收益分配主体,这一形式突出了集体土地所有权人对于土地的经营、管理权力,在保障农民所享有的权利,提高农民所能取得的收益的同时,也提高了土地入市及增值收益分配的效率。最后是以联营或整备组织的形式参与收益分配的方式,从根本上解决了个体农户对于土地流转市场方面相关专业知识缺失的问题,更大限度地保障了农民在利益分配过程中所能获得的相应利益,同时也是提高土地入市流转及增值收益分配效率的一种有效形式。根据我国现有法律,村委会和村集体经济组织性质不同,是两个独立组织。村民委员会是村民自我管理、自我教育、自我服务的基层群众性自治组织。而村集体经济组织属于经济组织,追求经济利益的最大化是其根本目标。其利益诉求可归结为:做好集体资产的管理工作,使集体资产得到合理利用和有效保护,并确保集体资产的保值增值。[②]虽然集体经营性建设用地的使用权在出让、出租或者转让后,所获得的土地收益应由村集体经济组织负责分配,但现实中许多地方的村集体经济组织已经沦为村民委员会的"影子",土地收益分配由村民委员会实际掌控。在农民原子化、村集体经济组织与村民委员会职责权限交叉重叠、村干部权威下滑、治理资源流失的背景下,集体经济组织的利益诉求也由于部分成员对个人利益最大化的追求而趋于复杂。

(三)农民

在集体经营性建设用地入市中,农民虽没有直接参与到入市活动中,但其是集体建设用地的实质权能者。依据《中华人民共和国物权法》第五十九条的规定,农民集体所有的不动产和动产属于本集体成员集体所有,那么农民集体享有所有

[①]　岳永兵. 集体经营性建设用地入市实施主体对比分析[J]. 中国国土资源经济,2019(6):29-34.

[②]　徐增阳,杨翠萍. 合并抑或分离:村委会和村集体经济组织的关系[J]. 当代世界与社会主义,2010(3):16-18.

权的集体经营性建设用地,也应当归集体中的每一位农民共同所有,即集体经营性建设用地的所有权依法归全体集体成员所有。农民对土地享有的使用权主要包括承包经营权、依法建设住宅权及土地收益权等。

农村土地在名义上属于农民集体所有,但是"农民集体"所有并非"农民个人"所有;农村土地产权的"集体化"实际上通过虚化所有的手段架空了农民对土地应有的权利。[1] 首先,农村集体经济组织是集体土地的所有权人,农民作为集体经济组织成员,可以享受由集体土地产权入市交易流转所带来的增值,即赋予农民更有保障、更全面的土地财产权和集体收益分配权是当前产权制度改革的方向。[2] 其次,农民个体所追求的目标就是自身利益的最大化。土地未入市前,农民对集体建设用地进行了一定的劳动投入或其他生产要素投入,农民对土地的要素投入也产生了相应的土地增值。对于农村集体经营性建设用地的收益分配,农民的愿望较为单一,即希望能够获得更多的土地收益,或是通过流转收益切实改善农村基础设施和公共设施,提高生活质量。如果流转收益没有得到公平合理的分配,农民会进行抗争,找寻渠道上访,甚至以不理智的集体暴力方式——如拦断公路等,来表达他们对于所受不公正待遇的反抗,进而引起政府部门足够的重视,保护自己的利益不受损失。结合罗尔斯《正义论》中所谈到的,人们会对他们协力产生的利益分配极度关注,各主体更倾向于获得较大份额而非较小份额。虽然诉求一致,但奈何"僧多粥少",难免形成利益冲突,因此需要社会正义原则来适当分配社会合作利益和负担,指导各利益分配格局中的总体行为选择偏向,有助于形成较为公平合理的分配协议。[3] 农村土地的增值收益是社会合作的产物,土地使用权流转后,农民应作为分配主体参与到增值收益分配过程中。[4]

在土地增值收益分配的关系中,农民所具有的最大特点就是其身份和地位在集体经营性建设用地入市这一土地改革制度实施前后发生了重大转变。在传统的城乡二元土地制度下,地方政府依靠"多征多用,低进高出"的征地手段获取土

---

① 张远索. 新型城镇化进程中集体土地增值收益分配:一个理论模型的构建[J]. 北京规划建设,2014(6):31–34.

② 黄文莹. 农村集体经营性建设用地内部收益分配问题研究[J]. 中国房地产,2018(20):62–66.

③ 罗尔斯. 正义论[M]. 何怀宏,何包钢,廖申白,译. 北京:中国社会科学出版社,2009.

④ 武立永. 农民公平分享农村土地增值收益的效率和正义[J]. 农村经济,2014(4):35–40.

地。尽管对于失地的农民会给予一定数额的补偿,并有相应的安置政策,但是农民所获得的补偿往往是很有限的。而在打破城乡二元土地制度,集体的土地可以进入市场流转之后,农民可以通过自身拥有实际所有权的土地中获得更多的、更实在的收益。这种对于农民土地利益的保障及其在收益分配地位前后的明显对比,就自然而然地成为个体农户在土地制度改革过程中的最大特点。因此保障个体农民在利益分配关系中的地位,从而增加农民所获得的收益,提高农民的生活质量,是土地增值收益分配过程中的重中之重。

此外,2022年中央一号文件也强调要持续深化农村产权制度改革,聚焦农民与土地、农民与集体等的关系,处理好农民与土地的关系仍是改革的主线,多元化挖掘乡村价值,探索农村土地价值,切实提升农民权益。土地是农民赖以生存和发展重要因素,集体经营性建设用地入市,土地所有权不变,仅是通过土地使用权的让渡入市产生的土地增值,因此农民应在集体经营性建设用地入市流转中实现土地经济价值的收益和缩小城乡贫富差距、追求公平的诉求。

二、主体之间的分配关系——基于典型试点地区

(一)中央政府与地方政府之间的关系

尽管在集体经营性建设用地入市收益分配这一过程中,中央政府并不作为收益分配的主体参与分配,但是在一定程度上,中央政府对于地方政府起到一定的管控作用。在2016年,我国制定了《农村集体经营性建设用地土地增值收益调节金征收使用管理暂行办法》,其中规定,政府在集体经营性建设用地入市及再转让环节应收取土地增值收益调节金,在收取土地增值收益调节金的基础上,再按成交价款的3%~5%征收与契税相当的调节金,即政府以增值收益调节金的名目分享集体经营性建设用地入市增值收益,同时以调节金的名义收取契税。

这一规定充分体现出中央政府对于地方政府实施的管控手段。然而中央政府所制定的管控政策往往是从全社会利益最大化的角度出发,将土地资源保护与各地发展情况相结合,从而推进农村经济的增长,推动社会的稳步发展。地方政府在执行中央政府的决策时,往往难以做到与中央政府的初衷完全一致。因此对

于中央政府与地方政府在土地增值收益分配关系中的分析,重点就放在平衡"国家管控"及"意思自治"这两点上,在这一过程中,各试点的实践情况也有所不同(详见表4-2)。山西泽州县按照出让及转让两个不同的环节收取调节金。在出让环节,入市的主体按照成交价款的16%缴纳增值收益调节金,受让方按照成交价款的4%缴纳与契税相当的调节金,转让环节则按照土地增值收益的20%缴纳调节金。浙江德清县则是以区位和用途划分了收取调节金的比例,县城规划区内商业服务和工业用地分别按照土地成交价款的48%和24%缴纳;县城规划区外、乡镇规划区内的两种用地分别按照40%和20%缴纳,乡镇规划区以外的商服用地和工业用地则按照32%和16%缴纳。河南长垣市及广西北流市则是按照土地入市的途径制定了5%~30%不等的调节金收取比例。[1] 除了上述试点地区根据地方发展现状,较为合理地制定了调节金收取比例的试点之外,也有部分试点地区出于地方特殊情况及政策制定缺陷等原因,地方政府甚至个体农户未能参与土地增值收益分配的过程,如成都市官塘村的土地增值收益主要用于地方偿还债务、基础设施建设及房屋修缮等方面,土地增值的收益并没有直接分配到农民的手中,地方政府也不参与收益的分配,因此官塘村在土地增值收益分配的方面还没有做到全方位的考量,[2] 未能形成较为科学的收益分配体系,可能会增大集体经营性建设用地入市的阻力,这也是未能平衡好中央调控及意思自治的一个典型。

---

① 岳永兵,刘向敏. 集体经营性建设用地入市增值收益分配探讨——以农村土地制度改革试点为例[J]. 当代经济管理,2018(3):41-45.

② 刘宣佑. 农村集体经营性建设用地入市问题研究——以成都市官塘村为例[J]. 农村经济与科技,2019(21):37-39.

表4-2　不同试点地区调节金收取方式及收取比例

试点地区	调节金收取方式及比例		
山西省泽州县	出(转)让方		受让方
	出让方按成交价款的16%缴纳增值收益调节金		受让方按成交价款的4%缴纳与契税相当的调节金
	转让方按土地增值收益的20%缴纳调节金		—
浙江省德清县	县城规划区内	县城规划区外、乡镇规划区内	乡镇规划区外
	商服用地48%	商服用地40%	商服用地32%
	工业用地24%	工业用地20%	工业用地16%
河南省长垣市、广西壮族自治区北流市	根据入市途径的不同制定了5%~30%的调节金收取比例		
四川省成都市官塘村	土地增值收益主要用于地方债务偿还、基础设施建设及房屋修缮等,并未直接分配到农民手中		

综上所述,中央政府与地方政府之间的关系,主要就体现在中央政府首先应当制定较为合理的调控政策,而地方政府则应当依据中央政府的调控,结合地方特有的发展状况,从平衡各方利益、满足土地增值收益分配关系中各主体利益诉求的角度出发,科学合理地制定符合地方需要的利益分配政策。只有把控好两者之间的平衡,才能从根本上保证利益的分配达到一个合理且合法的水平。

(二)地方政府与农村集体之间的关系

相比于上述中央政府与地方政府之间的调控—自治关系,地方政府与农村集体之间存在着一定的竞争关系。由于集体经营性建设用地进入市场,在一定程度上必然会降低国有建设用地市场的用地需求,从而进一步减少地方政府的土地收益,因此地方政府对于这一入市行为必然是持不赞成态度的。而农村集体则认识到集体经营性建设用地存在着巨大的价值,无论是从促进基础设施建设还是增加农民土地收益的角度出发,必然会积极响应集体经营性建设用地入市的相关政策。[①] 因此,两者之间的竞争博弈关系使地方政府与农村集体经济组织之间形成

---

① 赵振宇,陈红霞,赵繁蓉. 论集体经营性建设用地增值收益分配——基于博弈论的视角[J]. 经济体制改革,2017(4):77-83.

了一种较为微妙的土地增值收益分配关系。一方面,地方政府为了最大限度地增加自身的财政收入,在国家大力推进改革试点的大背景下,应当制定较为合理的调节金收取比例,满足农村集体经济组织的需求,同时推进集体经营性建设用地入市的相关工作,使地方政府自身的利益最大化;另一方面,农村集体经济组织也应当积极配合地方政府所制定的相关政策,而不是为了满足集体发展的需要,一味地试图从土地增值过程中获取收益。农村集体经济组织积极地配合地方政府制定并且收取合理的调节金,地方政府也会重视制度的改革,使农村集体经济组织及集体之中的每一位成员都能够从土地流转的过程中获得更多的收益,将竞争博弈的关系转变成为互利互助的关系。

浙江省德清县作为全国33个改革试点之一,是地方政府与农村集体经济组织形成良性收益分配关系的一个典型试点地区。德清县对于所处区位不同的集体建设用地,根据实际用途的不同,制定出了一系列的调节金收取比例。在收取了调节金之后,根据土地权利归属的性质,对剩余的土地增值收益又采用了不同的方式进行分配。对于乡镇集体经济组织,收益会纳入乡镇财政进行统一管理,主要用于基础设施建设及一系列惠及民生的项目。对于村集体经济组织,其收益会纳入集体公益金中进行统一管理,并作为村经济合作社的经营性资产。对于其他经济组织例如村民小组,在扣除国家相应税费、村集体保留及入市相应费用之后,便可直接用于个体农户之间的分配。在地方政府与农村集体的相互配合之下,截至2017年底,德清县共完成入市土地131宗共计856亩,成交金额达1.88亿元,农民集体及个体农民共获得收益1.53亿元,惠及农民8.8万余人。[①]

结合上述典型试点地区的分析,可以看出地方政府与农村集体在收益分配中的关系是可以通过一系列方式,由竞争博弈向互惠互助转变的。尽管集体经营性建设用地入市会影响地方政府土地方面的财政收入,但仍然能够合理地制定满足自身与农村集体利益的政策,并且积极推动土地改革的进行。在增加发展空间、促进地方经济发展的前提下,地方政府依旧能够与农村集体经济组织之间建立良好的利益分配关系,增加自身的财政收入。而农村集体经济组织也应当理性地追

---

① 陈红霞,赵振宇. 基于利益均衡的集体经营性建设用地入市收益分配机制研究[J]. 农村经济,2019(10):55-61.

求利益,配合地方政府的改革工作,这样才能在改革的大背景下,进一步提升农民的收入及生活质量。

(三)农村集体与个体农户之间的关系

要分析农村集体与个体农户在土地增值收益分配方面的关系,首先应当认识到农村集体虽然在法律层面上是集体土地的所有权人,但其往往只是一个抽象的主体,它是由一个区域内所有的个体农民组成的集合。因此,在农村集体享有所有权的土地进入市场获得收益之后,集体与个体农户之间的利益分配关系就理所应当地基于村民利益最大化的原则来确立。也就是说,无论农村集体经济组织采取何种形式与农民建立土地增值收益分配关系,都应当满足农民扩大收益、提升生活质量的基本需求。

结合我国目前较为典型的试点地区来看,农村集体与个体农户之间的收益分配关系模式主要有三种(见表4-3)。第一种分配关系是所获取的收益全部纳入村集体的资金或是由村集体统一留存,实行这种分配关系的代表试点地区是甘肃陇西县。陇西县的农村集体在其经营性建设用地入市获得的收益,扣除相应的调节金及入市费用之后,将剩余的收益主要用于积累集体财富、发展生产、改善村民生产生活条件及村内相关的公益事业建设。第二种分配关系是集体留取部分的收益,其余收益则在集体成员之间进行公平分配,采取这种分配关系的试点地区,也会按照地区发展的特点不同制定出不同的分配比例。广西北流市就明确规定集体经营性建设用地入市流转的收益在留足农村集体的部分之后,剩余收益在成员间进行分配,其比例为村集体留取70%,剩余30%在集体成员之间分配。四川省成都市郫都区的分配关系与北流市大致相似,其规定在土地增值收益中,集体的公积金、公益金及风险金的留取不得低于收益的80%,也就是说个体农民可进行直接分配的收益占20%。除了上述将重点放在集体共同发展的试点地区之外,也有的地区更加倾向于将收益直接分配给个体农户,保障农民的生产生活。例如重庆大足区就规定,农村集体的提留占比在原则上不能超过土地纯收益的20%。[①]

---

① 郭浩楠,王淑华. 集体经营性建设用地入市收益分配制度研究[J]. 中国国土资源经济,2020(6):55-62.

表4-3　农村集体与个体农户之间的分配关系模式

分配模式	试点名称	具体分配关系
集体统一留存	甘肃陇西县	获得土地增值收益、缴纳调节金后,剩余收益用于积累集体财富、改善农村生活条件
集体留存大部分收益,个体农户平均分配剩余收益	广西北流市	农村集体留存70%,个体农户平均分配30%
	四川成都市郫都区	农村集体留存80%,个体农户平均分配20%
集体农户直接分配大部分收益,集体留存剩余收益	重庆大足区	农村集体提留原则上不超过土地增值收益的20%

由此我们可以得出,在农村集体和个体农户之间的利益分配关系不是上下监督的,也不是互利互助的,而是一种基于共同的原则和共同的目标来使一定量的收益能够在分配的过程中产生更大的价值。认识到这种分配关系,也就更加有助于集体经营性建设用地入市这一政策为广大农民带去更加切实的利益,同时有助于推动这项改革措施的工作在农村集体和农民群众之间持续展开。

二、集体经营性建设用地增值收益分配的多主体博弈

在我国现行的土地产权制度框架下,由于土地增值收益市场化配置与行政配置之间的边界模糊,加上双轨期过渡的性质和传统体制的影响,各利益主体在农村集体经营性建设用地增值收益分配过程中形成了转型期特定的博弈类型。

(一)地方政府与中央政府的博弈

为了巩固农业的基础地位并保障广大农民的基本生活,中央政府所制定的政策措施多是从寻求全社会整体福利最大化的角度出发,综合考虑耕地保护与经济发展各方面的因素。中央政府力图完善顶层设计,规范集体经营性建设用地进入市场的行为,合理分配集体经营性建设用地的收益,从而推动农村集体经济的稳步增长,促进社会稳定发展。中央政府只是政策的制定者,政策的执行主要由其在各个地方的代理人即"地方政府"负责具体实施。由于地方政府与中央政府的利益并不完全一致,委托代理风险在监管机制不健全的情况下大大增加。对于农民个人来说,当利益受到侵害时,抗争是其必然选择。但当集体经营性建设用地利益受到侵害时,农民又难逃集体行动的困境,维权行动的有效性不强,这就给地

方政府留出了一定的违法空间。中央政府希望通过集体经营性建设用地直接入市来提高土地市场效率,切实增加农民收入。而地方政府由于官员政绩考核和升迁的限制,则更多地着眼于短期经济利益、地方政绩等,具有侵占集体经营性建设用地收益的冲动。当中央政府与地方政府的利益目标发生矛盾时,便产生了行动顺序有先后、信息非对称性的不完全信息动态博弈。[①]

博弈过程中,中央政府先制定集体经营性建设用地流转政策,并确定农村集体经营性建设用地土地增值收益调节金征收比例范围,地方政府随后根据土地用途、土地等级、交易方式等因素,确定最终的调节金上缴比例。中央政府的策略空间为{推动政策实施,放任政策实施},地方政府的策略空间为{推动政策实施,提高上缴比例}、{推动政策实施,降低上缴比例}、{放任政策实施,提高上缴比例}和{放任政策实施,降低上缴比例}(见表4-4)。

表4-4　中央政府与地方政府的博弈

地方政府(乙) 中央政府(甲)	提高上缴比例	降低上缴比例
推动政策实施	策略组合1: 甲:监督成本增加 乙:收益增加,欺骗风险高	策略组合2: 甲:监督成本增加 乙:收益降低,欺骗风险高
放任政策实施	策略组合3: 甲:收益与成本都降低 乙:收益增加,欺骗风险低	策略组合4: 甲:收益与成本都降低 乙:收益减少,欺骗风险低

在策略组合1中,中央政府选择"推动政策实施",让更多的集体经营性建设用地进入市场,农村集体经济组织获得了更多的土地收益,地方政府通过"提高上缴比例"来弥补因征地数量的减少而造成的土地收益损失,双方会围绕集体经营性建设用地入市展开竞争。地方政府会尽力制定较高的调节金上缴比例来提高自身的增值收益,由此存在较高的欺骗风险。中央政府想实现政策目标,就必须多消耗资源监督地方政府,推动政策的执行,因此,该种策略组合会耗费较多的人力、物力和财力,造成社会资源的浪费,与其他策略组合相比,策略组合1造成的无谓损失(deadweight loss)最大。

---

① 张维迎. 产权、政府与信誉[J]. 读书,2001(6):99-100.

在策略组合2中,中央政府选择"推动政策实施",地方政府随后采取"降低上缴比例"的行动来配合中央政府的政策。此时,地方政府和中央政府似乎在某种程度上达成了一致意见,但是以追求自身利益最大化为基本原则的地方政府很有可能仍然采取欺骗的方式,对中央政府的政策采取放任自流的态度,既不停止,也不推进。而中央政府在此时仍需要采取相应的监督措施,付出一定的监督成本。因此,在该种策略下,中央政府必须为避免地方政府的虚假妥协而提高警惕,该策略组合也会造成无谓损失。

在策略组合3中,中央政府选择"放任政策实施",而地方政府选择"提高上缴比例"。很明显,在这种情况下,中央政府减少对政策执行情况的监督,由于地方政府获得了较高的上缴比例,欺骗的冲动降低,中央政府相应的监督成本也有所下降。此时,两者达到相对均衡,地方政府的行为提高了自身的收益,也遵循了中央政府的政策制度安排;相应的,中央政府会减弱监督的力度,地方政府也控制和降低了隐瞒成本,该策略组合造成的无谓损失最小。

在策略组合4中,中央政府选择"放任政策实施",而地方政府选择"降低上缴比例"。这种策略组合是一种理想状态:中央政府对于地方政府的监督成本有所降低,且地方政府将更多的收益留在了集体经济组织,该策略组合是最优解。但对于地方政府来说,土地收益在其财政收益中一直占有较大比重,因此,地方政府采取该种策略的可能性较小。

(二)地方政府与农村集体经济组织的博弈

地方政府和农村集体经济组织在集体经营性建设用地入市过程中的利益诉求是不同的,存在竞争关系,而且它们在集体经营性建设用地增值收益分配博弈中的地位是不对等的,地方政府处于优势地位,农村集体经济组织不具备与地方政府平等谈判或抗衡的能力。

地方政府对于集体经营性建设用地入市的态度是不赞成的,因为集体经营性建设用地的入市直接减少了国有建设用地市场中的用地需求,降低了地方政府的土地收益。但在中央大力推进改革试点的情况下,地方政府也不能直接对抗。因此,从自身利益最大化的角度出发,地方政府会尽量减少集体经营性建设用地入市的数量,并提高集体经营性建设用地土地增值收益调节金的比例。农村集体经济组织认识到土地资产的巨大价值,希望通过集体经营性建设用地直接入市来增加集体的收益,改善基础设施或是直接增加农户收入。因此,农村集体经济组织对中央的政策是赞成并积极响应的。然而,对于农村集体经济组织来说,内部并没有充足数量的经营性建设用地可以直接入市,需要通过建设用地整理、置换等方式,而这些行为又离不开地方政府的支持。因此,地方政府的态度对集体经营性建设用地的入市数量有较大影响。

在集体经营性建设用地增值收益分配博弈过程中,地方政府有两种选择:一是积极推进集体经营性建设用地入市政策,确定合理的集体经营性建设用地土地增值收益调节金比例;二是不支持集体经营性建设用地入市政策,确定较高的收益调节金比例。相应地,农村集体经济组织也有两种选择:一是直接接受地方政府确定的集体经营性建设用地增值收益调节金;二是不满意地方政府对集体经营性建设用地增值收益的分享,通过谈判等方式为农村集体经济组织争取更大的土地增值收益(见表4-5)。

表4-5　地方政府与农村集体经济组织的博弈

农村集体经济组织(乙) 地方政府(甲)	主动接受	不满抗争
积极推进	策略组合1: 甲:财政收入增加 乙:获取土地收益	策略组合2: 甲:监督成本增加,土地收益减少 乙:获取土地收益成本增加
不支持	策略组合3: 甲:财政收入减少 乙:土地收益损失大	策略组合4: 甲:财政收入减少 乙:土地收益成本与风险增加

在策略组合1中,地方政府选择"积极推进",农村集体经济组织选择"主动接受"。地方政府可以通过收取土地增值收益调节金来增加财政收入,而农村集体经济组织的主动接受降低了地方政府的实施成本。对于农村集体经济组织来说,收取合理的土地增值收益调节金非但对集体经济组织和村民个人利益没有损害,而且由于地方政府的重视,对收益分配制定了较为完善的制度,农村集体经济组织和村民个人都可因此获益。因此,这种情况为最优解。

在策略组合2中,地方政府选择"积极推进",农村集体经济组织选择"不满抗争"。地方政府对集体经营性建设用地入市持积极态度,并收取一定的土地增值收益调节金。而农村集体经济组织为使组织利益最大化而进行抗争,比如采用谈判甚至绕开地方政府直接与用地单位进行私下交易等方式。在这种情况下,地方政府必须对非法入市的交易行为进行严格的监督和防范,因此增加了监督成本。这种现象在现实中较为普遍。与策略组合1相比,虽然此种情况下增值收益分配会略微向村集体经济组织倾斜,但是双方都会付出巨大的成本,造成社会总福利的损失和资源浪费,此时达成的均衡必然不是最优的,该策略组合造成的无谓损失较大。

在策略组合3中,地方政府选择"不支持",而农村集体经济组织选择"主动接受"。这种情况即为集体经营性建设用地入市改革前的状态,在客观现实生活中表现为农村中存在大量的建设用地因法律的限制不能进入市场,从而出现闲置、浪费或低效利用的状态。

在策略组合4中,地方政府选择"不支持",而农村集体经济组织选择"不满抗争"。在这种情况下,多表现为农村集体经济组织违反国家有关法律的规定,让村内的土地(主要是建设用地,有些甚至是农用地)自发地进入市场,满足土地需求者的需要,获取土地增值收益。此时,农村集体经济组织的土地收益增加,但由于缺乏必要的监管,土地增值收益公平分配的可能性降低,滥用风险增加。而对于政府来说,土地增值收益损失最大。可见,在这种情况下,社会整体利益最小。

(三)农村集体经济组织与农户的博弈

集体经济组织与农户之间也存在着博弈。在集体经济组织可以公平合理使用集体经营性建设用地增值收益时,农户多数会选择服从,少数会对于收益分配方案表现出不满;在土地收益的使用与管理缺乏制度规范时,土地收益被少数村干部挥霍甚至私吞,或是分配与使用缺乏合理性,农民会采取多种形式进行抗争。在农村集体经济组织与农户的博弈中,集体经济组织有"提高集体留成比例"和"降低集体留成比例"两种策略选择;农户有"分得更大比例"和"分得更小比例"这两种策略选择。

在集体经济组织和农户的博弈过程中,集体经济组织处于优势,农户处于弱势。从理论上来讲,农村集体经济组织是农村集体土地所有权的主体,与农民有着共同的利益目标,代表着农民的利益,为农民提供服务,接受农民的监督。当集体经济组织利益与农民利益相一致时,集体会竭力服务于农民,积极充当农民个体的利益代言人,促使双方利益最大化。但是,农村集体经济组织作为土地增值收益分配的一个特殊利益集团,存在其自身的利益诉求,尤其是集体负责人可能会为追求个人利益的最大化,而利用自身优势来获取较大的收益份额,甚至侵占农民的利益,从而与农民在局部利益上出现矛盾。此外,农村集体的大多数工作都需要得到地方政府的批准和支持,在许多情况下,不得不妥协于乡镇或其他上级政府的意图,很难完全代表农民利益。在农民与政府矛盾激化的过程中,集体组织负责人出于自身利益的考虑及对双方地位的对比判断,往往会倾向于站在政府的立场上。因此,要使农民在增值收益博弈中能与农村集体经济组织处于平等地位,就要降低集体组织的裁判能力,严格限定集体经济组织在集体经营性建设用地增值收益过程中的权能(见表4-6)。

表4-6　农村集体经济组织与农户的博弈

农户(乙) 农村集体组织组织(甲)	接受	拒绝
提高集体留成比例	策略组合1: 甲:权力收益高,成本高,降低了集体成员的福利 乙:土地收益损失大	策略组合2: 甲:无法获得权力收益 乙:土地增值收益损失大,争取协商与谈判
降低集体留成比例	策略组合3: 甲:权力收益低,成本低 乙:土地增值收益损失小	策略组合4: 甲:无法获得权力收益 乙:土地增值收益损失小,现实中不存在

在策略组合1中,农村集体经济组织提高留成比例,农户选择接受。农村集体经济组织通过占有更多集体经营性建设用地增值收益份额,来获得较多增值收益。由于部分农村集体经济组织管理者可以得到权力租金,会降低本集体成员的整体福利,因而农户必须花费监督成本监督集体组织代理人的行为。同时,农户选择接受集体经济组织制定的较高留成比例,相应地享受到的土地增值收益就会减少。

在策略组合2中,农村集体经济组织提高留成比例,农户选择拒绝。这种情况下,双方需要进一步谈判与商讨。一方面,农户必须对本集体经济组织代理人的行为进行监督和规范,防止他们挪用和侵吞集体经营性建设用地收益;另一方面,双方还要不断讨价还价直至达成最终协议,此时实现的博弈均衡将是较优的。

在策略组合3中,农村集体经济组织降低留成比例,农户选择接受。农村集体经济组织降低留成比例,农户就可以分得更多土地收益,农户的经济利益得到最大限度的保障,而集体组织代理人的寻租风险大大降低,监督成本下降,无谓损失最小,此策略组合为最优策略。

在策略组合4中,农村集体经济组织降低留成比例,农户选择拒绝。这种状况不符合逻辑,在现实中并不存在。

第三节　利益主体的动态博弈行为

基于上述集体经营性建设用地入市利益主体的诉求分析,为深入研究集体经营性建设用地入市中各利益主体的博弈行为关系,拟进一步分析利益主体的博弈行为策略。

一、利益主体行为假设

集体经营性建设用地入市过程中存在着利益主体间基于自身诉求的相互竞争博弈,从前述内容中可知,集体经营性建设用地入市政策作为各主体的博弈结果体现,反映出集体经营性建设用地进入土地市场流转经历曲折,利益主体博弈冲突是常有的事。根据政策梳理的特征来看,政策的制定逻辑体现了政府和土地所有权人之间的博弈冲突和妥协。本书运用动态重复博弈来体现集体经营性建设用地入市利益主体的博弈行为及结果,博弈主体行为有先后次序,后行动者在做出决策前可观察参考前行动者的行为选择来调整自身的策略。在集体经营性建设用地入市利益主体之间的博弈中,若全部利益主体倾向于长远利益,那么将不是一次性静态博弈。本书以集体经营性建设用地入市过程中各利益主体的利益诉求及基于入市选择中的成本和策略选择进行分析,各利益主体在经过多次重复博弈选择后,最终产生合作意愿。因此,本书通过建立一个动态合作博弈模型来表现集体经营性建设用地入市中联盟的博弈行为。首先对模型做出以下假设:

假设1:三方联盟成员包括地方政府A、农村集体经济组织B与农村集体经济组织成员C。联盟中参与方均为理性经济人,在土地入市的不同阶段中,联盟成员可以基于自身利益诉求形成新的合作小联盟。

假设2:为便于分析,主要假定博弈主体合作可以使收益加成,即利益主体选择合作,由合作产生的总体效益将会增加。在描述利益主体的博弈行为中,各利益主体所得效用以简易效用值表示。各利益主体独立行动时所获效用值以数字"1"来表示,两方合作时各利益主体所获效用值以"2"表示,三方合作下利益主体所获效用值以"3"来表示。

二、利益主体博弈行为描述

动态博弈中各方行为选择有先后次序,分为完全信息和不完全信息的重复博弈。重复博弈有以下特征:博弈结构相同,博弈重复多次,时间结构相对清晰。在重复博弈中的每个阶段,参与的利益主体可以了解以往的博弈结果,并作为下次行动的参考。在集体经营性建设用地入市过程中,政府、农村集体经济组织、农民三者处于从非合作博弈到合作博弈的动态演进阶段。以地方政府A作为行动起点为例,整个博弈过程可以描述为三个阶段,如图4-1所示。

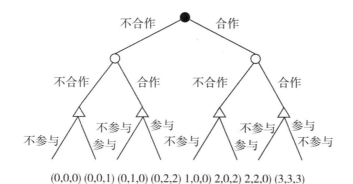

图4-1 以政府为起点的集体经营性建设用地入市博弈拓展式

博弈情景:在原有的征地制度下,农村集体土地利用管控严格,而原征地制度很大程度上成为地方政府财政的主要来源,集体土地只有通过国家政府征地这一渠道才能进入土地市场,实现集体经营性建设用地增值显化,而建设用地往往通过国家低价征收转手然后高价卖给开发商,在此期间土地价值激增下的差额增值全部流入城市,农村集体和集体成员难以享受到土地增值所带来的增值收益,违背了公平正义的原则。为解决土地资源稀缺性问题,就要推进农村集体经济发展和实现农民权益,充分实现农村土地的财产属性,推动农村土地增值收益回流乡村,实现集体建设用地与国有建设用地"同地同权"。在此背景下,基于各主体的利益诉求,利益主体的策略各有不同。

第一阶段:以地方政府A作为行动起点,首先是地方政府、农村集体经济组织、农村集体经济组织成员三方博弈主体参与集体经营性建设用地流转的目的不同,行动策略偏好也不同。在集体经营性建设用地入市过程中,地方政府有两项策略选择:一是政府考虑公众利益和社会经济发展,地方政府A选择合作,选择采取积极推进集体经营性建设用地入市或确定合理的收益分配调节金比例策略选择;二是地方政府A不选择合作,由于集体经营性建设用地直接入市会对国有建设用地市场造成一定冲击,会影响政府以往征地下高额的土地收益,因此地方政府为维护自身利益,倾向于保持原土地制度安排现状。因而在推行入市的前阶段,地方政府对于集体经营性建设用地入市的态度并不积极,采取禁止、查处等措施或确定较高的调节金收益比例。

第二阶段:由农村集体经济组织B进行选择,农村集体经济组织B基于地方政府A的选择做出决策。农村集体经济组织的一种选择为寻求合作,通过寻求与地方政府的合作,地方政府允许集体经营性建设用地顺利入市,并确定较为合理的土地增值收益调节金政策,通过提供相应的基建和指导监管服务来推进集体经营性建设用地入市,激活农村土地价值;另一种选择是不参与合作,集体经济组织倾向于绕开地方政府,采取直接与用地单位私下交易等方式来实现利益最大化。

第三阶段:主要由农村集体经济组织成员C根据地方政府A与农村集体经济组织B的选择做出决策,如果B选择不合作,则C选择不支持集体经营性建设用地入市流转,或者选择隐形流转的形式;如果B选择合作,则C根据B所提出的资产分配方案带来的价值大小进行判断,选择接受参与或拒绝合作参与。

以此类推,以农村集体经济组织B作为行动起点进行博弈行为描述,博弈过程如图4-2所示。此时,全部博弈过程同样为分三个阶段进行分别描述,地方政府A与农村集体经济组织成员C会在观察其他参与者的行动后结合自身的情况做出不同策略选择。

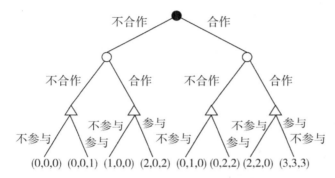

图4-2　以农村集体经济组织为起点的集体经营性建设用地入市博弈拓展式

以C作为行动起点进行博弈行为描述,博弈过程如图4-3所示。此时,整个博弈过程同样分为三个阶段,A与B会在观察其他参与者行动后结合自身的情况做出策略选择。

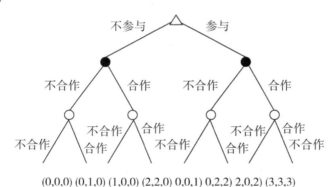

图4-3　以农民为起点的集体经营性建设用地入市博弈拓展式

通过对集体经营性建设用地入市利益主体不同阶段不同行动起点下的博弈行为描述的分析可以看出,经过多次重复博弈环节,以其中任何一个利益主体作为博弈环节行动起点,博弈策略结果有S＝{Φ,A,B,C,AB,AC,BC,ABC}8种联盟形式。在集体经营性建设用地入市中,博弈主体结合支付成本及所获效用做出策略,显然,从经过多阶段的博弈结果来看,当A、B、C三者的选择为(合作,合作,参与)时为最优策略组合,所获得的效用函数最大。因此通过对集体经营性建设用地入市博弈主体的合作基础进行分析,探讨形成合作博弈联盟的可能性。

三、利益主体博弈结果输出

通过对集体经营性建设用地入市主要参与主体基于利益诉求的博弈行为描述发现,入市过程中地方政府、农村集体和农民等主要利益相关者都有自身所独有的资源禀赋或能力要素,但在博弈中,各个主体根据自身资源和能力优势也难以实现自身效益最优化效果。从参与合作所产生的价值量来看,入市参与主体存在动机,促使最终合作的形成。在此,通过对入市过程中各利益主体博弈策略的交易费用进行探讨,考虑各策略的收益效用和实际支付成本,对集体经营性建设用地入市下的利益主体博弈合作进行分析(见表4-7)。

表4-7 集体经营性建设用地入市中利益主体的收益效用和支付成本

利益主体	收益效用	支付成本
地方政府	级差地租 地方经济发展 乡村振兴	基建资金投入 监管成本
农村集体经济组织	集体经济壮大 作为实施主体获得收益 作为产权主体所获得的收益	执行成本 管理的成本
农民	经济补偿 绝对地租 土地出让收益	违规交易的风险成本

从地方政府角度出发,考虑到管理成本和入市收入,地方政府推进集体经营性建设用地入市的积极性不高,其原因在于集体经营性建设用地入市对自身财政收入强依赖的征地制度产生了冲击,如果地方政府不选择参与到集体经营性建设用地入市中又或是确定较高的调节金征收比例,在这种情况下,地方政府必须花费人力、物力、财力等管理成本来严格监管和防范可能存在的非法入市行为。农

村集体建设用地的违规流转、乡村振兴战略推进等一系列的现实情况又倒逼地方政府不得不以管理者身份参与到推进集体经营性建设用地入市之中。而地方政府如果选择积极推进集体经营性建设用地入市，且以管理者、监督者身份参与，虽然需要支付相应的基建和管理成本，但大大降低了集体经营性建设用地违规入市流转的监管成本，同时政府还因为职能的履行，对推进乡村振兴等做出贡献。此外，在合作需求上，地方政府掌握着土地市场交易信息的资源优势，这恰恰是农村集体和农民在土地市场交易行为中所依赖的。

从作为集体土地所有者的农村集体经济组织角度出发，集体经营性建设用地入市流转可以实现农村土地价值，提升农民集体经济收入。土地在入市初期，以农民集体和农民为主要实施主体推进，流转形式以私下流转为主，农村集体通过联合农民与用地企业私下达成交易，实现利益最大化。但这面临着较大的风险，一方面在于集体经营性建设用地私下交易流转属于违规行为，会受到政府的监管和查处；另一方面还在于农村集体和农民由于自身信息等谈判资源处于相对劣势地位，且由于农民经济行为存在盲目性且缺乏长远性，可能会为了短暂的利益而做出短视抉择，甚至会存在经济风险和环保风险。

此外，在农民的策略选择上，倾向于选择享受土地收益、减少冲突的策略。由于集体经营性建设用地入市后，除了政府收取部分调节金和税收等收益外，集体成员的收益分配主要是与农村集体经济组织博弈分成，农民作为土地的实质所有者，将土地使用权让渡出去，理应享受土地让渡与土地发展所带来的增值收益。而在农村集体经济组织和农民的博弈过程中，集体经济组织掌握更多的权利资源和信息，在博弈中占据优势，而农民处于弱势地位。从理论上来讲，农村集体经济组织是农村集体土地所有权的主体，与农民有着共同的利益目标，代表集体成员利益，为农民提供服务，并接受其监督。但农村集体经济组织作为土地增值收益分配的一个特殊利益集团，也存在其自身的利益诉求，尤其是集体负责人可能会因为追求个人利益最大化，利用权力优势来获取较大的收益份额，甚至出现过度侵占农民权益和土地利益的现象，存在农村集体与农民局部利益上的矛盾，双方的冲突会大大提高内部收益分配的谈判成本。[①] 地方政府、村集体与村集体成员

---

① 陈红霞，赵振宇. 基于利益均衡的集体经营性建设用地入市收益分配机制研究[J]. 农村经济，2019(10):55-61.

的合作意愿如图4-4所示。

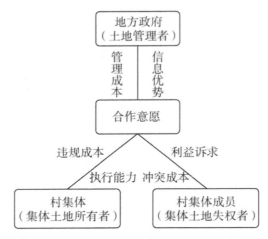

图4-4　集体经营性建设用地入市联盟合作意愿

　　实际上,集体经营性建设用地入市的实践发展过程是长期的、动态的,各主体间的博弈也必然是多次的、动态的,即博弈并非一次性博弈,而是重复多次博弈。①如果在入市过程中仅存在一次性博弈,地方政府会从自身利益出发,博弈主体会采取不合作博弈策略,地方政府会限制集体经营性建设用地入市或提高增值收益调节金,农村集体经济组织和农民会选择集体经营性建设用地隐形流转的方式,并且在一次性博弈中,参与者不会为此付出较高的决策成本。如果利益主体知道并了解博弈过程具有重复性和持续性的特征,那么利益主体的行为选择则大不相同。在完全理性情况下,他们会顾及博弈之中每一方都掌握着自身的资源优势,那么长期势均力敌的争斗结果只会耗费自身资源,长期下去难以应对后续的博弈竞争,因此博弈方倾向于放弃争取短期机会策略行为而期望采取合作的博弈策略,以获取长远回报。②

　　在考虑到各博弈方追求长远回报的博弈情境下,如果博弈过程中出现博弈各方能获取更多效用的机遇时,那么利益主体达成合作的概率将会提升。而这种可能性建立在多次博弈过程中博弈主体清楚地知道所消耗的过程成本、机会成本、

---

　　① 金太军. 从行政区行政到区域公共管理——政府治理形态嬗变的博弈分析[J]. 中国社会科学, 2007(6): 53-65,205.

　　② 布利克,厄恩斯特. 协作型竞争[M]. 林燕,等译. 北京:中国大百科全书出版社,1998.

决策和谈判费用等,要让集体经营性建设用地入市三方利益主体采取合作的博弈策略,就必须让各利益主体感知到不合作不仅要产生成本,而且成本远远高于不合作所能获取的收益。因此,达成合作协议共同推进集体经营性建设用地入市是多次重复博弈的结果。协议的达成是利益主体合作的前提和标志,而协商协议中最为重要的内容即是合作的利益主体地方政府、农村集体经济组织和农民三者合作的主要形式,各主体的权利义务和在联盟中能获得的效用分配值等核心问题协商一致后,开始合作行为,争取实现联盟整体效用最大化,来获得更多的个体效用值。在合作联盟中,利益主体的博弈行为更强调集体理性,有追求公平与效率的倾向,由此形成的合作博弈联盟对彼此而言都是有价值的。

当三者在经过多次博弈后,最终选择三方合作联盟的方式推进集体经营性建设用地入市,在联盟中各成员主体基于自身的能力及资源禀赋等因素投入合作项目中,以获得更大的效用回报。而各利益主体在集体经营性建设用地入市联盟的合作关系能否保持长期有效稳定,主要取决于两个方面:一是入市合作联盟总体效用值比个人单干或者任意组成的小联盟形成的效用都要大,利益主体意识到只有选择大联盟合作方式,才可以获得更优的效益值;二是联盟利益主体在联盟中可分配效用值更大,这是维系联盟稳定的核心因素。大联盟中会存在不同组合形式的小联盟,联盟参与成员支付成本和受外部环境影响的程度存在差异,会影响联盟成员能力及资源禀赋的发挥程度,因此各成员所分配的效用值也有所不同。

可见,在集体经营性建设用地入市增值收益过程中,主要利益主体为地方政府、农村集体经济组织和农民,在此主要对各利益主体的利益诉求加以识别,以便于下一步对各主体在动态博弈策略选择过程中的行为进行分析。结合合作博弈的特征,在多次动态重复博弈过程中,当利益主体意识到合作对彼此来说是最优解时,那么就存在达成合作联盟的可能性。为进一步确定入市各主体达成合作联盟的可能性,对利益主体的合作基础进行分析,从主体诉求、交易成本及资源依赖来看,利益主体存在动机促使合作达成。本章主要阐述了动态合作博弈主体在不同情境中可以获得的最终收益,但这只是理想状态下的情况,在实际中,不同联盟形式下受各主体自身资源禀赋、合作程度、外在因素等各方面影响,最终参与者付出的成本和获得的效用值是有差异的。

　　利益分配是维系一个联盟合作长期稳定关系的关键,合理的利益分配机制是合作参与方发挥作用、做出贡献、维持稳定的重要保障。本章在考虑各主体博弈行为效用值时只是用了简易数值作为参考,接下来将进一步探讨确定组成合作联盟后三者之间收益分配问题。当前国内学者多用Shapley值来分析合作联盟中的利益分配问题,由于该方法由成员的边际贡献来决定成员所获得的效用值,摆脱了平均分配等不公平的因素,在解决合作联盟收益分配上具有重要优势。

第五章　基于Shapley值法的利益分配模型构建及实证研究

第一节　基于Shapley值法的利益分配模型构建

一、Shapley值法的基本原理

Shapley值法是1953年由美国运筹学家劳埃德·S.沙普利提出,探讨的是在合作联盟中多成员之间的利益分配问题。合作联盟中成员形成了一个约定规则,成员遵循联盟规则行动,产生合作的总效用,根据联盟成员对合作的边际贡献来确定其所能分配到的效益。[①] 这意味着如果成员可以对合作联盟做出贡献,则其产生的边际贡献越大,能获得更高比例的联盟效用值的机会越大;反之则越小。当然,如果成员不对合作联盟做出贡献,则不能够参与收益的分配。Shapley值法充分考虑联盟整体理性和成员个体理性对联盟的效用影响,可求得合作博弈联盟效用分配的唯一解。该方法以计算合作联盟中成员加入后产生的对联盟的边际贡献和贡献加权值为依据,确定联盟成员的利润分配值。Shapley值法在解决3人及3人以上合作联盟具有优势,可以充分探讨成员的边际效用,为联盟制订合理的分

---

① 董保民,王运通,郭桂霞. 合作博弈论[M]. 北京:中国市场出版社,2008.

配方案提供科学依据。当前该方法普遍运用于解决跨部门合作、跨区域项目合作等联盟的效用分配上,在实际应用中往往会结合合作成员的不同特征加入修正因子,使Shapley值更为公平合理。[①]

合作联盟下的各联盟成员所获得的利益分配称为Shapley值,其作为合作联盟的唯一映射值,假设$I=\{1,2,\cdots,n\}$表示所有联盟成员组成的集合,$|S|$为联盟中合作成员个数,则成员i的利润分配额为:

$$\phi_i(V)=\sum_{i\in I}w(|S|)\big[V(S)-V(S\backslash\{i\})\big]\ ,i=1,2,\cdots,n \qquad (5\text{-}1)$$

其中$V(S)$表示合作联盟形成的最大利润,$V(S\backslash\{i\})$表示大联盟S减去成员i后的利润值;$V(S)-V(S\backslash\{i\})$表示成员i对大联盟S的边际贡献;Shapley值法也可以视为概率分析方法,考虑到联盟成员形成联盟的次序概率,假设合作联盟中,n个局中人按随机次序组成联盟,且次序发生概率相等,那么这样的联盟有$n!$个,各次序发生的概率则为:

$$w(|S|)=\frac{(n-|S|)!(|S|-1)!}{n!} \qquad (5\text{-}2)$$

作为局中人i在联盟S中的贡献$V(S)-V(S\backslash\{i\})$中的一个加权因子,Shapley值可理解为局中人对所参与联盟所做贡献的加权平均。[②]

二、Shapley值法适用性分析

在集体经营性建设用地入市中,地方政府、农村集体经济组织和农民共同推进实现集体经营性建设用地入市,可以理解为由三者协议商讨决定的从合作对策到落实的过程。三者的共同协作推进可以看作一种合作博弈,政府、农村集体经济组织和农户以政府的规范性文本为约束,成员结合自身的资源情况及利益诉求,争取在联盟合作中实现利益最大化,成员之间在实现有效沟通、达成一致的约束性条款的情况下,围绕条款规范行动。由于已形成约定的规范性文本,成员间角色定位和职责相对明确,一定程度上降低了成员间的沟通成本,推进集体经营

---

① 卫亮. 基于博弈论的空铁一体化合作策略及收益分配研究[D]. 北京:北京交通大学,2020.

② 焦宝聪,陈兰平,方海光. 博弈论——思想方法及应用[M]. 北京:中国人民大学出版社,2013.

性建设用地入市并使地方政府、农村集体和农民整体效益大于各主体独立运作时的效益之和。

集体经营性建设用地入市合作联盟中地方政府、农村集体经济组织和农民三者利益分配符合Shapley值的三个基本公理,其内涵可表述为:

(1)对称性公理。在联盟中,联盟成员所获收益与其在联盟 $I = \{1, 2, \cdots, n\}$ 中所处的顺序位置无关,贡献和收益也不会随着其在合作中所处的位置变化而变化,即成员加入规模、地位等因素不影响分配,只要成员边际贡献值一致,则效益的Shapley值一致。

(2)有效性公理。一是联盟中成员所获收益与其边际贡献的期望值相关,若参与人 i 对联盟中任一合作都没有产生贡献值,即参与人 i 加入对联盟的效益产生的影响为0,则他的分配为0,即任意 $i \in S \subseteq I$,若 $V(S) = V(S \backslash \{i\})$,则 $\phi_i(V) = 0$。二是合作联盟所有成员Shapley值之和分割完相应联盟产生的效用值,则为特征函数值,则 $\sum_{i \in I} \phi_i(V) = V(I)$。

(3)加法公理。两个互不作用的博弈合并时的Shapley值是相互独立博弈Shapley值之和。即每个参与人效益相加等于所有参与者合作形成大联盟的效益,也就是联盟中效益的最大值。

$V(S_1 \bigcup S_2) \geqslant V(S_1) + V(S_2)$,$S_1 \bigcap S_2 = \phi$;其中 $V(S_1)$ 是 S_1 的特征函数,$V(S_2)$ 是 S_2 特征函数,$V(S_1 \bigcup S_2)$ 指的是双方达成合作联盟后的特征函数。

地方政府、农村集体经济组织和农民在入市过程中都不同程度地做出了相应贡献,推进入市项目落实。因而,在集体经营性建设用地入市项目中,三方利益主体根据对合作联盟的边际贡献率获得相应的利益分配。

三、Shapley值法模型的运用

(一)模型假设与构建

博弈的本质为联盟与分配,参与联盟合作的成员可通过联盟产生合作剩余价值,而合作剩余价值的分配则取决于局中人之间的力量对比及策略组合。[1]在集

---

① 朱婷婷. 基于博弈论的高校合同节水改造项目收益分配研究[D]. 西安:西安理工大学,2020.

体经营性建设用地入市项目的三大核心利益相关者中,利益主体集合用$I=\{A,B,C\}$表示,其中I的任意子集S或任意子集的组合称为一个联盟,任意子集S都有相对应的效用函数$V(S)$。在合作博弈中的(I,V)组合中,N代表的是参与方的数量,V代表其效用函数,即参与人i通过自身资源策略在联盟合作中所获得的最大效益。

假设1:在农村集体经营性建设用地入市增值过程中,参与方仅包括地方政府A、农村集体经济组织B和农民C,收益分配仅在这三者之间进行。地方政府作为土地管理者,农村集体经济组织作为集体建设用地的所有权人,农民作为集体的主要成员,应是集体经营性建设用地入市增值的最终受益者,因此假定集体经营性建设用地入市增值收益仅在地方政府、农村集体经济组织、农民之间分配。即$N=3$,$i=$A,B,C。

假设2:假设地方政府、农村集体经济组织、农民的行为基于理性经济人前提,参与人具有认知和行为上的理性偏好,在博弈中会追求目标以实现个人效益最大化,不同主体间形成的合作联盟有不同的效用值。

(二)特征函数构造

以前述利益主体博弈行为和模型假设为基础,在本书中将集体经营性建设用地以入市的核心利益相关者地方政府A、农村集体经济组织B和农民C视为一个合作联盟对策(I,V),则$I=$(地方政府,农村集体,农民),记为$I=$(A,B,C)。且收益分配主要界定在初次分配中,并不包括再次分配中的土地使用者。根据三方主体的资源及偏好选择,可得出地方政府、农村集体和农民之间的合作策略选择可以组成7种联盟(子集),分别为A,B,C,AB,AC,BC,ABC。$V(S)$表示利益主体组成的不同联盟所对应收益,任意利益主体组成的联盟都有对应的特征函数,分别为$V(A)$,$V(B)$,$V(C)$,$V(A,B)$,$V(A,C)$,$V(B,C)$,$V(A,B,C)$。具体分析如下:

(1)$V(A)=0$。由于只有地方政府单独行动,地方政府单独投资,农村集体经济组织和农民均不参与入市项目实施。基于产权理论来看,由于地方政府没有土地所有权,也不是土地使用者,只有纯粹的项目资金,没有农村集体经营性建设用地产权作为载体，无法产生土地流转增值。

（2）$V(B)$＝集体单独出让的土地价格－土地开发成本。由于只有农村集体经济组织参与入市，农村经营性建设用地流转和交易没有经过地方政府的审批登记，入市效果有限，收益表现为农村集体经营性建设用地的经营收益。

（3）$V(C)$＝集体地块协议出让价。当农民独立参与时，农民虽然是集体经济组织成员，但是农民个人不是土地所有权人，不能作为入市主体，农民单独流转土地在未正式入市前被称为"隐形流转"，目前地方政策实践中多规定未直接入市前流转的土地，集体经济组织在报请所在乡镇人民政府的统一基础上采用协议出让方式，因此农民独立参与流转的收益为未直接入市前规划用途为工业和商业服务的集体地块协议出让价格。

（4）$V(A,B)$＝国有建设用地出让价－农村集体征地补偿－土地开发成本。地方政府与农村集体经济组织形成的合作联盟收益参考国有土地征收、出让来计算。

（5）$V(A,C)$＝国有建设用地出让价－农民征地补偿－土地开发成本。地方政府与农民形成的合作联盟收益同样参考国有土地征收、出让来计算。

（6）$V(B,C)$＝农村集体经济组织与农民合作时的土地出让价土地开发成本。

（7）$V(A,B,C)$＝集体经营性建设用地入市出让价格－土地开发成本。地方政府、农村集体经济组织和农民都参与到农村集体经营性建设用地入市中，三者形成完全联盟合作，推进入市项目顺利实施并形成入市土地净增值收益。

从博弈合作的角度分析，在联盟合作中，三方合作博弈的效益值最大，农村集体经济组织与农民的合作收益介于农村集体经济组织和地方政府参与、地方政府和农民参与两种情况的收益之间。

（三）利益分配模型

根据主体间不同合作策略的影响及Shapely值法的基本原理及以上假设，构建集体经营性建设用地入市增值收益分配模型为：

$$\phi_i(V)=\sum_{i\in I}w(|S|)\big[V(S)-V(S\backslash\{i\})\big],\ i=A,B,C \qquad (5\text{-}3)$$

三方核心利益相关者的贡献率为:

$$\omega(|S|)=\frac{(3-|S|)!(|S|-1)!}{3!} \tag{5-4}$$

(四)不同联盟组合首次分配比例测算

将变量代入公式(5-3)和(5-4)中进行测算。

1. 地方政府在入市联盟的收益测算

地方政府的收益分配包括了四个子集:一是政府不合作,二是政府与农村集体合作,三是政府与农民合作,四是政府与农村集体、农民合作。此时,地方政府的土地增值收益分配如表5-1所示。

表5-1 不同合作状态下的政府收益测算

子集S的组成元素	A	AB	AC	ABC
$V(S)$	0	$V(A,B)$	$V(A,C)$	$V(A,B,C)$
$V(S\backslash A)$	0	$V(B)$	$V(C)$	$V(B,C)$
$V(S)-V(S\backslash A)$	0	$V(A,B)-V(B)$	$V(A,C)-V(C)$	$V(A,B,C)-V(B,C)$
$|S|$	1	2	2	3
$\omega(|S|)$	1/3	1/6	1/6	1/3
$\omega(|S|)[V(S)-V(S\backslash A)]$	0	$1/6[V(A,B)-V(B)]$	$1/6[V(A,C)-V(C)]$	$1/3[V(A,B,C)-V(B,C)]$

表5-1表示地方政府参与的所有合作联盟。由此可得出地方政府有权分享的增值收益数量为:

$$\phi_A(V)=\sum_{s\in S_A}\omega(|S|)[V(S)-V(S\backslash A)]=1/6[V(A,B)-V(B)]+ \\ 1/6[V(A,C)-V(C)]+1/3[V(A,B,C)-V(B,C)] \tag{5-5}$$

2. 农村集体经济组织在入市联盟的收益测算

农村集体的收益分配包括了四个子集:一是农村集体不合作,二是农村集体与地方政府合作,三是农村集体与农民合作,四是农村集体与地方政府、农民合作。此时,农村集体的土地增值收益分配见表5-2所示。

表5-2　不同合作状态下的农村集体经济组织收益测算

子集S的组成元素	B	BA	BC	ABC
$V(S)$	$V(B)$	$V(B,A)$	$V(B,C)$	$V(A,B,C)$
$V(S\backslash B)$	0	0	$V(C)$	$V(A,C)$
$V(S)-V(S\backslash B)$	$V(B)$	$V(A,B)$	$V(B,C)-V(C)$	$V(A,B,C)-V(A,C)$
$\lvert S\rvert$	1	2	2	3
$\omega(\lvert S\rvert)$	1/3	1/6	1/6	1/3
$\omega(\lvert S\rvert)[V(S)-V(S\backslash B)]$	$1/3V(B)$	$1/6V(A,B)$	$1/6[V(B,C)-V(C)]$	$1/3[V(A,B,C)-V(A,C)]$

表5-2表示农村集体参与的所有合作联盟,并在各合作联盟的纯收益,则农村集体经济组织应分享的增值收益为:

$$\phi_{\mathrm{B}}(V)=\sum_{s\in s_{\mathrm{B}}}\omega(\lvert S\rvert)[V(S)-V(S\backslash B)]=1/3V(B)+1/6V(A,B)$$
$$+1/6[V(B,C)-V(C)]+1/3[V(A,B,C)-V(A,C)] \tag{5-6}$$

3.农民在入市联盟的收益测算

农村集体的收益分配时包括了四个子集:一是农民不合作,二是农民与地方政府合作,三是农民与农村集体经济组织合作,四是农民与地方政府、农村集体合作。此时,农民的土地增值收益分配见表5-3所示。

表5-3　不同合作状态下的农民收益测算

子集S的组成元素	C	CA	CB	ABC
$V(S)$	$V(C)$	$V(A,C)$	$V(B,C)$	$V(A,B,C)$
$V(S\backslash C)$	0	0	$V(B)$	$V(A,B)$
$V(S)-V(S\backslash C)$	$V(C)$	$V(A,C)$	$V(B,C)-V(B)$	$V(A,B,C)-V(A,B)$
$\lvert S\rvert$	1	2	2	3
$\omega(\lvert S\rvert)$	1/3	1/6	1/6	1/3
$\omega(\lvert S\rvert)[V(S)-V(S\backslash C)]$	$1/3V(C)$	$1/6V(A,C)$	$1/6[V(B,C)-V(B)]$	$1/3[V(A,B,C)-V(A,B)]$

表5-3表示农民参与的所有合作联盟及其在每一种情境中所能获取的纯收益,则农民应分享的增值收益可以表示为:

$$\phi_{\mathrm{C}}(V) = \sum_{s \in s_{\mathrm{C}}} \omega(|S|)[V(S) - V(S \backslash C)] = 1/3V(\mathrm{C}) + 1/6V(\mathrm{A,C})$$
$$+ 1/6[V(\mathrm{B,C}) - V(\mathrm{B})] + 1/3[V(\mathrm{A,B,C}) - V(\mathrm{A,B})] \tag{5-7}$$

四、基于改进 Shapley 值法的利益分配

(一)基于 Shapley 值法的利益分配方法的改进设计

以合作联盟中各参与者的边际贡献作为衡量其分配的依据,Shapley 值法在解决合作收益分配时提供了一个较为科学的测量工具和分配方案。但 Shapley 值法在应用中有一定的缺陷,其默认参与人之间的平等性,即联盟内外平等性相同,这是一种过于理想化的状态。实际中联盟成员能力存在差异,传统 Shapley 值会使联盟成员对最终的分配结果不满,进而导致所有博弈者组成的总联盟不稳定,影响合作的效果。近年来,学者根据现实情况需要对 Shapley 值进行优化改进,充分考虑联盟成员自身特点及外部环境等因素改进 Shapley 值,使其分配得更加公平合理。

在农村集体经营性建设用地入市实践中,由于联盟成员实际能力有差异,因而在实践中资源投入比重和对联盟的实际贡献值是存在差异的,而传统的 Shapley 值并未考虑到参与者之间的相互作用所产生的影响。因而在实际确定更为合理的收益分配方案时,还需考虑集体经营性建设用地入市联盟的其他影响因素,进一步提高入市联盟主体利益分配的稳定性及公平性。

回顾现有文献资料,关于合作联盟 Shapley 值的修正,学者在因素层选择上,多从风险因素、合作贡献因素、投入因素、成员权利系数等方面对传统 Shapley 值进行修正。[①]樊亮(2014)根据 PPP 项目利益相关者识别出投入比重、贡献度、合同执行和风险分担比例四个因素改进 Shapley 值;陈艳(2021)基于 AHP-GEM-Shapley 值法,从合作贡献率、成本承担、风险承担三个影响因素来改进利益分配。在文献研究法的基础上,结合集体经营性建设用地入市增值情况对集体经营性建

---

① 汪翔. 基于 Shapley 值的研发联盟收益分配及风险分担研究[D]. 重庆:重庆大学,2016;郑小雪,刘志、李登峰,等. 基于多选择目标规划方法的生产者责任组织成本分摊合作博弈研究[J]. 系统工程理论与实践,2021(10):2512-2523.

设用地入市主体利益分配相关影响因素进行梳理,研究主要集中在投入比重、风险分担、贡献度等因素上,也有学者将合作程度等因素加入研究。由于入市联盟合作外部成员的风险因素难以识别与量化,本书在集体经营性建设用地入市联盟成员利益分配模型构建中剔除联盟成员风险分担因素,将文献研究梳理和专家咨询得到的贡献程度、投入度和合作程度三个因素作为联盟利益分配修正的重要依据。在此,将合作联盟各方对入市项目的投入因素、所做贡献因素、合作因素等进行量化,获得改进模型,使集体经营性建设用地入市联盟主体利益分配实现帕累托最优。改进Shapley值的利益分配方法见图5-1。

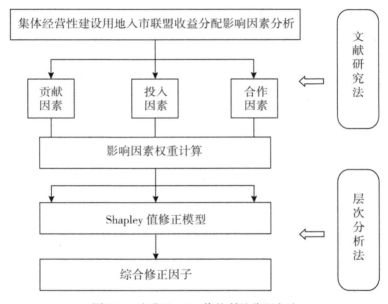

图5-1　改进Shapley值的利益分配方法

(二)入市联盟成员收益分配影响因素识别

1. 贡献因素

基于土地增值部分对贡献因素进行分析。以地租地价理论为基础,对影响土地增值的因素做文献梳理,目前学者关于集体经营性建设用地入市增值收益评价指标体系仍未建立。因此,在充分借鉴学者前期的研究经验、数理统计等方法基础上,同时结合影响集体经营性建设用地增值的相关理论和考虑到指标设置的系统性、可操作性、客观性原则,在集体经营性建设用地增值收益的形成过程中,任何一种类型的增值,都需要利益主体在不同情境中做出贡献,并且各利益主体所做贡献大小存在差异。

通过对当前学者关于土地价格影响因素的研究进行总结分析,再结合本书的研究,在考虑影响集体经营性建设用地地价的内部因素和外部因素的基础上选取。外部因素主要考虑到区位条件和地块综合价值两个层次,内部因素主要为产权效应所带来的增值收益,产权效应作为集体经营性建设用地入市的基础,是联盟合作的核心要素。[①] 而含括交通便捷度、商业市场繁华度、产业集聚度等方面的地块区位条件是影响农村集体经营性建设用地价值实现的主要因素。[②] 地块综合价值指的是地块的自身基本条件和地块位置,地块的面积形状零碎程度和距离县城的相应距离会对土地增值幅度产生影响,地块面积大、入市用途可选性高则更能吸引投资者。[③]

2. 投入因素

在建设用地入市增值收益各环节中,人力、物力、财力各方面的投入是项目正常运作的基本要素,同时也是利益分配的基本依据。在此主要基于土地增值中政策型增值、直接投资型增值、外部辐射型增值三种类型展开。政策型增值主要指用途管制政策、土地规划,农村集体经营性建设用地入市政策在一定程度上影响其入市价格,如土地规划政策,由政府产业用地规划政策引导下的产业集聚会对

① 刘金国. 集体建设用地流转价格评估理论与方法研究[D]. 长春:吉林大学,2011; 耿槟,朱道林,梁颖. 基于特征价格模型的农村集体建设用地流转价格影响因素研究[J]. 生态经济,2013(1):56-58,70; 王贝. 农村集体建设用地地租地价与收益分配研究[J]. 经济体制改革,2014(5):87-91; 刘敏. 探究农村集体经营性建设用地入市改革中的土地增值收益分配问题——基于土地发展权视角[J]. 当代经济,2018(21):4-7; 杨果,陈乙萍. 农村集体建设用地流转价格影响因素的实证研究[J]. 农村经济,2016(6):34-37.

② 王文. 农村集体经营性建设用地使用权权益及其价值研究[J]. 中国土地科学,2015(7):34-39; 邓郁,周晓辉. 农村集体经营性建设用地价值评估问题研究[J]. 安徽农业科学,2015(29):307-308,311; 喻瑶,余海,徐振雄. 农村集体经营性建设用地入市价格影响因素研究——基于湖南省浏阳市数据的分析[J]. 价格理论与实践,2019(11):33-36.

③ 王成量,周丙娟,陈美球,等. 农村集体经营性建设用地价格影响因素的实证分析——基于江西省余江县179份交易案例[J]. 中国农业资源与区划,2018(12):211-217; 袁晨光,王令超,王磊. 集体经营性建设用地入市中土地增值收益合理分配研究[J]. 河南科学,2021(11):1850-1856.

土地价格产生影响。[①] 此外,用途管制和土地发展规划也会对土地增值产生一定的影响,如土地用途管制限制为工业或者商业用途入市,两种性质的入市带来的土地增值幅度具有一定差异。直接投资是土地增值的最直接来源,如首次入市中村集体对符合规划和用途管制的集体经营性建设用地进行土地整理所投入的成本,再次入市中土地使用者所投入的连续投资开发等。[②] 外部辐射型增值,诸如学者提到的周边基建设施和产业发展情况等影响土地增值的重要因素,基础设施完善度、产业集聚度越高,那么相应投入的成本越低,产生增值的效率越高。[③]

3. 合作因素

从上述分析来看,集体经营性建设用地入市各利益主体基于多次博弈,最终形成入市合作博弈联盟。那么在联盟合作中,各成员所拥有的资源禀赋、能力水平会影响成员的合作程度。在合作联盟中,成员之间的资源相互依赖,而掌握核心资源禀赋的成员则对联盟总体效用值贡献更多,因而可获得更多的效用分配。[④] 而成员掌握的能力要素影响了成员在联盟中的话语权,掌握的权利系数越高,那么在合作谈判中就有更多可能为自身争取更多的资源和利益分配。[⑤]各成员的合作程度也会对联盟总体收益产生影响,联盟中成员互动程度越高,则正向充分互动就会给联盟越多的收益。而信息公开度和信用度的增加,联盟成员内信息的共享,可以降低成员间的谈判成本,减少交易费用,维系联盟合作关系的长期

① 彭津琳. 我国农村集体建设用地改革及其流转价格形成研究[J]. 价格理论与实践,2019(4):42-45; Douglas C M. An Economic Case for Land Reform[J]. Land Use Policy,2000(1):49-57; Lin S, Ben T. Impact of Government and Industrial Agglomeration on Industrial Land Prices: A Taiwanese Case Study[J]. Habitat International,2009(4):412-418.

② 戈楚婷. 集体经营性建设用地流转价格及其影响因素研究[D]. 南京:南京农业大学,2018; 樊帆. 影响集体经营性建设用地流转收益分配方式的主要因素——基于微观主体农户的调查[J]. 理论与改革,2015(5):92-95.

③ 戈楚婷. 集体经营性建设用地流转价格及其影响因素研究[D]. 南京:南京农业大学,2018; 卢天姣. 农村集体建设用地流转价格影响因素研究[D]. 武汉:华中师范大学,2018.

④ 王志刚,于滨铜,孙诗涵,等. 资源依赖、联盟结构与产业扶贫绩效——来自深度贫困地区农产品供应链的案例证据[J]. 公共管理学报,2021(1):137-150,175; 高翰林. 高铁快运发展中的多主体合作问题研究[D]. 北京:北京交通大学,2021; 蒋兴华,汪玲芳,范心雨. 基于合作博弈的跨组织技术创新利益分配机制[J]. 科技管理研究,2021(16):185-198.

⑤ 胡石清. 社会合作中利益如何分配?——超越夏普利值的合作博弈"宗系解"[J]. 管理世界,2018(6):83-93.

稳定。①

根据上述改进 Shapley 值的设计要求,本书对当前改进 Shapley 值的贡献因素、投入因素、合作程度因素层的相关文献展开了梳理,根据文献研究和专家咨询访谈,将三大因素量化为九个衡量指标,对传统的 Shapley 值算法进行修正,如表5-4所示。

表5-4　集体经营性建设用地入市利益分配影响指标体系

准则层	衡量指标	指标含义
贡献因素	区位条件	指交通便捷程度、基础设施完善度、公共服务水平、商服市场繁华程度、经济发展水平五个方面
	产权效应	指由土地产权权能所带来的土地增值,主要选取土地用途转变、土地处置权能两个方面衡量
	地块综合价值	从两方面说明,分别是地块基本条件(地块面积、形状、容积率、质量优劣等)、地块位置(地块距离县城距离)
投入因素	政策型增值	指用途管制政策、土地规划两方面,由工业转为商业用地带来的土地增值,土地规划类型影响土地增值幅度大小
	直接投资增值	指由土地使用者或所有者对土地连续追加投资,包括资金、资源等方面的投入
	外部辐射增值	外部辐射型增值指是由附近区域基建投入或者产业集群效应对相邻近地块增值产生影响
合作因素	成员能力要素	是合作联盟稳定重要衡量指标,指权利系数,成员能力会影响其在联盟中所获分配额
	成员资源禀赋	指合作成员掌握的信息资源、技术资源等各方面资源要素,掌握核心资源就能在联盟获得更多利益分配
	信息交流程度	是联盟之间合作度的重要体现,从谈判成本和信息公开度两方面衡量,联盟间信息交流程度越深,合作效益越大,成员间分配的联盟利润基数越大

在收益分配联盟中,地方政府、农村集体经济组织、农民三者作为分配主体,是创造土地增值收益的核心利益主体。那么实际上,各因素对集体经营性建设用

---

① 乔婉贞,郭汉丁. 基于SNA的既有建筑节能改造主体合作影响因素研究[J]. 生态经济,2022(2):84-90;吴和成,周琦,李肇. 基于Shapley-IAHP的PPP项目收益分配模型及应用[J]. 工程管理学报,2021(5):94-99;王亦虹,田平野,邓斌超,等. 基于修正区间模糊Shapley值的"一带一路"PPP项目利益分配模型[J]. 运筹与管理,2021(5):168-175.

地入市增值影响程度如何,在利益主体的博弈关系下对各因素的贡献程度又如何? 集体经营性建设用地入市形成的各利益主体土地权利及成本—效益显著变化,其相应有所投入或损失,表现为货币资本、集体土地使用权、土地发展权及地上附着物等资金、土地权益或实物。接下来将分析各指标对合作联盟特征总效用的影响程度和各利益主体的主要贡献度,通过解析各类因素的贡献程度和各利益主体的贡献度,可以使主要因素和核心利益主体更加明确突出,进而寻求更为合理的合作联盟分配方案。

(三)改进Shapley值修正因子权重确定

层次分析法(AHP)是由著名的运筹学家托马斯·萨蒂于20世纪70年代提出多准则多维度决策法,其将复杂的决策问题进行分解,细分为目标、准则、方案等有序的递阶层次结构,通过双方比较的方式确定各层次中相对重要因素,然后在递阶层次结构内开展整合计算,将所获取的决策因素在实现决策目标过程中体现的重要程度进行排序。本书基于构建的AHP结构模型设置专家调查问卷,邀请土地管理、政府规划、土地政策研究等领域的9名专家,其中包括高校土地学科教授3名、政府规划部门成员3名、土地政策研究员3名(应部分专家要求做保密处理)。发放专家调查问卷共计9份,其中有效问卷8份,1份未通过一致性检验。主要模型操作步骤如下。

1. 建立层次结构模型

对联盟成员的收益分配影响因素进行分析(见图5-2),目标层为集体经营性建设用地联盟收益分配影响因素分析,准则层将贡献因素、投入因素、合作因素作为上层因素,备选方案为区位条件、产权效应、地块综合价值、政策型增值、直接投入型增值、外部辐射型增值、成员能力要素、成员资源禀赋和信息交流程度9个指标。本书将建立集体经营性建设用地入市联盟利益分配影响因素集合,$C = \{i\}$,$i = 1, 2, 3$代表贡献因素、投入因素及风险因素,记为C_1,C_2,C_3。令Y_{ij}表示合作集体C中第i个个体关于第j个修正因素的影响程度(C_{11},C_{12},…C_{ij})。

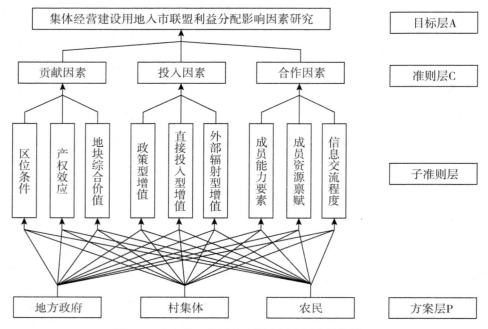

图5-2　入市联盟收益分配影响因素层次结构模型

2.构建成对比较判断矩阵

判断矩阵指通过对本层内各因素之间两两进行对比评价得到各因素相对重要性比较的矩阵,以此为基础构造出各层次总的判断矩阵。在成对比较的矩阵构建过程中常采用萨蒂提出的1—9标度法进行确定(见表5-5)。

表5-5　层次分析法1—9标度法

评估标度(a_{ij})	重要程度	解释说明
1	同等重要	两个元素对某个属性具有同样重要性
3	稍微重要	元素比较,前者比后者稍微重要
5	明显重要	元素比较,前者比后者明显重要
7	强烈重要	元素比较,前者比后者强烈重要
9	极端重要	元素比较,前者比后者极端重要
2,4,6,8		表示上述两个标准之间折中标度

根据已构建的层次模型、目标层要求和结合专家的建议,构建比较判断矩阵式如式(5-8)所示,其中a_{ij}表示上一层影响因素i在下一层j的影响因子下的系数:

$$A = \begin{pmatrix} a_{11} & a_{12} & & a_{1n} \\ a_{21} & a_{22} & \vdots & a_{2n} \\ \vdots & \vdots & \vdots & \vdots \\ a_{n1} & a_{n2} & & a_{nn} \end{pmatrix} = \left(a_{ij} \right)_{n \times n} \qquad (5-8)$$

其中 A 为比较矩阵，a_{mn} 是 i 要素和 j 要素重要性比较结果，具有以下关系：

$$a_{ij} > 0; a_{ji} = 1/a_{ij}$$

以8位专家的打分评价数据为基础，对判断矩阵赋值，在此列举影响集体经营性建设用地入市联盟利益分配三大因素判断矩阵（见表5-6、表5-7、表5-8）。

表5-6　集体经营性建设用地入市联盟利益分配贡献因素判断矩阵

贡献因素	区位条件	产权效应	地块基本条件	W_i
区位因素	1	0.25	3	0.2255
产权效应	4	1	5	0.6738
地块基本条件	0.3333	0.2	1	0.1007

表5-7　集体经营性建设用地入市联盟利益分配投入因素判断矩阵

投入因素	政策型增值	直接投入型增值	外部辐射型增值	W_i
政策型增值	1	3	3	0.5936
直接投入型增值	0.3333	1	2	0.2493
外部辐射型增值	0.3333	0.5	1	0.1571

表5-8　集体经营性建设用地入市联盟利益分配合作因素判断矩阵

合作因素	成员能力要素	成员资源禀赋	信息交流程度	W_i
成员能力要素	1	0.5	2	0.297
成员资源禀赋	2	1	3	0.5396
信息交流程度	0.5	0.3333	1	0.1634

3. 判断矩阵的一致性检验

对照一致性检验表5-9，对判断矩阵进行一致性检验，当 $CR < 0.1$ 时，判断矩阵具有合格的一致性；当 $CR \geqslant 0.1$ 时，则判断矩阵不通过检验，需要调整判断矩阵，直到通过一致性检验为止。

表5-9　一致性检验对照

N	1	2	3	4	5	6	7	8	9	10
RI	0.00	0.00	0.58	0.90	1.12	1.24	1.32	1.41	1.49	1.52

根据9位专家的评估数据,剔除未通过一致性检验的1份数据,通过yaahp软件对8位专家的评估数据进行计算,得到"集体经营性建设用地入市联盟收益分配影响因素分析"一致性比例$CR=0.0036$,判断矩阵具有合格的一致性。

4．层次排序

以层次单排序为基础,通过对层次结构自下而上计算出每层元素的组合权重得出层次总排序。而层次单排序是对特征向量进行归一化处理得到的数值即为单层次排序各元素的权重。

5．指标权重确定

通过yaahp软件对集体经营性建设用地入市联盟影响因素权重进行计算,计算结果见表5-10。

表5-10　集体经营性入市联盟主体收益分配指标权重

目标层	准则层	权重	指标层	指标权重	排序
集体经营性建设用地入市联盟收益分配影响因素	贡献因素	0.6483	区位因素	0.1462	2
			产权效应	0.4369	1
			地块综合价值	0.0654	5
	投入因素	0.2297	政策型增值	0.1363	3
			直接投入型增值	0.0573	6
			外部辐射增值	0.0361	8
	合作因素	0.122	成员资源禀赋	0.0658	4
			成员能力要素	0.0245	7
			信息交流程度	0.0199	9

6．影响因素系数确定

对集体经营性入市联盟主体收益分配指标综合影响因子进行计算,根据各参与主体在贡献因素、投入因素、合作程度3个一级指标中的重要程度,以及贡献因素、投入因素、合作因素3项指标自身权重A,构造以下矩阵运算,进而获取各成员利益分配的综合影响因子W:

$$W_i = \begin{pmatrix} 0.1462 & 0.4369 & 0.0654 \\ 0.1363 & 0.0573 & 0.0361 \\ 0.0658 & 0.0245 & 0.0199 \end{pmatrix} \tag{5-9}$$

归一化后，计算得 $W = (0.2033, 0.2325, 0.5642)$，即地方政府、农村集体经济组织、农民利益分配按照 0.2033、0.2325、0.5642 系数进行修正。

（四）改进的Shapley值模型

原博弈模型 $\phi_i(V) = \sum_{i \in I} W(|S|) [V(S) - V(S \setminus \{i\})]$ 加入贡献因素、投入因素和合作因素三个方面的因子修正后，则修正的Shapley值模型为：

$$\phi_i(V)^* = \phi_i(V) + V(n) \times (W_i - \frac{1}{n}) \tag{5-10}$$

其中 $\phi_i(V)^*$ 表示修正后各成员的收益分配，$V(n)$ 表示入市联盟总收益，W_i 表示各成员收益分配的修正权重。

本部分主要以合作联盟的效用分配为研究对象进行分析，以形成的集体经营性建设用地入市合作大联盟为基础，基于修正Shapley值法探讨联盟中各利益主体合理的入市增值收益分配比例。在一个大的合作联盟中，利益主体会结合自身需要形成其他的小联盟，通过传统Shapley值应用测算出不同合作状态下主体初始收益分配比例；在初始收益分配比例基础上，基于入市联盟中影响土地增值因素，增加主体实际贡献因素、投入因素、合作因素来修正传统Shapley值，通过层次分析法来确定Shapley值的改进因子及权重。

第二节　德清县集体经营性建设用地入市收益分配实证分析

一、入市概况及收益分配办法

为验证改进Shapley值的可靠性，本书以浙江省德清县集体经营性建设用地入市收益分配做实证分析。选德清县作为实证分析的样本主要有两个方面原因：

一是数据的可靠性,德清县于2015年被列为首批15个入市改革试点县(市、区)之一,入市改革成果丰硕,利益主体经过多次博弈协商,在长期入市实践中利益主体关系相对稳固,当前德清县入市增值收益及分配工作中有丰富可靠的样本数据。二是数据的典型性,德清县的集体经营性建设用地入市实践经验已成为全国试点推进的重要范本,很多经验已被吸收进新修正的《中华人民共和国土地管理法》中。因此笔者出于数据的典型性、入市案例的多样性、数据的充分性和可获得性等各方面因素考虑,选取浙江省德清县进行实证分析,通过前面所建立的博弈模型优化Shapley值来测算和验证各主体收益分配结果的合理性。

(一)入市基本情况

1.区域自然经济条件

德清县位于浙江省北部,县域总面积达936平方公里,2023年户籍人口达44万人,下辖8个镇、5个街道。德清县地处长三角腹地,距离长三角核心城市上海、南京、宁波等地距离较近,地理位置优越,区位优势突出。此外,德清县文旅资源丰富,历史文化遗迹数量众多。首先,德清县建有莫干山技术产业开发区和莫干山国际旅游度假区两个国家级产业平台。德清县拥有国家百强级的莫干山国家级高新技术产业开发区,致力于打造制造业、高新技术产业基地、省块状经济现代产业集群,经济发展迅速,对土地需求大,为集体经营性建设用地入市提供了孕育市场。其次,在德清县经济发展中民营企业、小微企业是重要动力,中小型民营企业由于经营规模小,前期发展对土地的需求强烈。在集体经营性建设用地未被法律规定允许可直接进入土地市场流转前,曾由于建设用地需求激增,而当时土地市场难以满足用地需求,出现过大范围的集体建设用地私下流转的现象。这也深刻体现了集体经营性建设入市流转是市场化发展的必然趋势,其拥有广泛的经济基础、群众基础和市场需求,形成了集体经营性建设用地入市的市场刚性需求。

2.入市改革现状

德清县是我国农村"三块地"改革、农业农村现代化示范区,德清县的改革极具创新性,且成果丰硕。2015年2月,德清县率先开展入市试点,以建设城乡统一用地市场为目标,充分平衡国家和集体两者的权利,坚持从农民权益不受损等三条底线出发,构建"一办法、两意见、五规定、十范本"的相对完整的政策体系,试点实践的有效推进有赖于前期地方政府作为土地监督和管理者充分发挥作用,形成较为全面且具有长远发展意义的政策安排,这体现了德清县政府、农村集体、农民三者间的合作特征。德清县政府入市改革成效显著,2018年被自然资源部评为全国农村"三块地"改革成效突出县,德清县进一步明确入市主体资格,厘清农民和集体、农民和土地、集体和土地之间的关系,明确城乡建设用地市场交易规则和监管制度的统一与平等,充分保障入市市场规范有序,充分激活农业农村发展活力,[①]为乡村产业振兴提供大量资金,激活小微企业发展的用地供给,闲置的建设用地资源得以再开发。2019年,德清县的多项创新举措被吸纳到新修正的《中华人民共和国土地管理法》中。

根据德清县政府数据公布和网上新闻数据汇总统计,自2015年8月至2020年6月,浙江省德清县累计完成集体经营性建设用地入市241宗,面积达1952.29亩,成交总价款约为5.59亿元。从用途来看,由于德清县入市地块用途管制政策范围的限定,入市地块主要用于工业仓储、商服、旅游等用途的开发建设。由于德清县矿产资源丰富,矿业发展迅速,目前入市地块工业仓储用地入市数量占比较大。德清县在理清主体资格基础上,创新提出自主入市、委托入市、合作入市三种方式,目前入市宗地中70%以上以自主入市为主。根据有关研究测算,2015—2017年出让入市土地交易价格在16万~74万元/亩范围内波动,相较于以往传统征地价值来看,德清县农村集体经营性建设用地价值得到大幅度释放。[②]

收益分配兼顾主体利益均衡,实现农民增收。在241宗入市地块成交总价款5.59亿元中,政府提取调节金1.11亿元,约占入市土地成交总价款的20%,农村集体经济组织和农民收益4.48亿元,占入市总价款的80%,农民和农村集体通过入市方式获得土地增值更多的收益。根据德清县土地制度改革研究课题组研究数据,产权主体在集体经营性建设用地入市中能获得的土地增值收益是征地下所获

①　德清县委宣传部. 德清:浙北小城　改革热土[EB/OL]. (2021-05-13)[2022-08-03]. https://m.thepaper.cn/baijiahao_12658031.

②　沈国明,关涛,谭荣,等. 农村土地制度改革——浙江故事[M]. 北京:科学出版社,2018.

分配值的5倍。[1]

德清县曾敲响集体经营性建设用地正式入市的"第一锤",通过构建完备的政策体系,为集体经营性建设用地入市营造了环境优势和制度优势,尤其是入市配套政策的协同响应所带来的重要影响,实现了集体土地价值显化,使在入市改革初期各地管理者、企业、农村集体经济组织等利益相关者发生由停步观望到积极参与的转变。德清县集体经营性建设用地入市成为国家"三块地"制度改革成功的重要范本。

(二)入市收益分配办法

德清县于2019年12月颁布《德清县城乡统一建设用地基准地价的通知》,进一步规范了地价评估,显化了集体经营性建设用地价值,实现集体经营性建设用地与国有土地"同权同价"。此外,根据《中华人民共和国契税法》有关规定,对农村集体经营性建设用地入市土地增值收益调节金相关政策进行调整。当前德清县入市收益办法所做的主要调整如下:将使用权出让、租赁的,受让(承租)人应按成交地价总额的3‰缴纳调节金等内容,改为征收契税,具体的标准根据税务部门后续颁布的法律政策执行。

本书主要根据《德清县农村集体经营性建设用地入市土地增值收益调节金征收和使用规定》做相关探讨,增值收益调节金征收充分考虑集体经营性建设用地入市地块规划用途和区位差异,收益分配办法体现了德清县政府收益均衡分享、差别化调节的理念。

1.农村集体经营性建设用地增值收益外部分配

在协调政府与农村集体的收益上,德清县实行"按类别、有级差"方式收取调节金,差别化的调节思路有利于因地施策,充分保障入市土地价格形成相对稳定的标准。德清县政府征收调节金以"初次分配基于产权、二次分配基于公平"为基本原则,从前期的直接作为出让方参与引导入市,到如今不直接参与土地入市交易,调节金征收的依据为政府在集体经营性建设用地入市市场的土地交易监管行为而征收相应比例的调节金。

---

[1]　德清县土地制度改革研究课题组.浙江省德清县土地增值收益核算与分配研究[R].项目评审报告,2017.

德清县增值收益调节金的确定综合考虑了土地增值收益形成的多方面因素，包括土地要素投入、市场供求关系等，同时参照征地区片价、国有土地市场均价和国有土地出让时提取的社会保障、农业发展、生态补偿等7项基金和政府基建开发投入成本，测算地方政府调节金收取的合理比例，最终形成了土地增值收益调节金以"有类别、分用途、有级差"为原则，按照成交地价总额的16%～48%征收调节金的模式（见表5-11）。

表5-11　德清县政府征收入市增值收益调节金标准

用地性质	工业用地	商服用地
县域规划区内	24%	48%
县域规划区外、乡镇规划区内	20%	40%
乡镇规划区外的其他地块	16%	32%

2.农村集体经营性建设用地增值收益内部分配

德清县在集体内部收益分配中也深刻体现了差别化分配理念，其以"谁所有、谁收益"的基本原则为前提。由于德清县集体经济组织已完成股份制改革，因而在分配形式上，根据不同层级的集体经济组织按乡镇级、村级或其他村民小组三级入市实施主体采取差别化集体内部收益分配模式。一是入市实施主体为乡镇集体经济组织的，入市所获得的建设用地增值收益不直接进行分配，而是纳入财政账户，由乡镇财政统一核算管理。二是入市实施主体为村集体经济组织的，根据入市方式的不同（出让、租赁或是作价出资、入股），通过村股份经济合作社或村经济合作社设立辅助账户，或是直接计入基本账户进行核算管理，用于壮大村集体经济。由于股权已经量化到个人，集体经济组织成员的分配上主要是追加量化成员股权分配。三是村民小组推动入市，按"组财村代理"原则，由村股份经济合作社（或村经济合作社）单独设立科目统一核算管理。一般做法为：入市收益除去相应税费、入市相关费用（土地增值收益调节金）后，集体将留下剩余收益的10%作为内部公益事业支出，之后入市收益的剩余部分才在农户之间进行公平分配。[①]

① 朋东云.农村集体经营性建设用地入市增值收益评价及其分配研究——以浙江省德清县为例[D].杭州：浙江工商大学，2020.

可见,德清县将增值收益采用量化股权形式、实物分配、现金分配三种形式进行分配。其中,实物分配形式主要针对乡镇级入市实施主体形式下的收益,收益主要用于辖区范围内基建建设、民生项目支出等;量化股权增值形式,指在扣除相应的比例用于发展集体外,其余收益通过集体公积金或公益金等形式管理,再按照投资所得收益进行股份分红,实现农民对长远获益的期望;现金分配方式是将收益中的固定比例采用此种方式分配给农民个人。

在具体实践中,地方政府往往结合土地增值收益提取较大比例的调节金,如莫干山镇湘潭村的地块入市后,地块面积为4040.9平方米,该地块入市总价款为307.11万元,地方政府直接从出让价款中按32%的比例提取调节金,其余归镇集体管理使用。村民小组作为入市实施主体,村集体是在地方政府征收完调节金后的土地增值收益中提取10%的比例,在扣除各项成本后,村集体获益更少,一定程度上会影响村集体的积极性。

因此,本书通过运用Shapley值法模型探讨地方政府、农村集体经济组织和农民在合作博弈的前提下采用不同形式合作的利益分配,依据各主体在入市实施过程中的贡献值及形成的边际效益,测算出政府、农村集体和农民在合作中应获得的分配比例值。此外,为了使联盟合作更加稳定,收益分配更加公平,考虑影响合作联盟总体效用的因素去分析各主体利益分配,基于贡献、投入和合作因子改进传统Shapley值。

二、Shapley值法测算下的收益分配比例

(一)模型参数确定

根据前述特征函数的界定,要计算不同合作联盟的特征函数,需结合德清县的具体数据,明确利益分配模型所需相关参数。

1. 土地出让价格界定

根据相关文件,德清县入市的集体建设用地主要用途限定于工业仓储、商服和旅游用地。实际操作中,入市项目用途为工业仓储和商服用途占较大比例,旅游用地入市项目相对较少,因而剔除旅游用地项目数值。结合研究文献资料总

结[1]地方政府与农村集体经济组织及农民合作土地出让价、农村集体经济组织和农民合作入市土地出让价、农村集体单独入市土地出让价的确定,选取德清县城乡统一建设用地基准地价中工业用地和商业用地的基准地价Ⅰ级、Ⅱ级、Ⅲ级价格为标准。参照德清县2019年颁布的《德清县人民政府关于公布德清县城乡统一建设用地基准地价的通知》,地价构成包括土地取得费用、前期开发费用和土地所有权收益(见表5-12)。[2]

表5-12　德清县工业仓储用地和商服用地基准地价　　单位:元/平方米

用地性质	区片级别		
	Ⅰ级(p)	Ⅱ级(g)	Ⅲ级(b)
工业仓储用地	800	675	600
商服用地	4320	2970	2510

资料来源:根据德清县人民政府网提供的数据制成。

2.征地补偿费用界定

征地补偿费用依据2020年《德清县人民政府关于调整德清县征地补偿安置政策及加强征地管理的通知》规定,征收耕地、其他农用地和建设用地的,征收的区片综合地价标准为62000元/亩,土地补偿费标准为24000元/亩、安置补助费标准为38000元/亩、青苗补偿费标准为6000元/亩。因此农村集体经济组织所获得的征地补偿费为24000元/亩,即36元/平方米,农民所获得的征地补偿为44000元/亩,即66元/平方米。

3.农民独立参与流转所获得的收益界定

根据《德清县农村集体经营性建设用地使用权出让规定》,农民独立参与流转的收益为未直接入市前规划用途为工业和商业服务的集体地块协议出让价格。在此通过选取2005—2009年土地入市前流转的协议出让价格(取县城规划区内为基准),见表5-13。[3]

---

① 郭琪.农村集体经营性建设用地流转收益分配研究[D].温州:温州大学,2018.

② 德清县人民政府.关于公布德清县城乡统一建设用地基准地价的通知[EB/OL].(2019-12-16)[2021-06-28].http://www.deqing.gov.cn/.

③ 朋东云.农村集体经营性建设用地入市增值收益评价及其分配研究[D].杭州:浙江工商大学,2020.

表5-13　入市前土地协议流转价格　　　　　　单位:元/平方米

用地性质	商服用地	工业仓储用地
协议流转价格	450	145

4.土地开发成本界定

土地开发成本主要是以德清县征地区片综合平均价格为基础,土地入市开发成本即建设用地征收价格。区片综合地价标准为62000元/亩,再加上青苗及地上附着物(不含房屋)补偿费按6000元/亩补偿给所有者的费用,因此变量土地开发成本为68000元/亩,即102元/平方米。

综上,根据各参数计算各合作联盟收益(见表5-14、表5-15)。

表5-14　合作联盟收益值估算(商服用地)　　　　单位:元/平方米

合作联盟	特征函数值
地方政府	$V(A)=0$
农村集体经济组织	$V(B)=2510-102=2408$
农民	$V(C)=450$
地方政府＋农村集体经济组织	$V(AB)=4320-102-36=4182$
地方政府＋农民	$V(AC)=4320-102-66=4152$
农村集体经济组织＋农民	$V(BC)=2970-102=2868$
地方政府＋农村集体经济组织＋农民	$V(ABC)=4320-102=4218$

表5-15　合作联盟收益值估算(工业仓储用地)　　　单位:元/平方米

合作联盟	特征函数值
地方政府	$V(A)=0$
农村集体经济组织	$V(B)=600-102=498$
农民	$V(C)=145$
地方政府＋农村集体经济组织	$V(AB)=800-102-36=662$
地方政府＋农民	$V(AC)=800-102-66=632$
农村集体经济组织＋农民	$V(BC)=675-102=573$
地方政府＋农村集体经济组织＋农民	$V(ABC)=800-102=698$

(二)Shapley值法求解初始分配比例

将表5-14的数值代入公式5-5、公式5-6和公式5-7,可以得到测算结果,即德清县集体经营性建设用地用于商服用地和工业用地产生的增值收益在地方政府、农村集体和农民间的分配金额(见表5-16、表5-17、表5-18)。

表5-16　地方政府A的Shapley值分配计算　　　　单位:元/平方米

用途类型	商服用地				工业用地			
子集S的组成元素	A	AB	AC	ABC	A	AB	AC	ABC
$V(S)$	0	4152	4182	4218	0	650	671	707
$V(S\backslash A)$	0	2408	450	2868	0	507	145	582
$V(S)-V(S\backslash A)$	0	1654	3642	1350	0	143	526	125
$|S|$	1	2	2	3	1	2	2	3
$W(|S|)$	1/3	1/6	1/6	1/3	1/3	1/6	1/6	1/3
$W(|S|)[V(S)-V(S\backslash A)]$	0	290.7	622	450	0	23.8	87.7	41.7
$\varphi_A(V)$	1362.7				150.2			

表5-17　农村集体经济组织B的Shapley值分配计算　　单位:元/平方米

用途类型	商服用地				工业用地			
子集S的组成元素	B	BA	BC	ABC	B	BA	BC	ABC
$V(S)$	2408	4062	2868	4218	498	632	573	698
$V(S\backslash B)$	0	0	450	4182	0	0	145	662
$V(S)-V(S\backslash B)$	2408	4062	2418	126	498	632	437	36
$|S|$	1	2	2	3	1	2	2	3
$W(|S|)$	1/3	1/6	1/6	1/3	1/3	1/6	1/6	1/3
$W(|S|)[V(S)-V(S\backslash B)]$	802.7	677	403	12	166	105.3	71.3	12
$\varphi_A(V)$	1894.7				354.7			

表5-18　农民C的Shapley值分配计算　　　　单位:元/平方米

用途类型	商服用地				工业用地			
子集S的组成元素	C	CA	CB	ABC	C	CA	CB	ABC
$V(S)$	450	4182	2970	4218	145	662	573	698
$V(S\backslash C)$	0	0	2417	4071	0	0	498	632
$V(S)-V(S\backslash C)$	450	4182	553	1260	145	662	437	125
$|S|$	1	2	2	3	1	2	2	3
$W(|S|)$	1/3	1/6	1/6	1/3	1/3	1/6	1/6	1/3
$W(|S|)[V(S)-V(S\backslash C)]$	150	697	403	22	48.3	110.33	12.5	22
$\varphi_A(V)$	961.2				193.2			

（三）改进Shapley值法求解的分配比例

结合已经算出来的改进Shapley值各改进因子权重系数 W(0.2033、0.2325、0.5642)，对德清县集体经营性建设用地入市联盟传统的Shapley值进行修正计算，运用修正的Shapley值模型公式(5-11)计算联盟各成员的分配值（单位为元/平方米）：

$$\phi_i(V)^* = \phi_i(V) + V(n) \times (W_i - \frac{1}{n}) \tag{5-11}$$

（1）地方政府改进后的Shapley值

商服用地：$\phi_i(V)^* = 1362.7 + 4218 \times (0.2033 - 1/3) = 814.36$

工业仓储用地：$\phi_i(V)^* = 150.2 + 698 \times (0.2033 - 1/3) = 59.46$

（2）农村集体改进后的Shapley值

商服用地：$\phi_i(V)^* = 1894.7 + 4218 \times (0.2325 - 1/3) = 1469.53$

工业仓储用地：$\phi_i(V)^* = 354.7 + 698 \times (0.2325 - 1/3) = 284.34$

（3）农民改进后的Shapley值

商服用地：$\phi_i(V)^* = 961.2 + 4218 \times (0.5642 - 1/3) = 1935.14$

工业仓储用地：$\phi_i(V)^* = 193.2 + 698 \times (0.5642 - 1/3) = 354.37$

基于贡献因素、投入因素、合作因素改进的Shapley值测算结果来看，商服用地入市交易中，地方政府在合作联盟中分配值814.36元/平方米，农村集体为1469.53元/平方米，农民为1935.14元/平方米；农村集体工业用地入市交易中，地方政府分配值为59.46元/平方米、农村集体获得的收益为284.34元/平方米，农民的分配值为354.37元/平方米。

三、测算结果分析与比较

（1）收益比例向产权主体倾斜。根据Shapley值改进前后的对比（见表5-19）可看出，改进后的各主体分配比例更加向产权主体农村集体经济组织和农民倾斜，尤其是农民的收益得到很大的提升。这主要是由于集体经营性建设用地入市土地增值是由产权交易所产生的增值，这是最为核心的因素，如果没有产权，那么集体经营性建设用地就无法入市流转。这充分体现了联盟合作利益分配的基本准则,即掌握核心资源就能分得更多的利益。专家的评估分配也更加倾向于产权主体,从改进值的分配比例来看,商服用地地方政府的分配比例降低幅度超过10%,农村集体分配比例降低10%,而农民分配比例的提升幅度超出20%,这深刻体现了由联盟中地方政府的收益向农民倾斜,更加注重产权主体土地权益的获得,更加注重农民享有土地增值所带来的收益。改进的Shapley值更加注重主体掌握的核心要素在联盟中的贡献程度,以及其他影响联盟合作的因素,地方政府也在联盟合作中做出贡献,原分配中由于联盟主体的权力要素不对等,在分配上难免存在不公平的因素,利益主体利用掌握的能力来谋取更多的利益,这并不符合实际的贡献情况。

表5-19 Shapley值利益分配对比

分配值利益主体	商服用地				工业用地			
	初始值/(元/平方米)	比例/%	改进值/(元/平方米)	比例/%	初始值/(元/平方米)	比例/%	改进值/(元/平方米)	比例/%
地方政府	1362.7	32.3	814.36	19.3	150.2	21.6	74.6	8.5
农村集体经济组织	1894.7	44.9	1469.53	34.8	354.7	50.7	368	40.7
农民	961.2	22.8	1935.14	45.9	193.2	27.7	255.1	50.8

(2)对比实践中德清县利益主体分配占比情况(政府占32%、农村集体占10%、农民占58%)来看,德清县的收益分配方案中,增值收益向农民主体倾斜,切实保障了农民享受土地增值的权益。但政府30%的调节金征收比例较高,分析原因,主要是德清县政府在前期政策的统筹安排中,以国有建设用地出让的7项基金作为设置调节金比例的主要依据之一。集体经营性建设用地入市按照国有土地出让提取依据设置提取比例是否合理?其中包括的被征地农民保障资金,这部分资金纳入入市调节金提取比例计算的一部分,加大了提取比重。而德清县农村集体经济组织仅留存10%比例用于发展集体经济和日常管理等,农村集体提取比例较低不利于集体管理人员的积极性。因而应结合改进的Shapley值测算的合作联盟比例更为合理,农民作为获益中占大部分收益的一方,适当降低地方政府收益

比例,调整农村集体获益比例,提升村集体的积极性。

(3)由于资料掌握不全,本书在数据测算上可能存在偏差。首先是土地开发成本的测算,本书假设征地补偿费用作为开发成本,实际上开发成本还包括其他基建成本等方面,但并未考虑在内。其次是农民单独流转的收益部分。本书参考借鉴了以往学者整理收集的数据并进行二次利用,再结合笔者通过从土地交易网、德清县政府网等网站收集的德清县集体经营性建设用地协议出让交易数据进行分析并咨询了专家,因此测算上可能会存在偏差,但该数据总体上与实际分配比例相对应。

第六章　利益均衡视域下集体经营性建设用地入市收益分配框架

2020年4月,国家发改委出台《关于构建更加完善的要素市场化配置体制机制的意见》,其中针对土地市场,进一步明确了"建立健全城乡统一的建设用地市场"。在城市土地市场较为完善的背景下,深化集体经营性建设用地入市试点,加强实施指导成为重点任务。可见,在较长的一段时间内,如何构建农村建设用地入市收益分配制度仍将是研究的重点。

通过对试点地区收益分配做法的分析发现,收益分配是集体经营性建设用地入市改革推进中需要重点解决的问题。在集体经营性建设用地入市收益分配过程中,要处理好个人利益与集体利益、眼前利益与长远利益之间的关系。土地增值收益调节金明确了集体经营性建设用地收益分配中政府与集体的关系,必须谨慎确定。可见,现有收益分配模式存在问题的根源在于利益不均衡。要实现集体经营性建设用地入市收益的合理有效分配,有必要引入利益均衡的思想,在保障农民基本生活的前提下构建统筹兼顾、利益均衡的收益分配机制。因而,如何设计利益均衡的集体经营性建设用地入市收益分配框架就显得更为迫切和必要。

第一节　收益分配中的利益均衡

社会是由理性的经济人构成的,这些经济人常常以群体的形式存在。追求经济利益是人类社会活动的根源与动力。"人们努力奋斗得来的一切,都与他们的切身利益息息相关。"[①]在追求经济利益的过程中,难免会与其他社会成员或群体之间产生冲突或矛盾,正是这些冲突和矛盾导致了社会秩序的失衡。因此,从这个角度来说,利益是伴随着人类存在和发展的一个基本的社会历史现象。在追求利益的过程中,各个主体之间形成了利益关系,这种关系的产生不仅使关系中的各个主体都成为利益相关者,而且形成了一种社会秩序。在利益平衡时,这种社会关系是有序的、平稳的,社会、经济良性发展;在利益失衡时,这种社会关系表现为矛盾与冲突,社会经济发展受到阻滞。可见,利益均衡既是人类平等发展的必然要求,也是实现社会正义的内在要求。[②]因此,要实现社会秩序的良性运转,必须调整社会成员之间的利益关系,解决成员间因利益而产生的矛盾和冲突。不解决好成员间的矛盾与冲突,良好的社会秩序则无从谈起。

随着经济的发展,社会内部出现分层,表现为全体成员在根本利益一致的条件下,出现利益分化,即出现一定数量的利益群体使利益主体表现为多元化趋势。这导致利益冲突进一步加深、次数更加频繁。有效化解利益矛盾、协调利益关系,是社会秩序稳定的内在要求。要实现这一目标,关键在于确保社会大系统内各利益主体即参与主体的内部和谐和利益均衡。[③]

吴敬琏教授认为,好的市场经济至少应当包含三个基本要素:健全的经济体制、健全的法律制度和良好的利益均衡机制。利益均衡机制作为保障条件,分为利益表达机制和利益分配机制,是前两个要素实现的基础。三个要素互为条件,缺一不可。利益均衡的实现需要基于有效社会动员之上的全方位规制和有序调

---

①　马克思,恩格斯. 马克思恩格斯全集(第1卷)[M]. 北京:人民出版社,1956:82.

②　姚文胜. 利益均衡——推进社会公平的路径建议[M]. 北京:法律出版社,2013: 9.

③　施雪华,蔡义和. 利益均衡合作博弈模型与社会秩序稳定[J]. 北京师范大学学报(社会科学版),2020(4):143–150.

节分配行为,促使现有利益从获得利益较多阶层流向获得利益较少阶层,并促使新增利益在社会成员中均衡配置。

由既有研究成果可知,通过稳定社会秩序获得利益均衡的路径有两种:一是通过社会系统内部利益关系的调整进而实现利益均衡。在社会系统中,对利益的追求已经成为每一个社会成员的基本动力机制,无时无刻不存在于社会的各个组织之中。此时,利益主体身份复杂,单从某一个侧面或是某一个范围去着手,往往难以实现利益均衡这一复杂而艰巨的工程。构建利益均衡的社会体系首先要保障社会组织中各个成员的基本权利,在建立稳定的社会秩序之后确保绝大多数成员能够共同受益。因此,必须基于系统论的原理,运用全局思维对利益均衡进行全面的研究和设计。实现社会中的利益均衡,就是要构建政府、企业、社会组织、公民之间的运转协调、互利合作的沟通机制与分配机制。只有协同各种利益主体、统筹不同利益分配,才能形成相对公平合理的利益分配形式。在各个利益相关者之间达成相对的均衡状态,必须要素齐备,而且能够充分发挥各要素的基本职能。只有在利益相关者之间形成良性互动关系,才能将已经建立的分配格局固化下来,进而实现相对稳定的利益均衡。二是只有通过制度建设确保既得利益的分配秩序和新增利益的有序分配,才能实现利益均衡。在社会资源有限的情况下,人类利益需求的同一性和差异性常常导致在利益分配中产生冲突和矛盾。可见,不同主体之间不同的利益诉求和价值取向往往会产生矛盾与冲突。当这些问题不严重时,一般可以通过社会系统自身的内部调节加以解决;而当问题严重到一定程度时,社会系统自身的调节作用便无法有效发挥,必须依靠法律规范加以调节。法律规范具有规范性、强制性、普遍性和稳定性,用制度化的手段作为实现利益均衡的手段和最终追求的目标,将社会利益公平分配到每一个利益相关的群体和社会成员。明确而稳定的制度化分配,可以有效组织和推动利益均衡,使其规范有序地实现,从而有效化解因利益冲突而导致的社会失序。

一、利益均衡的内涵

经济利益也被称为物质利益,其产生于一定的社会经济形态中,由一定的社会生产关系所决定,能够满足人们生产生活需要的经济成果。按照"理性经济人"假说,追求经济利益是人们开展一切社会活动的物质动因,是人类行为的内在动机。由于每个人都想要满足自己的欲望,一个人在追求自身利益最大化时,极有可能和他人的利益发生冲突和碰撞。利益冲突就是强势主体为满足个人最大化的利益诉求,在进行资源分配时所形成的对立状态。利益冲突难以避免,但是可以通过政策和法律加以协调,使利益分配达到一种相对平衡的状态。推动和实现利益均衡的价值取向是:兼顾义利,义先于利,既不能只讲义而回避利,也不能只讲利而回避义。利益平衡就是通过国家政策协调利益矛盾,使各方利益能够损失最小,基本达到合理状态。① 在利益分配中处于优势地位的主体,其价值目标往往是能够确保实现的。在此前提下,如果能将处于弱势地位的收益分配主体的价值目标同样付诸实现,则有利于最终形成两方都能比较满意的利益均衡格局。建立市场经济条件下的利益均衡,关键是社会中的不同群体、不同阶层进行利益博弈时,要有可以相互抗衡的博弈权。② 利益均衡呈现了一种社会关系的理想状态,此时,利益的分配基本达成社会公平和正义要求的最佳利益配置状态,它追求的只是一种相对平衡,尽量减少利益上的纠纷,保证利益格局的稳定及各收益权享有主体间收益相对均衡。③ 利益均衡的达成需要抓住各主体之间对立、冲突的因素,控制好产生矛盾冲突的主要因素,才能使其各方面所占优势、劣势都能保持基本均衡的态势。因此,可以说利益均衡是指通过社会系统内部的协调和法律制度的规范来化解各方面的利益冲突,使每一个群体、阶层真正享有相对平等的政治、经济、社会和文化等权利,相关各方的利益在共存和相容的基础上达到合理的优化状态。④

在对生产经营用途的建设用地在交易环节过程中产生的收益进行分配时,用利益均衡原理能平衡所有经济活动参与者的各方利益,充分考虑各个参与者的收益权,使权利配置成为利益公平的调节器。在集体经营性建设用地进入土地市场后,要想真正实现利益均衡,必须考量国家、农民组织和农民个体之间的利益公平

① 冯晓青. 知识产权法的利益平衡原则:法理学考察[J]. 南都学坛,2008(2):88-96.
② 孙立平. 建立市场经济条件下的利益均衡机制[J]. 学习月刊,2009(5):20-21.
③ 王红梅. 法学研究视域之下的利益平衡[J]. 经济与社会发展,2009(1):144-146.
④ 魏崇辉,孟娴. 新时代社会治理中的利益冲突与利益均衡[J]. 治理研究,2021(8):15-17.

是否能实现。[①] 经济利益均衡一直是政府着力最多的领域,在这一过程中,规范政府权力成为实现利益均衡的关键。

利益均衡是协调和平衡利益纠纷的保障,在分配利益过程中需要充分衡量占强势地位的收益主体和弱势群体间的利益平衡。当利益无法平衡、冲突在所难免时,自身调节力度不能满足需要,此时只能通过引入外部力量解决内部问题,进而实现利益再平衡。利益均衡原则以收益权利合理配置为核心,应坚持平等对待每个人的合法权利、整体利益最大化两项原则。收益权的配置在保障各个利益相关主体基本权利的情况下,又能维护出处于劣势处境的收益主体的利益,实现各方利益主体间相对平衡,尽量满足收益主体利益最大化的需求,但不以无限度地牺牲其他收益主体的利益为代价,必须调节各方利益冲突,使处于优势地位群体的利益获得基本上的满足,同时做到处于弱势地位群体的利益被最少地牺牲。在利益分配过程中,应当对弱势主体进行倾向性保护,在分配时给予充分考量和适当侧重,进而平衡强势群体与弱势群体之间的利益分配格局。可见,利益均衡首先要明确利益主体及其相互关系,这是建立利益分配规范机制的基础和关键。

二、利益失衡的表现及产生逻辑

改革开放以来,我国社会经济发展迅速,社会利益关系也发生了变化。在利益冲突的过程中,新的利益格局悄然形成。与此同时,部分利益失衡的状态仍然存在,且难以消除。利益冲突在一定程度内,可以由内部调节机制发挥作用,实现自我平衡。但是在利益主体愈发多元的情况下,对利益的追求亦呈现快速增长趋势,在自身利益需求难以充分满足时,一旦产生利益冲突就容易升级激化,其剧烈程度就会超过社会自发调整的范畴。此时,法律作为解决利益冲突的必要手段而产生。

(一)社会利益日益分化,利益主体多元化诱发利益冲突

在计划经济体制下,社会成员的个人利益常常高度一致,整个社会呈现出统一的一元格局。广大人民群众的利益由党和政府作为唯一代表,其利益的表达也

---

① 陆剑. 集体经营性建设用地入市中集体与成员权利配置论[J]. 领导之友,2016(1):39-47.

是由政府及政府领导的群众组织代为行使的。1978年中共第十一届三中全会以来,市场化改革不断深入,出现了社会分层,且社会分层有明显固化的倾向。不同主体的利益诉求不仅不同,有时还存在着相互矛盾、相互排斥等难以调和之处,利益冲突一触即发,无可回避。此时,广大人民群众的根本利益仍然是由党和政府、枢纽组织作为代表的。只是随着社会的发展、民主建设进程的加快,不同阶层利益群体都掌握了表达自身利益的方式。在具有共同利益的前提下,广大群众逐步形成了不同类型的利益组织形态,这使社会利益呈现出多元化的态势。此时,对于多元利益主体的整合就变得越来越困难,这给政府增加了治理难度。

随着社会经济的发展,企业、社会组织等利益主体不断发展壮大,其力量越来越强,利益诉求也越来越多,往往自觉或不自觉地影响着政府公共政策的制定和实施。企业运作基础主要遵循市场规律,其价值目标是实现自身经济效益的最大化。这种对于盈利及市场份额的追求会在一定范围内引发企业与公共利益的冲突。因此,企业与公共利益追求者的政府之间的价值对立极易引发两者间的利益冲突。

在贫富收入差距越来越大、城乡差别加剧、社会阶层固化的大背景下,公共服务资源供给不平衡是显而易见的。社会差距叠加利益分化,使社会利益冲突更加剧烈,人们在产生利益矛盾时也更容易表现出对立心态,加剧了冲突的程度。在矛盾和冲突没有通过良好的沟通机制加以商讨和化解时,不公平的主观感受让人们容易产生情绪化的行为,群体事件便是常见的现象。这不仅严重扰乱了社会秩序,破坏了稳定的发展局面,也对社党和政府的领导和治理能力提出新的挑战。可见,不同治理主体参与社会治理活动时会表现出不同的利益诉求,各主体互异的利益诉求支配着治理主体的行为方式和利益选择。如果各个主体利益诉求不能得到应有的重视与响应,不能建立惠及多元主体利益的有效分配机制,导致多元主体之间不能形成应有的互相尊重,围绕利益冲突与利益均衡无法形成价值层面的共识,利益冲突就无法避免。

(二)社会资源分配不均衡,不同群体社会资源占有量差距拉大

当前,社会资源分配失衡表现在多个领域。在经济领域中,不同的所有制形式、分配方式和运营方式下各个利益群体在资源占有和收入再分配上出现了失衡,城乡之间、沿海发达地区和中西部欠发达地区之间及不同行业社会成员之间贫富差距过大,社会财富集中掌握在少数富有阶层和群体手中。[①] 2022年,我国的基尼系数为0.48,通常国际上取0.4作为警戒线,基尼系数一旦大于0.4就容易引起动荡,而我国的数值已超过国际公认警戒线。与此同时,政府、企业、社会组织、劳动者之间的利益资源分配也出现了失衡。在初次分配和再分配中,政府往往利用自身的优势地位,挤占企业、社会组织、劳动者的利益,使其所得份额比重过大,导致分配失衡。二次分配中,政府亦未能实施有效政策,抑制利益分配差距的扩大。在实际管理过程中,政府"越位""缺位"现象并存,监控和约束管理不得力,导致转移支付过程中各主体的利益没有得到有效平衡。而且由于政府规模扩张的内生性特点,用于行政支出、经济建设的支出远高于均衡利益的民生保障支出,转移支付进一步失衡。尤其是1994年分税制改革仅关注财权的调整而未深入讨论事权与财权相匹配的问题,导致地方政府在收入空间被大量压缩的前提下,事权并未随之进行相应的减少。财政紧张导致地方政府不得已采用各种手段寻求财政空间,经营城市、征地权滥用、跑步"钱"进、乱收费等乱象频发,利益分配进一步失衡。尤其是征地问题在一段时间内引发了大量的矛盾和冲突,部分地区还出现了群体性事件。在政治领域中,不同组织和群体拥有的权利也表现出一定程度的失衡。尽管我国宪法及相关法律中都明确赋予全体公民平等的权利,但是弱势群体缺乏接触政治资源、影响政治和社会发展的途径与手段,也是社会现实,这使他们常常处于社会政治边缘。因为缺乏组织背景、人脉关系、资金支持、话语权及舆论工具等,弱势群体难以改变自身的处境,导致社会阶层固化、社会利益结构失衡的局面长期存在。

(三)利益表达机制欠缺,导致利益表达失衡

社会中存在大量的社会问题,只有一部分会上升到公共政策的高度。这些往往是影响大、关注度高、老百姓有强烈需求的问题。一旦某个社会问题被公共管理部门评估为具有公共性、社会性的公共问题,则可能会将其确定为公共政策问题。此时,政府及公共组织会制定相应的公共政策,解决公共问题,促成公共利益

---

① 徐琳. 论利益均衡与国家治理现代化[J]. 学习与实践,2015(6):52−59.

的实现。现实中,政府部门通过几种渠道发现公共政策问题:一是实际工作中行政人员发现了问题;二是相关利益集团通过政治途径反映问题;三是政府通过媒体报道发现问题;四是专家或学者通过调研发现问题并提出决策参考。在政策系统运行中,社会主体通过一定的渠道表达利益诉求,将需要解决的问题传送到决策部门,通过分析公共政策问题,制订解决方案并形成公共政策,再向社会公布,使公共政策进入社会系统中,消除或缓解社会问题带来的利益损害。可见,通过利益表达让政府部门发现并被重视问题,是社会中不同群体获取利益的重要前提。"政策产生的过程就是利益表达、综合、分配和实施的过程,利益表达是基础和起点。在和政府交流、进行诉求时,潜在的利益只有表达出来,才能通过政策过程得到满足。"① 公共部门通过制定公共政策达到社会治理的目标,在政策执行过程中,包括人力、财力、物力在内的社会资源被重新分配,社会利益得到重新调整,解决了公共问题,实现了公共利益,达到新的均衡状态。因此,公共部门在制定公共政策时必须从整体利益出发,尽可能地兼顾各个社会群体的利益,以期通过公共政策的推行实现公共利益的最大化。尤其是在社会利益日益多元的今天,社会群体的利益需求越来越呈现出多样性。但是部分群体没有充分掌握话语权,利益需求多样,但缺乏相应的利益表达体制和机制作为保障。弱势群体的利益诉求因沟通渠道不畅、话语权缺失、利益表达机会不足等难以表达自己的利益诉求,其利益主张难以进入决策者视野,逐渐陷入由"失语"引发利益"失落"的现实困境。制度化表达渠道不畅致使弱势群体积累的利益诉求过多,未得到及时处理,就会迫使其寻求制度外表达,以过激甚至是错误的途径和行为方式进行非常规的表达:发泄与反抗。这不仅容易造成群体性事件,也不利于社会秩序的稳定。

(四)不同群体的组织化程度差距造成不公平的利益博弈

在现代社会中,为使个体的利益能得到更加有效的表达和满足,个体往往会组织起来,以组织的形式参与社会管理,在资源分配中增强话语权,以获得较高的利益表达效率和效益,由此形成不同的社会群体和利益集团。我国自改革开放以来,社会组织蓬勃发展,成为社会治理的重要主体。社会组织不仅能有效承接公

---

① 定明捷. 试析我国利益表达结构的转型[J]. 求实,2008(10):43-46.

共服务,做社会服务的提供者,同时积极推进公共治理,做社会治理的参与者,更有机会如实反映群众意愿和利益诉求,是公众诉求的代言者和群众权益的维护者。然而在各类社会组织中,强势群体形成的社会组织因其组织化程度高,在人员素质、信息获取、沟通能力、社会影响力等方面具有明显优势,其在利益表达中会形成较强的话语权,而弱势群体刚好与之相反。这就会导致社会组织间因组织化程度的差别而造成话语权的差别,进而导致社会价值的分配也呈现失衡的状态。组织化程度低的弱势群体的呼声和利益需求难以被听到,在政策制定与实施过程中常常缺乏参与的机会。因此,不同组织化程度的社会组织因为政策关注度的不同而形成了利益分配差异,从而加深了利益失衡。

三、土地收益分配中的利益均衡

集体土地收益是指农村土地在被使用过程中产生的各种收益,集体土地的所有者和使用者即农村集体经济组织、农民等参与收益的分配。土地收益分配是诸多利益主体在博弈过程中形成的相对稳定的经济系统。从利益主体看,土地收益分配涉及土地所有者、使用者、管理者和其他相关主体;从收益来源看,土地在被利用、转移和管理的过程中形成收益。租、价、税等经济手段可以对各利益主体发挥调节收益的作用。[①]

伴随房地产市场的迅速发展,不仅城市土地市场呈现出繁荣景象,农村土地价值量也快速提升。集体经营性建设用地入市政策的推出,向农村建设用地敞开了新的大门,在市场机制的作用下,农村建设用地的价值得以充分体现,获得了较高的收益,也为集体经济组织中的成员个体带来了直接的收益,尤其是发达地区,财富的聚集速度会更快。可见,集体经营性建设用地流转牵涉庞大集体收益的分配,由此带来的集体利益通常不是一般意义的集体利益,而是与农民切身利益密切相关的特殊事件。[②]正确认识并理解土地收益分配中的利益均衡就显得尤其重要。

---

① 荣晨. 我国土地收益分配制度改革的取向和举措——基于不同利益主体的视角[J]. 宏观经济管理,2020(6):13-22.

② 蓝宇蕴,曾芷盈. 集体土地收益分配与村民生活形态的变迁——以新丰村集体分配为例[J]. 学术研究,2020(12):48-57.

集体经营性建设用地首次入市方式包括出让、租赁、作价出资（入股）等。集体经营性建设用地入市涉及的收益分配主体包括地方政府、集体经济组织和农民。在收益分配过程中，由于主体有不同的利益诉求，进而形成了收益分配主体的关系困局。因对土地财政过度依赖，地方政府或排斥集体经营性建设用地入市，或在集体经营性建设用地入市后希望攫取更多收益；集体经济组织对收益管理、使用或分配不当，导致集体资产流失，农民利益受损；农民直接分配土地收益的愿望强烈，给集体收益管理造成压力和障碍。三者间关系的困局亟待通过利益均衡的分配机制加以解决。集体经营性建设用地入市收益分配中所说的利益均衡不是平均主义，而是一种权利义务关系配置相对均等。它强调公平公正，不是一成不变的绝对均衡，而是强调动态优化的相对均衡，是在利益共存和利益相容的前提下，对主体间相互冲突的利益关系进行先后顺序、上下位阶的调整，并且不断优化分配比例，最终实现共享、可持续的利益均衡的收益分配机制。利益均衡需要寻找各利益主体之间的利益平衡点，形成稳固的利益共享机制，通过制度规约加以保障。通过对土地利益分配过程的梳理、审视与分析发现，作为农民与国家政治关联的重要载体，土地对稳固村庄政治基础和国家政治秩序发挥着重要的作用。[①] 伴随着乡土社会的快速变迁，土地承载的政治义务趋于消解，农民的政治关切日益聚集于具体的土地利益方面。[②]

土地增值收益分配中的利益均衡体现了制度博弈的价值理性，它需要在法治化、规范化、程序化的轨道上进行。土地增值主要来源于基础设施建设、城市规划、人口集聚及社会投资等因素。因此，增值部分除了由所有权主体获取以外，入市主体必须承担相应的义务，缴纳由政府以土地增值收益调节金名义而规定的增值分配。这一分配过程是实现土地增值收益地区均衡不可或缺的过程。在实践中，各地农村经营性建设用地存量差异较大，而由区位因素决定的集体建设用地价值进一步加剧了价值差异，使集体经营性建设用地的"数量失衡"和"价值失衡"同步存在，且有愈演愈烈的趋势。由于历史原因，多数集体建设用地零星分散、地

① 赵勇，慕良泽. 农村土地利益分配的失衡与均衡——"地利共享"框架下耕地征收案例研究[J]. 农业经济问题，2023(1):108-119.

② 杜鹏. 农民政治认同的土地秩序基础与集体实践脉络——改革开放以来农民与国家关系的思考[J]. 探索，2020(5):77-90.

块小,对于土地使用者来说往往难以满足使用要求,这使集体建设用地整体价格处于较低水平,对于区位优势不明显的地区来说更是如此。如成都市郫都区白玉村的集体经营性建设用地入市后,出让金收入在扣除政府调节金、安置成本等各项成本之后出现收不抵支的情况。[①] 尽管多数地区的集体建设用地入市不存在此种情况,然而从客观上来说,集体经营性建设用地入市难度确实要高于城市建设用地入市难度。从当前的入市情况来看,成功入市的集体经营性建设用地往往地块大小适中且区位优势明显,所处地区经济较为活跃,对土地的需求量较大。此种情况多出现于沿海经济发达地区或是城乡接合部,集体经济组织往往可以通过集体建设用地入市来获取较高收益。即便如此,地方政府为利益平衡而对集体经营性建设用地入市征收调节金的难度也越来越大,这主要源自于集体土地所有权的强化及农民土地权力意识的觉醒。因此,集体经营性建设用地入市收益分配更需要从利益均衡的角度出发,以保障集体土地所有权和农民收入为目标,利用好土地增值收益调节金这一再分配的政策工具,科学灵活地设定征收比例,以使此项政策能够发挥收益平衡调节器的作用。

第二节　利益均衡下的收益分配原则

一切改革最终都体现为利益关系的调整,土地增值收益分配是当前我国土地制度改革面临的核心问题。因此其分配原则的重要性也随之凸显。收益分配原则是集体经营性建设用地入市后收益分配中的基本准则,明确分配原则有助于实现利益均衡。集体经营性建设用地收益分配应当遵循以下原则。

一、兼顾效率与公平原则

效率和公平是两种价值标准和判断。效率是社会从稀缺资源配置中所能获得的最大收益率,就是人的生产活动的产出与投入之间的比例关系。公平是指社

[①] 张晓恒,王志娜,闵师. 农村集体建设用地试点改革:整理、盘活与收益分配[J]. 新疆农垦经济,2020(11):1-11.

会资源在分配中令社会成员得其应得,其总是与特定的生产方式、一定的生产力水平相关联,具有相对性。一直以来,对公平和效率的讨论存在着典型的非此即彼的二元对立思维模式。由于缺乏对公平和效率本质的把握,导致对两者的认知存在错误,往往将两者对立,认为追求公平必然损失效率,追求效率则无法兼得公平。从实践来看,也确实存在两者不能兼得的情况,而且此种情况还比较常见。正因如此,才有了上面的认识。然而,如果从投入产出的角度对公平和效率进行分析,可以发现,其实两者都是投入产出关系的一种反映,只是侧重点有差异,因而表现出相异的结果。

人类一直在追求公平正义,这不仅体现在社会关系中,在经济关系中也同样存在。分配正义是人类在分配物质财富、政治权利、义务、幸福、发展机会等社会资源的活动中致力于实现的最高价值目标,它意指社会资源在社会成员中间的分配应该最大限度地体现公正性。[①] 公平一词的内涵非常丰富,它既包括机会公平和结果公平,又可以分为经济公平和社会公平。机会公平强调规则对于所有人来说是同样的、无差别的。也就是说,所有的人都遵循同样的规则,拥有同等的机会。而结果公平恰恰相反,它认为人作为个体来说是存在差异的,如人从一出生就拥有不同的先天禀赋和社会背景。既然前提条件不同,那么让所有的人遵循同样的规则就是不公平的,因此要实现公平,就需要对不同的人实行不同的规则。[②] 经济公平与社会公平更多地是从经济关系角度进行考察。经济公平是指按照现实经济关系所确定的统一分配原则,在初次分配中实现经济效率;社会公平是实现经济公平的社会前提,是指通过社会财富再分配手段,使全体公民都能平等享有公共服务、社会保障等公共品。[③] 没有公平就没有效率,没有效率就没有公平,两者间的关系体现出矛盾性和统一性。可见,两者不是对立的,而是辩证统一的关系。其矛盾性表现在效率强调生产和财富的增加、生产规模的扩大,而公平强调产品的分配和使用。两者的一致性表现在:公平与效率是相互依存、互为支撑的关系,公平的实现离不开物质条件,需要以效率为保证,没有效率的公平是平均

---

① 向玉乔. 社会制度实现分配正义的基本原则及价值维度[J]. 中国社会科学,2013(3):106-124.

② 边立新. 论效率与公平[N]. 光明日报,2007-06-26.

③ 刘福垣. 收入分配改革的两杆秤和三条线[J]. 中国人力资源开发,2013(2):62-65.

主义或普遍贫穷。而效率的提升必须以公平为前提和基础,只有公平的存在,才能保证劳动者不仅有机会获得工作机会,而且劳动付出能够获得相应回报,权益得以维护,才能更好地激发劳动者的生产热情,进一步提高经济效率。因此,正确认识效率与公平,并客观处理好两者间的关系,就必须坚持兼顾效率与公平的原则。

自改革开放以来,我国的土地制度改革始终奉行利益共享原则,这种改革模式对中国农村经济的长期稳定发展发挥了巨大作用,对于农村社会的稳定和整个社会的和谐也具有重要意义。在中央提出的"创新、协调、绿色、开放、共享"政策指引下,利益共享成为社会的高度共识,因而具体到农村土地资源的分配,也应将效率与公平作为首要原则。在分配起点,应保障农村土地收益利益相关者有获得土地收益的平等机会及支撑其获得这种机会相应的资源与能力;在分配终点,应建立相关制度并完善制度实施机制,对分配过程中产生的偏差与不公进行纠偏,依靠法规和制度规范建立分配公平的长效保障机制。[①]

土地资源的公共属性要求增值收益社会共享,做到代内公平和代际公平两方面,保证城乡间、区域间及当代人与后代人之间的利益均衡,促进社会财富的公平分配。一方面,中国城市土地属于国家所有,国务院授权地方政府或其职能部门行使土地所有权。因此,在初次分配阶段,中央和地方政府获得的增值收益(包括土地出让净收益、补缴出让金、土地增值收益调节金等)本质上归属全民,需要进入二次分配;另一方面,城乡、地区之间的土地资源禀赋和市场交易环境影响了土地增值收益的形成,地理区位较好、市场环境较优的土地往往能够产生更高的增值,超额的增值收益并非由特定主体贡献产生,理应通过土地相关税费收归国家所有,并以代内分配的形式支持农村和偏远地区发展建设。[②]

土地增值收益分配必须考虑既能促进农村集体经营性建设用地入市,促进存量土地的盘活利用,又能维护社会公正。通过合理确定农村集体经济组织及其成员在入市增值收益中的分配比例,保障产权人参与分享土地增值的权益,维护土

---

① 杨宏力. 中国农村土地要素收益分配研究[M]. 北京:经济管理出版社,2020.

② 邹旭,石晓平,马贤磊. 中国共产党建党百年来的土地增值收益分配:政策演进、理论辨析与改革逻辑[J]. 中国土地科学,2021(8):15-22.

地产权人包括土地增值收益在内的合法收益权,调动产权主体的积极性,促进产权人在其土地上投入劳动和资本,提高土地资源利用效率,促进存量集体经营性建设用地的盘活利用,实现土地的经济效益。该比例过高,能有效促进存量集体经营性建设用地的盘活利用,但可能有失社会公正;该比例过低,农村存量集体经营性建设用地产权主体缺乏入市的积极性,不利于土地的盘活利用。因此,政府在确定土地增值征收比例时,必须充分考虑公平正义与经济效率和效益之间的平衡。

二、分配比例法定原则

收益分配是土地制度改革的关键。土地入市过程中,涉及国家、集体、土地使用者、农民个人等主体。在处理多利益主体的关系时,必须科学安排、有据可依,并从法律的高度加以确定,才能推进入市顺利进行。在集体建设用地收益分配中,地方政府、农村集体经济组织和农民之间的权力配置模糊。如德清县地方政府提取30%的调节金,比例较高,农村集体提取比例低,不利于联盟的长期稳定和公平。集体经营性建设用地入市作为一种改革探索和制度创新,在经历多年实践后需要提升为一般政策,以制度化的形式固定下来,所有这些操作都离不开中央政府的支持,集体经营性建设用地的增值也有赖于各级政府的基础设施建设投资,让国家从入市中适当获益,可以加快集体经营性建设用地的入市进程;集体作为土地所有者,应在入市过程中获得其作为所有者所应享有的财产利益,农民个人作为集体的成员和做出集体决策的一员,应当成为入市行为的最终受益者;土地使用者作为土地的实际利用者,应当享有与其所投入的资本和付出的劳动相当的收益。[①]

集体经营性建设用地入市利益合理分配的关键在于平衡地方政府、农村集体经济组织和农民三者间的利益博弈格局。如何平衡博弈力量,要从约束和赋权着手。集体经营性建设用地入市改革从根本上调整了农民个人在土地增值收益分配环节的地位,凭借其土地所有者成员的身份由被动变主动,不仅掌握了一定的

---

① 完宁宁. 我国农业用地发展权制度研究[D]. 蚌埠:安徽财经大学,2012.

话语权,也从过去的收益分配参与者变为直接分配主体。但是由于地理位置、经济发展程度、国家规划等方面的不同,不同地区、不同区域的农民集体在享有的可以入市的集体经营性建设用地的资源数量和价值实现程度方面均存在很大差异,能否及如何平衡好这种差异可能带来的利益不均,将会对改革的效果产生决定性影响。形式上的平等往往造成实质上的不平等。集体非经营性建设用地的归属、区位、使用状况等因素千差万别,情况复杂。因此,必须在每一片土地入市交易前厘清关系,对于不同区位、不同归属的土地分别规定分配原则,实行差别化分配。集体经营性建设用地入市后土地收益量巨大,主体间按照怎样的比例进行分配必须经过科学测算,并通过法律法规的形式予以明确。这不仅是对集体经济组织和农民权益的保护,也降低了分配中利益争夺的可能性,减少了操作过程中的时间成本和人力成本。

分配比例法定原则要求政府主要通过税收形式参与收益分配。政府收取税费的一个重要原因便是,政府在集体经营性建设用地入市区域的基础设施投入直接带来了土地的增值,政府有权通过税收收回此部分增值收益,而不是直接从入市收益中提取一定比例。[①] 这种设计既是按照通行的惯例对不动产征税,增加政府财政收入,也有效调整了区域间因资源禀赋差异而造成的收入差距,使税收能够发挥二次分配的作用,尤其是后者的作用更为重要。土地由于区位因素的影响,在价值量上表现出较大差异;再加上政策的影响,如土地征收、土地利用总体规划、土地用途管制制度、基本农田等,使拥有土地所有权的农民集体在拥有农用地和建设地的数量上差别较大。一旦集体建设用地因制度的变化而允许入市,其表现出的价值差异则更为巨大、更为明显。此时,偏远地区和城市近郊的农民集体、经济发达地区与经济欠发达地区的农民集体、东部沿海地区与西部地区的农民集体,它们各自拥有的财富量差距将会进一步拉大。造成这一差距虽然有部分自然条件的因素,但更多的是耕地保护、粮食安全、功能区规划等政策因素。为公平起见,不仅要在政策制定时充分考虑到地区发展的平衡,更要通过税收制度和政府转移支付等手段协同配合,以调整利益分配,缩小收入差距,推进各区域的平衡发展。所以说,科学规范的税收制度对于区域间土地增值收益分配平衡的实

---

① 宋志红.集体经营性建设用地入市改革的三个难点[J].行政管理改革,2015(5):38-43.

现具有重要作用。某一地区集体经营性建设用地入市数量和价格对相应"农民集体"和农民成员的权益具有重要影响。然而,一个地方有多少集体经营性建设用地可以进入市场有偿使用,可以进入市有偿使用的土地是否能够流转出去及其流转价格的高低主要受两个因素的影响:一是当地规划和用途管制情况。规划确定的建设用地越多,可以入市流转的建设用地也就越多。二是市场供给和需求情况。一个地方对集体经营性建设用地的需求首先主要取决于当地的地理位置和经济发展状况,毫无疑问,城乡接合部会有更多的集体建设用地需求,城市远郊区、县城和中心城镇次之,而农村地区则相对较少。这两个因素都不是作为土地所有者的"农民集体"能够自行决定的。故此,在考虑税收的二次分配时,需要发挥好税收的公平分配功能,通过税收平衡好远郊农民和近郊农民、东西南北中不同功能区划和土地资源禀赋地区的农民之间的利益关系。

三、农民利益优先原则

中国的改革发端于农村,源于中国农民立足于实践的创新尝试。40多年来,改革推动中国社会不断进步,农村社会发生了翻天覆地的变化。党的十八大以来,农村改革进一步提速。从历史的经验来看,只要是符合农民利益的改革就会受到农民的支持和欢迎。当前在实施乡村振兴战略的大背景下,农村改革不仅涉及整个中国社会的发展,更是关系到数亿农民的切身利益。因此,深水区的改革更要稳妥审慎,改革中要关注到农民的利益,推进步伐要根据客观实际情况而定,不能不切实际搞"一刀切"。

我国土地公有制采取了两种表现形式:全民所有制和劳动群众集体所有制,其分别对应着国有土地所有权和集体土地所有权。从法律的角度来说,这两种所有权的地位是平等的。1986年颁布的《中华人民共和国土地管理法》将两者并列于两节,并都赋予了使用权流转的权能。然而,现实却是另一种景象。由于我国社会经济发展阶段的限制,因农业需要为工业化提供资金和资源支持,上述规定并未具体实施。[①] 于是在1998年修订的《中华人民共和国土地管理法》中加大了对

---

① 肖新喜. 集体经营性建设用地增值收益分配的制度革新[J]. 学习与实践,2019(9):55—62.

集体土地使用权的限制,明确要求土地使用者有土地使用需求的"必须依法申请使用国有土地",集体所有的土地仅限于兴办乡镇企业、乡(镇)村公共设施和公益事业建设和村民建设自用住房。这种做法在限制集体土地使用权权能的同时,赋予国有土地更多的机会。在国有土地面积有限的情况下,地方政府通过征地权的行使拓展了市场空间。与此同时,不仅改变了土地所有权权属,也改变了土地用途,将农用地转为建设用地。通过市场化的出让方式,将土地出让金收益归于地方政府手中,用于城市基础设施建设和工业化发展。农民的收益权被排除在外,只能在征地过程中获取按照农用地生产能力支付的征地补偿费、安置补助费及地上附着物和青苗的补偿费。此时,集体土地所有权并未获得与国有土地所有权同等的地位。在征地引发的群体性事件不断出现的阶段,也引发了对制度设计及两种土地所有权的思考与讨论。允许集体土地入市,让农民享受土地增值收益的想法一经提出,便受到了广泛的认可与支持。正是在这样的背景下,2013年11月,《中共中央关于全面深化改革若干重大问题的决定》提出"允许农村集体经营性建设用地出让、租赁、入股,实行与国有土地同等入市、同权同价"。也正是在这一文件中,首次明确提出了"建立兼顾国家、集体、个人的土地增值收益分配机制"。

　　集体建设用地入市从试点到经验提炼并上升为法律高度的过程中,解决了现实中的一个又一个困难,如入市土地范围、入市程序、入市主体等。时至今日,仍然面临的一个主要问题是如何在集体经营性建设用地入市收益分配过程中保障农民的权益。它不仅体现在初次分配中,集体内部的二次分配更是农民所看重的,它直接影响了农民对于此项改革的获得感。虽然从试点来看,收益分配过程已经关注到了农民作为集体组织成员所应当获得的土地增值,并且农民已占有一定比例,也体现了地区在保障农民土地权益的努力。然而,由于农民集体发展尚未成熟,对于集体资产、流转收益都还缺乏规范的管理和科学的监管,监管的主体不明确,集体土地资产被侵吞或挪用的风险较高。因而,集体经营性建设用地入市后,分配过程中必须重视农民的权益,更多地关心农民的利益,让农民获得更多的实惠。只有这样,集体经营性建设用地入市才能达到其应有的目的。如一些试点地区在集体经济组织内部成立统一的资产管理机构,聘请专业人才对入市土地增值收益进行统一管理,为规范集体内部收益分配提供借鉴,有利于通过专门管理规范分配行为。

保障农民利益不受损是改革的底线之一,实现好、维护好、发展好农民利益是农村土地制度改革的出发点和落脚点。对于"农民利益"这一概念,虽然可以从理论上加以抽象,但实际上往往难以界定。当前,有关改革有各种不同的有争议的观点,而他们的出发点都是在维护农民利益。由此,必须回答的问题是:到底什么才是农民的根本利益? 谁能代表农民利益? 由于当前我国各地区社会经济发展水平呈现出非均衡性和差异性,城郊农民与远郊农民、经济发达地区的农民与经济欠发达地区的农民、土地资源丰富地区的农民与土地资源贫瘠地区的农民、限制发展地区的农民与优先发展地区的农民,可能在不同的问题上都存在着不同的利益,再加上长远利益与眼前利益、本代农民利益与下代农民利益的差异,要将全国的"农民利益"作为一个整体来考量和把握,并不是一件容易的事。故而,在判断一项改革是否符合农民利益时,需要特别注意:一是不能将"农民利益"这个代表群体的词语过分抽象化,一旦将其设定得空泛而不切实际,就容易被架空而失去了现实意义。二是要将决定权交回农民个人手中,是否符合农民利益要由农民自己进行评价。要建立农民的利益表达机制和参与机制,只有农民掌握主动权和话语权,成为自己的主人,才能真正保障"农民利益"[1]。

收益分配中必须坚持国家、集体、个人三者利益兼顾,这就要求三者中的每个主体都要参与收益分配,并获得相应的份额,包括集体经济组织及其成员。在我国工业化进程中,通过价格剪刀差将农业生产过程中大量剩余价值转入工业。在乡村振兴战略实施背景下,工业反哺农业,此时增值收益的分配更应该向集体经济组织和农民个人倾斜。尤其是在集体经济组织内部分配中,农民个人所占份额应当具有相当比重。"合理提高个人收益"并非指农民集体不参与增值收益分配,集体参与增值收益分配是坚持集体所有权的必然要求。在内部分配中既要注重公平也要关注效率,除了要保障农民公平地享受到入市带来的增值收益外,也要通过创新分配方式对农民利益进行长期保障。

---

① 宋志红. 中国农村土地制度改革研究——思路、难点与制度建设[M]. 北京:中国人民大学出版社,2017:263-269.

农村土地制度改革的底线之一就是坚持农村土地集体所有。也就是说,农村土地制度改革是在坚持原所有制不变的前提下进行的,不是要进行私有化改革,而是对集体土地所有权制度的完善,改革是为了更好地实现农村土地集体所有权。[1] 基于此,集体经营性建设用地入市制度改革也必须坚持集体所有权。收益分配中对集体土地所有权的体现就是保障收益分配中集体经济组织的主体地位和农民个人的切实收益。集体经济组织在收益分配中所占份额由农村集体经济组织根据本地区的实际情况使用,既可以用于改善基础设施,又可以用于为成员提供社会保障,具体使用可由集体依法采用民主的方式决定。

四、可持续分配原则

1987 年,世界环境与发展委员会出版研究报告《我们共同的未来》,报告中系统阐述了可持续发展的思想,并将可持续发展定义为"既能满足当代人的需要,又不对后代人满足其需要的能力构成危害的发展"。至此,可持续发展的思想开始被广泛认可并接受。可持续发展的理念也逐步在各个领域推广应用,成为经济发展和社会治理的重要理念和准则。

要将可持续发展的思想贯穿于土地收益分配过程中,保障国家、集体和农民各类主体利益,并最大限度地保障农民群体应得的土地利益。不仅考虑当下,更要着眼于长远生计保障;不仅保障当代人的权益,也要顾及后代人的权益;不仅要满足农民中大多数人的需要,也要关注到少数特殊群体的诉求。集体经营性建设用地收益数额较大,是采取一次性分配还是可持续分配,是收益分配中必须回答的问题。如果采取一次性分配,一旦出现村民使用不当,如沾染恶习进而致贫等情况,不仅增加了社会中的不安定因素,也为农村集体经济组织增加了负担。从这个意义上说,村民如何使用土地收益也并非与集体毫不相干。

坚持可持续分配原则,主要是将集体经营性建设用地收益使用效益长效化,不是在短期内,而是在更长的一段时间内提高农民生活质量,给农民生活水平的提高增加一重保障。基于此,对于集体经营性建设用地入市收益分配应当做出必

---

[1]　韩松. 坚持农村土地集体所有权[J]. 法学家,2014(2):36-41.

要的指导性和限制性规定。首先，集体土地所有者取得的集体经营性建设用地入市收益应当纳入集体资产进行统一管理，实行收支两条线，并在村内对资产变化情况进行定期公布，保障集体组织成员的知情权，以便于监督。其次，对于集体经营性建设用地入市收益的使用方向做出明确规定，各集体经济组织则按照规定实行专款专用，并由地方政府相关部门定期监督检查。除对集体经营性建设用地进行整理储备或前期开发、补偿费用、集体组织的运行和管理成本以外，入市收益主要用于乡村公益设施建设、集体成员的社会保障、集体经济组织提取的发展基金及集体成员的分红。对于收益在集体内部的使用占比，目前没有全国统一的办法，但是各地在制定使用办法时都对此部分有所涉及。二八开或是三七开，具体比例根据各地的实际情况而定。特别需要注意的是，为获取更多收益，要注意成本的管理与控制，提高土地开发效率，压缩集体组织的运行管理成本。对于扣除上述成本之后的纯收益部分，应主要用于农民成员的社会保障费用支出，同时对提留的后续发展基金的比例做出上下限的限制。[①] 可见，可持续分配原则的提出就是要促使集体经济组织和农民从注重眼前利益、短期利益的分配与占有转向注重整体利益、长期利益的发展上，从现金的分配转向集体内部基础设施建设和保障机制建立等非现金的分配，形成可持续性收益。这种收益不仅是面向当代集体经济组织成员的，集体经济组织成员的后代也能享受到其红利。同时，由于集体经营性建设用地入市后出让年期跨度较长，一次性收益分配既无法满足当代人持续性的收入需求，也必然透支了后代人的合理收益。土地是当代人从上一代人手中继承而来的宝贵资源，同样也有责任和义务完整地传给下一代，以保障下一代人平等享有土地资源及其收益的权利。土地增值收益的二次分配还应考虑当代人与后代人之间的公平，应以代际分配的形式对后代人进行有效补偿，真正实现可持续共享的土地增值收益分配格局。

---

① 宋志红. 中国农村土地制度改革研究——思路、难点与制度建设[M]. 北京:中国人民大学出版社,2017:271.

五、村民自治原则

集体经营性建设用地收益从权属关系上说归农村集体经济组织所有,即组织成员共有,因此其分配也应当遵循"村民群众依法办理自己的事情"的原则,即村民自治。入市收益在农民集体内部分配问题的本质是农民集体自治问题,集体内部成员的分配要充分考虑到集体和农民的意愿。具体的分配形式、比重和收益使用应当由村民集体自主决定。这不仅是村民应享有的权利之一,更是发展农村基层民主、促进农村社会主义物质文明和精神文明建设的需要。在村民自治框架内创新利益协调机制,需要找准村域内涉及集体经营性建设用地利益分配主体间的利益平衡点。土地利益分配是影响农村基层社会稳定的重要因素,只有实现利益均衡,才能有效化解利益分配中的矛盾。当前,受历史因素、管理者素质、地区差异等多重因素的影响,农村土地利益分配的矛盾与冲突呈现出频率高、范围广、解决难的特点。因此,由农民集体自主决定收益分配,重视农民自主权的保护,是实现集体经营性建设用地收益的合理分配、确保广大农民真正受惠于改革的关键一步。[1] 在集体经济组织内部,村干部常常利用自身的信息优势、地位优势等,在与村民之间的博弈中处于优势地位,村民往往难以实现利益诉求,容易引发越级上访甚至群体性事件,成为农村基层社会不稳定的主要原因。因而,集体经营性建设用地入市后,必须强调村民自治,给予农村集体经济组织成员充分的知情权、话语权、表决权。集体经营性建设用地收益的分配使用,必须经本集体经济组织村民会议三分之二以上成员或者三分之二以上村民代表的同意,并接受公众监督,集体成员对有关决议有请求撤销的权利,这是《中华人民共和国物权法》第六十二条第一款和第二款赋予集体成员对集体所有权行使的管理者民主监督的权利和维护集体成员合理权益的权利。[2] 坚持村民自治的分配原则,就是由全体村民共同确定组织中的个体成员可以分得的农村集体经济收益份额。基于当前村民集体自主管理能力参差不齐的现状,对于管理能力较弱、组织体系混乱的农村集体

---

① 刘俊杰. 农村集体经营性建设用地入市改革需解决好四大问题[J]. 农村工作通讯,2019(2):41-44.

② 吴次芳,董祚继,叶艳妹,等. 中国农村土地制度改革总体研究[M]. 杭州:浙江大学出版社,2018:370-371.

经济组织,政府应当针对其现实因素提供相应的指示和帮助。当然最根本的依旧要从农村集体建设的本质入手,加快升级改革农村集体经济组织,健全组织结构、提高管理能力,完善内部分配的监督管理,设立农村集体经营性建设用地入市收益专线管理,其使用和分配接受村民监督,形成多方位、多渠道的监管机制,严厉打击农村集体管理者利用特殊优势侵占入市土地收益的行为。实行村民自治,能够最大限度地保障农民权益,维护农民切身利益。只有这样,才能有效消解利益争端与主体矛盾,提升村级组织的管理能力、治理效能和服务水平,最终保证农民个人有获得感、幸福感。

第三节 利益均衡下的收益分配关系调整

当前理论界对土地发展权价值分享归属已由"完全归私""完全归公"逐渐统一到"公私兼顾"的认知,且大部分学者普遍认同对土地增值分享按贡献进行分配,兼顾各方利益。[①] 集体经营性建设用地入市收益分配主要涉及政府、集体和农民三大利益相关者。[②] 入市增值收益分配可划分为两个层级:第一层级为政府和集体农民之间的利益分配,反映的是城市建设管理者与土地产权人之间的利益分配关系;第二层级为主体内部分配,包括中央、省、市、县和乡镇等各级政府之间的分配,集体与农民之间的分配。

一、初次分配关系

(一)内涵阐释

第一层级的分配关系是入市总收益在集体经济组织和地方政府间的分配关系,决定了集体经济组织的土地净收益。要处理好这一分配关系,地方政府应对此有客观的认识。所有权是产权权利束的核心和根基,土地收益分配首先要保障

---

① 何芳,龙国举,范华,等. 国家集体农民利益均衡分配:集体经营性建设用地入市调节金设定研究[J].农业经济问题,2019(6):67-76.

② 何芳. 建立集体建设用地有偿使用制度[J]. 探索与争鸣,2014(2):25-27.

土地所有权的实现,尊重集体土地所有权,尊重处于弱势地位的集体经济组织。对土地财政的过度依赖使地方政府饱受诟病。在后土地财政时代,地方政府必须克服路径依赖,转变观念和认识,重视并合理参与集体经营性建设用地收益分配。[①] 当前,地方政府在初次收益分配中主要依靠集体经营性建设用地增值收益调节金的收取来实现。理论上,首次入市与再次流转的土地增值本质内涵是不同的。首次入市收益分配主要是对土地发展权价值的分享,[②] 属于国民收入的首次分配。再次流转收益分配是对土地市场供求和城市发展带来的增值分享,[③] 属于国民收入的再次分配,可用土地增值税替代调节金,[④] 可在既有土地或房地产市场交易税收体系下进行。

对于政府是否应当参与集体经营性建设用地入市收益初次分配,学界仍存在争议,可以概括为两种主要观点。第一种观点认为,国有土地和集体土地的增值,究其原因都与政府对基础设施和公共服务配套设施建设的投入密切相关,[⑤] 集体经营性建设用地得以入市交易的基本条件是满足开发建设的基本要求,即"三通一平"或者"七通一平",如果是工业用途或商业用途的地块,在具体开发条件的基础上还需要配套设施、周边居民点的分布及一定的商业氛围。也就是说,集体经营性建设用地入市价值的实现不仅来源于地块本身的价值,还取决于该区域整体基础设施与公共服务设施的用地成本及建设运行投入。由此可见,集体经营性建设用地的市场价格结构中既有地块本身的价值体现,还有区域整体建设的投入。由集体建设用地市场价格的结构可以看出,其收益分配应当既包括所有权人,又包括基础设施和公共服务的建设者。农村集体经济组织和地方政府作为集体经营性建设用地入市收益的分配主体是毋庸置疑的。当然,也有学者对此并不认可,他们提出了第二种观点,即按照收益初次分配基于产权、二次分配基于税制的原则,集体经营性建设用地流转收益应归属于相应的产权人所有,政府和土地管

① 王玉波."后土地财政时代"地方政府角色转变与公共财政体系重构[J]. 改革,2013(2):46-53.

② 姜广辉,张凤荣,师宏亚. 盘活存量集体建设用地的政策思考与措施设计[J]. 农村经济,2003(11):24-26.

③ 郑和园. 集体经营性建设用地入市收益分配制度研究[D]. 合肥:安徽大学,2016.

④ 岳永兵,刘向敏. 集体经营性建设用地入市增值收益分配探讨——以农村土地制度改革试点为例[J]. 当代经济管理,2018(3):41-45.

⑤ 杨岩枫. 政府规制视角下的集体经营性建设用地土地市场研究[D]. 北京:中国地质大学,2017.

理部门只是居于管理者的位置,没有依据直接参与流转收益的分配,而只能通过税收对收益进行二次分配。[①]

从实践来看,第一种观点受到大多数学者的普遍认同,并被相关政府部门采纳。毫无疑问,国家应该参与集体经营性建设用地入市收益分配。首先,政府在配套基础设施方面有投入,这些投入会给集体经营性建设用地带来增值,相应地,收益分配中就应当对政府的投入给予适当的补偿,这也非常符合"涨价归公"的基本准则。其次,为保障国家粮食安全,部分地区承担了更多的农业生产任务,而丧失了土地用途改变带来的增值收益,因此政府必须通过转移支付实现区域协调发展。最后,基础设施建设和公共服务的投入都对建设用地价值的提升产生了积极作用,而这些投入都是由财政资金完成的,也理应由政府部门以税费的形式向建设用地流转中获取增值收益的土地所有权人收取,以弥补财政支出,比如土地增值税、相关的管理费等。

(二)与土地征收土地增值收益分配的比较

2016年4月,财政部和国土资源部配合"三块地"改革中集体经营性建设用地入市试点,印发了《农村集体经营性建设用地土地增值收益调节金征收使用管理暂行办法》,明确调节金按入市或再转让土地增值收益的20%～50%征收。相应地,试点地区的地方政府都直接参与了流转收益分配。2020年,新修正的《中华人民共和国土地管理法》颁布,允许集体经营性建设用地直接入市。2021年4月,新《中华人民共和国土地管理法实施条例》发布,其中第四十二条规定:"集体经营性建设用地使用者应当按照约定及时支付集体经营性建设用地价款,并依法缴纳相关税费……"虽然该条款仅对土地使用者应当缴纳的相关税费加以强调,而对于土地所有权人应当缴纳的税费并未提及,但这并非是政府部门不参与集体经营性建设用地入市的收益分配,而是具体分配办法由各地自行制定。在缺少统一规定和约束的前提下,如何确定收取比例才能确保公平公正,实现各方的利益均衡,显得更为重要。

由于农村集体经济组织拥有农村土地的所有权,因此在土地流转中拥有更多

[①] 宋志红. 中国农村土地制度改革研究——思路、难点与制度建设[M]. 北京:中国人民大学出版社,2017:264.

的自主权,会获得更多的土地增值收益。按照市场机制运作的集体经营性建设用地入市,在土地增值收益分配上会呈现出与征地不一样的行动逻辑和法治样态。根据2016年颁布的《农村集体经营性建设用地土地增值收益调节金征收使用管理暂行办法》第五条和第六条,入市中土地增值收益的20%～50%需上交县财政。而在征地中,划拨是免费的,出让时的收益分配根据《中华人民共和国土地管理法》(2019年修正)第五十五条规定,土地增值收益的30%上交中央,70%留在地方。有学者通过定量分析方法,将征地中和集体建设用地入市模式中土地增值收益分别进行了比例测算,发现农村集体经济组织的收益在征地中仅占23%,而在征收较高调节金的地区,农村集体经济组织的收益可以高达84%,即使低调节金模式下也可达到64%。[1]从理性经济人的视角,同等条件下,相对于征地,农村集体经济组织当然更愿意选择高收益、所有权不变的集体经营性建设用地入市模式,而非低收益、所有权丧失的征地模式。从两者的土地增值收益分配中可以看出,当前两项制度的推行缺乏协同时,土地增值收益分配在两种制度对比时产生了明显的失衡。这不仅会使处于收益分配劣势的制度推行难度加大、成本增加,也会导致受土地财政影响的地方政府消减对基础设施、公共事业的资金投入,消极应对入市的公共服务和监管。[2]因此,要改革征地制度,明确征地权力行使范围;与此同时,改革农村土地制度,允许集体经营性建设用地入市。两项举措同时推行,有助于改革传统的城乡土地资源配置模式。但必须认识到,"当集体经营性建设用地流转收益高于征地安置时,国家征地的难度必然增大"[3]。

(三)利益均衡的实现

在土地增值形成的多类环节中,诸多因素由外部市场环境给定,如地方政府土地开发建设成本、开发商生产投入成本等,而真正决定土地增值收益在利益主体间分配格局的内生因素主要为土地出让价格和土地增值收益调节金,其中某一因素的相对变化都会直接影响增值收益分配的整体格局,即在不同参与主体间的

---

① 谢保鹏,朱道林,陈英,等. 土地增值收益分配对比研究:征收与集体经营性建设用地入市[J]. 北京师范大学学报(自然科学版),2018(3):334-339.

② 胡大伟. 土地征收与集体经营性建设用地入市利益协调的平衡法理与制度设计[J]. 中国土地科学,2020(9):10-16,23.

③ 彭建辉,杨珍惠. 集体经营性建设用地入市问题探析[J]. 中国土地,2014(11):16-19.

分配比例。因此,土地增值收益的初次分配除了按照其理论归属确定参与主体外,具体分配比例还应建立于合理的出让价格的形成机制之上。考虑到土地出让和再开发是一类趋近于市场化配置的过程,所以应根据交易双方供求关系建立市场化的价格形成机制,严防以低价出让土地的形式过度向开发商让渡利益,从而避免全民共享的增值收益流失,以优化资源配置效率。

第一,土地增值收益在初次分配中起决定性作用的是政府在集体经营性建设用地入市收益中的提取比例,也就是试点中各地区设定的土地增值收益调节金。调节金是指按照建立同权同价、流转顺畅、收益共享的农村集体经营性建设用地入市制度的目标,在农村集体经营性建设用地入市及再转让环节,政府对土地增值收益收取的比例。[①] 集体经济组织所拥有的建设用地,如果符合入市条件,则可以进入市场进行交易,并向政府(代表社会)缴纳一定数额的调节金,用于履行社会义务。以行政为主导的土地增值收益调节金征收比例制定已经不再适应改革的需求,而是应当赋予国有土地和集体土地平等权利,尊重农村集体和农民作为集体土地权利享有者的主体地位,搭建包含政府、集体和农民等多类主体的博弈平台,建立科学合理的协商谈判机制,使利益主体在充分协商的基础上达成相对满意的增值收益分配方案。[②] 同样地,中央和地方之间应按照收益与支出责任相对等的原则,协商处理增值收益分配问题。集体经营性建设用地入市后其收益分配向集体经济组织和农民倾斜,地方政府通过收取增值收益调节金的方式参与分配。虽然从收益金额上来说,无法与国有土地出让收益相提并论,但其对于地方财政的支持却依然是有力的。在确定集体经营性建设用地增值收益调节金时,地方政府要更多地让利于集体经济组织,切实体现其所有者的权利。通过遵循市场经济原则,有效保护产权和尊重要素贡献,可以减少利益矛盾,提高利益相关主体的积极性,优化土地资源配置。[③]

① 何芳,龙国举,范华,等. 国家集体农民利益均衡分配:集体经营性建设用地入市调节金设定研究[J]. 农业经济问题,2019(6):67-76.

② 石晓平,魏子博,孙洁. 暴涨的土地增值收益如何分配更合理[EB/OL]. (2016-07-11)[2022-12-06]. https://opinion.caixin.com/2016-07-11/100965110.html.

③ 邹旭,石晓平,马贤磊. 中国共产党建党百年来的土地增值收益分配:政策演进、理论辨析与改革逻辑[J]. 中国土地科学,2021(8):15-22.

自"三块地"改革开展以来,宁夏石嘴山市平罗县积极推进农村集体经营性建设用地入市,采取"就地、调整、整治、优先"4种入市途径,探索"自主、委托、合作"3种入市方式,涵盖工业、仓储、商业、旅游4种用途地类,建立3种收益分配机制,形成入市交易"4343"模式。同时,其探索将集体经营性建设用地使用权出让、租赁、转让统一纳入县农村产权流转交易平台全流程线上挂牌交易,实现土地价值最大化、集体和农民利益最大化。截至2022年8月,平罗县入市交易土地157宗,共计1521亩,成交总额达1.02亿元,农村集体和农民分享增值收益3322万元,建成农产品加工、仓储物流等产业项目110个。[①]

第二,土地是一种特殊的资源,其价值量受区位因素影响较大。城市近郊农村建设用地的入市机会不仅更多,而且其价值量要远高于偏远农村。区位因素造成不同区域的农村发展机会和财富的拥有量大相径庭。这种由自然条件造成的不均衡需要由政府通过政策手段给予干预。因此,有必要对集体经营性建设用地流转课征流转税,将土地增值的部分比例纳入专有账户,通过政府财政转移支付横向补贴偏远农村地区,并优先用于农民社会保障。[②]可见,初次分配中政府不仅因其对于增值的贡献要参与收益分配,同时为减小农村集体经营性建设用地入市而造成的地区性差异,政府亦有必要通过调节金的征收,达到二次分配的目的。因此,必须有可持续发展的长远眼光,树立共同发展和均衡发展的理念,不是简单追求眼前的经济利益,而是从根本上形成持续获取收益的途径。改革中要牢牢守住底线,无论是片面地强调"涨价归公"抑或"涨价归私",都经不起历史和现实正当性的拷问,难以实现公平正义的价值追寻。[③]集体经营性建设用地入市改革就是让所有权主体农村集体经济组织及其成员能分享到改革的红利,获取土地增值收益;但同时也要合理分配,由改革而使农民产生不合理的收益期望也是不可取的。

第三,利益均衡的实现离不开社会责任的承担。集体经营性建设用地入市中,集体经济组织作为产权所有者参与市场运行,并获取收益。此时,它应当与其

---

①　平罗"千万级"农村集体经营性建设用地入市竞拍[EB/OL].(2022-08-18)[2023-05-06]. https://baijiahao.baidu.com/s?id=1741457795505916458&wfr=spider&for=pc.

②　姜和忠.城乡建设用地统筹及土地收益分配:效率与公平[J].农村经济,2011(4):44-48.

③　胡大伟.土地征收与集体经营性建设用地入市利益协调的平衡法理与制度设计[J].中国土地科学2020,34(9):10-16,23.

他市场中的主体一样，要承担一定的社会责任。土地收益必须共享，不能由农村集体经济组织及其成员全部获取。在此过程中，政府部门必须承担管理与监督责任。一方面，要构建和运行高效的市场机制，真正体现集体经营性建设用地的使用价值。另一方面，政府部门要切实抓好统筹监管责任，在土地利用中体现社会对公共利益的追求，并对其产生的增值收益在主体间、城乡间、地域间合理分配，保障农村基础设施投资，持续改善农村人居环境。此外，还可以提取一定比例的土地出让收益和土地增值收益调节金，用于远郊农民的经济补偿和生态补偿，弥补远郊集体因地理区位劣势所带来的土地增值收益分配弱势，也可以由此形成农地社会、生态服务功能保护的激励机制。中央政府应重点统筹完善区域间增值收益共享机制、加大转移支付力度，以及对"老少边贫"等特殊区域给予政策倾斜等多种形式，构建区域平衡的土地增值收益代内分配格局。

二、二次分配关系

（一）内涵阐释

土地是农民的命根子。农民以地为生，向来十分看重土地，对与其有关联的事物也往往更加敏感。在我国工业化、城市化进程持续推进中，工业建设和城市发展需要大量空间。乡村集体土地的非农转化、经营性建设用地的市场化流转，既是集体土地价值赖以实现的具体形式，也给农民职业方式的非农化带来各种新问题。[①]"失地农民"问题主要就由此而起。布鲁斯·米切尔说过，冲突或争端未必都是令人讨厌的坏事。真正的挑战，是要在制定决策时，保证使冲突成为建设性的而非破坏性的因素。[②]与此相关，不仅集体经营性建设用地利益的合理分配是需要关注的问题，而且，怎样才能更合理地使用这种集体利益，同样也是需要特别关注的问题。

二次分配关系是土地净收益在集体经济组织内部分配时所形成的集体与成员、成员与成员间的分配关系。在扣除一定比例的增值收益调节金和土地入市成

---

① 蓝宇蕴,曾芷盈. 集体土地收益分配与村民生活形态的变迁——以新丰村集体分配为例[J]. 学术研究,2020(12):48-57,177.

② 陈菲菲,肖泽晟. 我国农村土地权益分配上的利益冲突与平衡[J]. 江苏社会科学,2020(3):149-158.

本后,其土地净收益要在集体经济组织内部进行分配。要处理好内部分配关系,必须坚持土地收益的合理分割、规范使用和公平分配。具体使用办法要以法律规范的形式予以确定。在此过程中,要坚持民主决策,在集体经济组织的带领下,全体村民共同商讨使用办法。集体经营性建设用地收益使用办法经村民大会通过后,其使用按照办法执行。通过村务公开、村委会定期报告工作等形式,加强民主监督,切实把集体经营性建设用地收益用于集体经济的发展、村基础设施的改善和村民生活质量的提高上,让村民分享到改革的红利。

总体而言,二次分配的重要基础是持续激活农民主体价值,培育农民的利益表达能力。一方面,创新发展农村集体经济组织,构筑农民利益表达平台,培育、提升农民的利益表达能力、集体行动能力及自主治理能力。[1] 另一方面,通过构建相对公平的参与体系和协调机制,农民可以主动、平等地参与地利分配,进而建立稳定的利益联结机制,而不是沦为被动接受者。[2] 只有二次分配中集体经济组织与村民之间形成均衡稳定的分配关系,才能最终实现农民、集体与国家之间的利益均衡。二次土地增值收益的使用范围应该明确为主要用于农村集体基础设施条件的改善,充分体现集体资产收益的归属权,而不能全部用于集体成员的直接分红,满足短期利益。

对于二次分配,各地理念基本保持一致。集体土地所有者取得的入市收益全部来源于集体资产的运营,所有权归集体。然而由奥尔森的集体的行动逻辑可知,个体不同于集体组织,个体理性不等于集体理性。集体财产处置时由集体决策,这一过程需要体现全体成员的意志,才能避免集体成员的利益受损。因此,完善的法律规制对于集体资产管理行为具有重要的指导和约束作用,是必不可少的。

(二)利益均衡的实现

集体与农民之间的收益分配也应引入谈判机制,减少增值收益分配过程中的

---

① 贾小虎,马恒运,秦国庆. 外生激励如何影响合作水平——基于农户公共物品田野实验的分析[J]. 农业技术经济,2020(9):79-91.

② 慕良泽,赵勇. 利益博弈:土地征收中多元主体的行为逻辑研究——基于文献梳理及其反思[J]. 地方治理研究,2020(1):31-42,79.

矛盾冲突,保障社会公平目标的实现。因此,首先要保证的是对集体建设用地使用权流转收益的支配管理方案要向全体成员公布。收益的支配管理直接关系到每一个集体成员的切身利益,因此需要成员绝对多数表决通过。① 此外,集体决策中常常出现"多数人对少数人暴政"的问题,这是对少数成员,尤其是缺少话语权成员的利益侵害。为避免此种情况的出现,要设置救济通道。二次分配中,还要从制度上确保收益分配的可持续性。既要从长远的角度对入市建设用地进行计划安排,也要对入市收益的后续使用与管理给予指导和约束,以确保集体成员的长远生计。具体而言,应设定以下方面的限制规则:

首先,对收益资金账户进行专户管理、收支分离、公开透明、加强监督。其次,要对资金具体的使用方向进行限制,尽量做到专款专用。如:必要的集体经营性建设用地入市前期投入与管理成本、集体内部的公共基础设施建设、集体成员的社会保障及分红等。此部分的具体比例按照各地方的具体规定执行。这就需要各个地方在推行集体经营性建设用地入市改革时不能操之过急,要做好充分的政策准备,制定适合本地实际情况的具体办法。此外,在对"农民集体"进行法人化改造后,应当依照《中华人民共和国公司法》《中华人民共和国会计法》的精神和有关规定制定相应的会计制度,使集体所有者在经营土地过程中的财务管理规范化。② 当然,作为农村集体经济组织的重要资产,土地收益数额较大,更应当加强管理与监督,尤其是必须尽快建立内部和外部监督机制,以确保集体资产的合理使用,防止集体的利益受到少数人的侵害。最后,还需要强调,二次分配必须以农民利益为重,向农民倾斜,要切实让农民有获得感,生活有改观。在确定内部分配比例时要科学合理,要随着收益数量、经济发展水平等适当调整。流转收益分配的恰当比例可使农村集体和农民不会因为集体经营性建设用地流转而失去生活保障,也不会因之而出现暴利现象。③

---

① 张心童. 集体经营性建设用地使用权流转民事法律问题研究[D]. 沈阳:辽宁大学,2015.
② 张心童. 集体经营性建设用地使用权流转民事法律问题研究[D]. 沈阳:辽宁大学,2015.
③ 郭世强,罗崇亮,游斌. 农村集体建设用地流转收益分配研究——基于公平与效率视角[J]. 中国房地产,2014(3):22-29.

第七章　利益均衡视域下集体经营性建设用地入市收益分配机制及制度保障

第一节　构建集体经营性建设用地入市收益的利益均衡分配机制

在集体内部收益分配机制方面,改革试验初期,大部分试验区均将收益分配给集体组织内部成员。如贵州省湄潭县茅坪镇在分配第一宗集体经营性建设用地入市收益时,采用直接分红的方式均分至集体成员,每人分得50.02元。[①] 随着集体经济组织的不断发展壮大,各改革试验区开始转变原有的直接分配土地增值收益的做法,注重集体经济组织的公积金和公益金留存。广东省中山市将集体收益的50%用于农民社会保障的资金支持,10%用于公益事业和基础设施建设,10%用于集体经济的发展,仅30%直接分配给农民个人。[②] 收益分配中分配比例的调整有利于农村集体利用集体资产持续地获取稳定收益,将集体做大做强。实践中,常州市武进区西墅村累计集体经营性建设用地入市面积为5.3公顷,在总收

[①] 周应恒,刘余. 集体经营性建设用地入市实态:由农村改革试验区例证[J]. 改革,2018(2):54-63.

[②] 张雅婷,张占录,赵茜宇. 集体经营性建设用地入市流转增值收益分配的研究[J]. 中国农学通报,2017(17):159-164.

益中,农村集体留存总额为500万元。利用这笔资金,集体经济组织做了两项投资:一是将部分资金用于购置商铺,每年获取租金收入;二是将剩余资金存入银行,获取稳定的利息收入。① 由各地的实践可以看出,建立持续均衡的收益分配机制,既可以满足农村集体及其成员获取持续而稳定收益的需求,更是农村社会实现治理现代化的经济基础。建立科学的集体经营性建设用地收益分配机制,以法律规范的形式加以确认,让集体经营性建设用地收益分配有法可依。在设计收益分配机制时,必须保证各方在收益分配过程中的利益诉求有充分的表达机会,又能兼顾分配效率,做到两者兼顾。可以考虑在分配机制中加入谈判机制和表决机制等,以保证收益分配程序的公平性和结果的均衡性。

政策的最终形成是博弈参与人、博弈规则和博弈过程中参与人均衡策略的结果。首先,以合作联盟为基础,基于"初次分配基于产权"的合法性原则,结合博弈联盟中政府角色定位来看,在集体经营性建设用地入市中,政府作为管理者、投资者身份,以其维护土地要素流转秩序的管理行为成为土地增值收益分配的主体,本身不具有产权基础,因而政府参与分配是基于政府作为管理者及投资者的身份而实现的土地增值。其次,坚持"农民应为最大受益者"的收益分配基本原则,农民作为集体土地所有权的实质拥有者,在集体经营性建设用地入市中,将集体经营性建设用地的使用权通过转让出租等方式显化了土地价值。土地增值的根本在于产权的交易,产权作为最根本的前提,如果没有产权的交易,那么土地难以形成增值,因此农民作为土地产权的实质拥有者,应享受土地入市增值的最大收益,而其他利益相关者应按照其在入市中对公共基建设施、工业发展等方面实质贡献值为依据合理设定分配比例。在充分尊重农民意愿前提下,制定科学、合理、透明的内部收益分配机制,切实保障农民土地权益。

---

① 周应恒,刘余. 集体经营性建设用地入市实态:由农村改革试验区例证[J]. 改革,2018(2):54-63.

一、建立科学的土地增值收益调节金机制

（一）明确政府职能与定位

一个科学合理的收益分配，需要最大限度地平衡入市主体三者之间的利益，确定好相应的比例标准，在规定的范围之内，出于对于改革进程中受损的农民的私人利益的补偿与重视，应当相应地降低国家政府的数值，更多地去考虑人民的切身利益。

明确地方政府职能，在农村集体经营性建设用地入市过程中不得扮演"产权人"角色，仅行使管理者的职能，为农村集体经营性建设用地入市搭建交易平台，保护流转双方的合法权益。[①]当前政府主要通过土地调节金形式参与土地入市增值收益分配，参与方式包括直接参与和间接参与。直接参与是指政府直接从入市总收益中提取一部分资金作为调节金；间接参与是指政府以税收的形式得到一部分税费作为调节金，如征收契税、印花税、土地增值税等税费。但土地调节金作为一种非税财政种类，其在法律定性中并不明确。由于定性不明确，在具体实践中各试点规定相互冲突，原土地调节金的设置模式难以弥合政府在参与土地增值收益分配中存在的法理缺陷，造成实践中重复征税等问题，在一定程度上侵害了农民和农村经济组织的利益，难以切实保护农村经济组织和农民的权益。在农村集体经营性建设用地全面入市后，现有的以土地调节金为主，辅之以税费的法律机制已有滞后性。从2019年《中华人民共和国土地增值税法（征求意见稿）》来看，当前的趋势是将集体经营性建设用地入市增值收益纳入土地增值税范畴中，这一做法操作成本高、难度大。但不能简单将集体经营性建设用地入市增值收益纳入土地增值税，需要充分界定增值收益，从长远考虑才能避免后续风险。土地增值税原是为了规范房地产开发转让的土地增值，但是当前入市土地基准地价、城乡建设用地市场之间仍存在较大鸿沟等各方面因素的制约，无法切实保障农民的利益。

根据利益均衡原则，尽可能减少弱势群体的利益损失。为了更进一步平衡土

---

① 王秋兵，赫静文，董秀茹，等．农村集体经营性建设用地入市障碍因素分析——基于利益主体视角[J].江苏农业科学，2017(4):255-258.

地增值收益在地方政府和农民集体组织间的分配,政府应当将从集体非农业生产经营用途土地在流转过程中获得的部分收益,用于农村公共基础建设、改善农村环境、社会保障福利等,统筹区域的均衡发展,建立农村集体资产的管理和使用规定,注重保障农民的合法收益权。从地方政府所造成的分配关系矛盾来看,地方政府需要从自身职能的角度出发来进一步解决集体经营性建设用地增值收益分配关系中存在的问题,即履行政府意思自治的职能。中央政府对地方政府应当从集体经营性建设用地入市或流转过程中所获收益中提取调节金的比例给出了一个较为弹性的征收范围,地方政府应当充分客观地考虑各方因素,来制定符合本地区情况的调节金收取比例。例如在一些发达的沿海地区或是城中村地区,地方政府可以适当提高调节金收取比例,从而确保地方经济的稳定发展,并且可以此合理地激发集体经济组织及其成员参与集体经营性建设用地入市这一过程的积极性,有效缓解该区域用地紧张的局面;而在一些发展稍落后的地区,提升农民的生活水平和质量,保障基础设施的建设就成为地方政府应当首先考虑的问题。因此,地方政府可以适当降低调节金的比例,确保农民和集体都能有更多的收益,保障农民安居乐业。除此之外,各地方政府还可以借鉴较为成功的试点地区案例,如浙江省德清县,按照土地在入市之后的用途来对不同的集体经营性建设用地制定不同的调节金提留比例,对于一些利用方式较多、土地利用率较高且收益产生较快的商业服务类型的集体建设用地,制定相对高的调节金,以保障政府的土地财政收入;而对于一些用地较为复杂且使用成本较高的工业用地,则应制定相对低一些的调节金比例,从而保证集体和农民的土地收益。

(二)明确计算依据

从利益均衡的角度出发,农村集体经营性建设用地入市流转收益减去应缴纳的土地增值收益调节金、土地税收和必要成本支出(给当地政府和国家)之外,剩余收益归农民集体和其内部成员所有。当然,这是理论上增值收益的正确计算方法。但是在试点中,由于成本计算的技术性强、操作难度大、存在信息不对称等问题,大量试点地区仍以建设用地入市价格作为计算的基数来确定调节金。从客观上讲,用入市价格进行计算虽然并不完美,但是由于集体经营性建设用地入市成本主要产生于集体经济组织内部,具体数额难以客观真实地反映出来;如果要保证数据的真实性,往往调查、监督、核实的工作必不可少,这大大增加了工作量和工作成本,减少了集体建设用地的收益。因此,用交易价格作为计算依据不仅数据易得,且不容易被人为因素扭曲,而且也具有一定的合理性。由费改税,将政府财政收入合理化、合法化,避免了随意性和盲目性收费,使政府收益取之于民、用之于民,保障了集体组织和农民的合法权益;通过健全税收管理及监督制度,依法对当地政府税收进行管理,明确税收使用的范围程序,让税收透明运行,并且完善税收使用公示制度,同时完善问责制度,对违反国家和地方法律规定的个人或者组织,依法追究法律责任。

(三)科学确定收取比例

确定收益分配比例决定着国家与集体间收益分配是否合理,也实现了土地征收与入市取得的增值收益在国家与集体组织之间分享比例的大致均衡。根据《暂行办法》,20%～50%的征收比例范围是所有地区推行政策的起始条件。土地增值收益调节金应当以土地增值的纯收益作为基准,通过统计测算分析地区过去对应时间内所有国有建设用地成本的平均值,以该数据作为基础成本,通过计算获得土地增值纯收益。① 对于土地增值收益调节金征收比例拟定而言,一方面要推动实现国家和集体土地同地同权,另一方面要实现土地征收与集体经营性建设用地入市增值收益大体平衡。在当前土地出让金占地方政府财政收入比重居高不下的情况下,因地制宜设置合理的增值收益金比例,减少地方政府因缩小土地范围而带来的财政收入压力,才能加快推进其入市进程。尤其是入市的基础工作,即村级土地利用规划编制、宅基地确权登记颁证等基础工作,仍然主要依靠政府"有形的手"在推动,因此合理确定入市土地增值调节金比例显得尤其重要。

由于各地的经济发展水平、基础设施条件、区位地价、土地用途等差别较大,因此要灵活制定调节金的征收比例。对于土地增值收益分配机制优化而言,应着重对土地增值收益调节金比例、农民分红比例、集体留存比例进行弹性设定。建立科学合理的调节金制度,将统一规范与灵活差异相结合。可以考虑引入专业咨

① 林超,曲卫东,毛春悦. 集体经营性建设用地增值收益调节金制度探讨——基于征缴视角及4个试点县市的经验分析[J].湖南农业大学学报(社会科学版),2019(1):76-81.

询机构,综合考虑土地增值收益情况、国家和集体分享比例平衡、农民利益保障、入市土地用途、入市土地等级、入市交易方式等多因素影响,对政府提取土地增值收益调节金比例进行充分研究论证。[①] 完善关于农村非农业生产经营性用途的土地进入市场的税收制度,通过税收调节进入土地市场交易产生的收益分配。土地增值收益调节金相对于财政税收而言,更为强调对土地交易的调节功能。因此,应在固定比例收取土地增值收益调节金基础上,对于整理成本过高、有利于重大基础设施建推进等的特殊入市地块,结合实际情况设定返还比例。集体留存比例设定不应"一刀切",需结合地区经济社会发展情况提供差异化政策选择,激励集体经济组织承担相应入市责任。在具体操作过程中,要以实现"收益共享""权责明确"为改革目标,按照土地用途和交易类型,开展土地增值收益平衡测算,确定集体经营性建设用地入市土地增值收益调节金收取的合理比例。设定调节金时,还要充分考虑土地征收与集体经营性建设用地入市两种政策间确定的国家和集体之间的收益分配关系,应尽可能使两种分配处于大体平衡的状态,不能差距过大,影响某一政策的执行。可见,科学确定集体经营性建设用地入市增值收益调节金具有重要意义。

参考本书中 Shapley 值测算出来的政府分配比例,集体经营性建设用地土地增值收益调节金征收比例以不高于联盟总效用的 20% 为佳。此外,还需要对征收基础、具体比例、土地首次入市和再次入市增值额的确定等各个方面进行明确。地方政府对土地首次入市的增值额的确定相对比较困难,根据博弈联盟中的政府定位来看,政府作为土地管理者主要的资源禀赋在于信息优势和基建成本投入,需先对公共基础设施建设的成本及其产生的收益进行准确计算,而土地首次入市计算方法的明确也为税基的确定奠定了基础。

总之,对于土地增值收益调节金的收取来看,土地增值收益调节金与经济增长呈负向关系,数值模拟结果表明,降低土地增值收益调节金可以提高稳态产出水平。因此,必须使调节金处于低位运行的状态,以使集体经济组织成员成为当之无愧的获益者。根据相关定量研究的数值模拟结果显示,土地增值收益调节金

[①] 蔡宇超,李永浮,张杰. 集体经营性建设用地入市制度问题与对策研究——以上海松江为例[J]. 上海房地,2021(12):15—21.

下调可有效地促进经济增长。值得注意的是,产出增长带来的税收收入增长足以弥补政府减少的土地增值收益,这也就意味着政府可以在提高乡村居民土地增值收入的同时,维持对基础设施的有效供给。[①]

(四)纳入土地增值税征收

从本质上来说,集体经营性建设用地土地增值收益调节金就是对入市土地产生的增值收益进行征税,其应统一纳入土地增值税的范畴进行调节。在税率设定过程中,要从集体经营性建设用地的特殊性出发,其增值产生与国有建设用地上的土地增值收益有根本性的区别。主要是由于所有权的不同,国有建设用地在转让过程中产生的增值收益大部分应当归其所有者,即国家所有,因此当前设定的30%～60%的四级超率累进税率是科学且合理的。而集体经营性建设用地入市产生的增值则不适用于该税率,因为其土地的所有权人为集体经济组织,政府在此过程中的地位和作用与前者存在本质上的不同,因此应当单独设定税率。

基于上述分析,本书提出应在土地增值税税法中设置一套独立的征税计算办法和税率。政府在初次分配的基础设施投入效应(原土地调节金)应纳入征税范围,农村集体经营性建设用地的税费比例可以参照国有土地在市场中流转所收取税费比例收取,按国家统一规定,根据集体经营性建设用地入市成交价格的一定比例收取。确定合理的非农业生产经营性用途的土地入市税费项目,可以参照城市国有建设用地市场的税费调节办法来制定集体经营性建设用地入市税费政策。在集体建设用地交易过程中,土地使用权的出让、转让环节应当缴纳营业税、所得税、契税等。在土地出让和转让时需缴纳土地流转收益调节金。依照国有土地交易收取的费用,集体经营性建设用地在入市过程中,地方政府可以收取一定的管理费、服务费。第一,根据出让、转让环节确定不同征收比例;第二,根据区域位置、集体土地用途及不同的地价基数制定征收比例;第三,按照不同的入市途径确定征收比例。获得的增值收益调节金可由当地政府自行制定收取标准,国家不作统一规定。集体经营性建设用地在转让环节产生的收益,土地所有者有权享有此类收益,收益的分配比例可以在土地出让环节由土地所有者协商确定。

---

① 方先明,胡丁. 乡村振兴中的集体经营性建设用地入市的经济增长效应[J].江苏社会科学,2022(2):117-128.

将集体经营性建设用地土地增值收益调节金纳入税法管理是必然趋势,也是当前我国政府正在努力的方向。2019 年 7 月,财政部、国家税务总局联合向社会发布了《中华人民共和国土地增值税法(征求意见稿)》和相关说明。此次意见稿中引起极大关注的是在列举土地增值税征收范围时,首次将出让集体土地使用权、地上的建筑物及其附着物,或以集体土地使用权、地上的建筑物及其附着物作价出资、入股(以下简称集体房地产)等行为纳入征税范围。如果土地增值税法律按此调整,则将会取消目前对集体经营性建设用地征收的土地增值收益调节金,统一征收土地增值税。

二、推进收益共享机制

(一)明确界定共享主体

农村集体经营性建设用地入市制度的核心是"共享"。集体经营性建设用地入市收益应由地方政府、集体经济组织和农民共同分享。农村集体土地所有权是行政村或村小组,从各地试点来看,入市主体多为土地所有权法定代表人或委托代理主体组织。农村集体经济组织负责人频繁变动,或委托代理人的信息不对称、道德风险,均使集体经营性建设用地相对于国有建设用地使用权的风险较大,需通过同权赋予集体经营性建设用地更多转让、出租、抵押的权能。

集体经营性建设用地价值的增值大部分来源于政府和社会的公共投入,因此,地方政府可以提取一定比例的土地收益调节金。对于此部分收益的用途,地方政府可以考虑将其以直接或间接的方式反哺给农村。这部分收益既可以统筹用于当地基础设施建设、污水垃圾处理及农村环境综合整治,也可以将集体经营性建设用地收益调节金部分返还给乡镇,以调动乡镇工作的积极性。

目前,政府获得的土地出让金除了用于拆迁补偿和开发支出,其他主要用于建设基础设施,以进一步发展城市。因此,集体经营性建设用地入市打破了政府的土地财政,再将城市化所带来的土地增值收益用于城乡公共事业建设的发展既有路径。在平衡国有土地出让与集体经营性建设用地入市间的收益时需要考虑,政府不再是唯一供地主体后,应该如何平衡基础设施建设的支出。要通过确定清晰的增值收益分配政策,来规范政府参与分配的行为。

　　集体经济组织是集体资产管理的主体,也是为村民服务的,其应合理提取公积金、公益金,用于扩大再生产、承担经营风险和集体文化、福利、卫生等公益事业设施建设。提取公积金、公益金后,要做到有计划地使用,专款专用。提取比例应在地方政府和村民的参与下确定,不能随意提高提取比例。对于收益的分配办法和分配形式,因其涉及每个村民的切身利益,应召开村民大会讨论通过。

　　对于集体享有的集体经营性建设用地使用权出让收益分配权,首先需明确集体土地的所有者。现实中,我国农村土地所有权归属呈现出多样性,既有集体经济组织,也有村委会。在这种情况下,由谁来决定入市收益的分配就必须事先决定。现实情况往往是由集体经济组织享有。如果尚未成立集体经济组织,则由村委会行使相应的权力。但无论由哪个组织来行使收益分配的权力,都应当明确成员分享的比例,以免出现成员利益受损的情况。调研中发现,多数农户对于将部分收益用于集体基础设施建设或是公共事业是表示支持的。以法律形式保障集体获取部分收益是对农民现实需求的呼应,有利于保证农村公共产品和公共服务供给。[1] 在市场经济日益发达的今天,集体经营性建设用地的资产性因其可以进入市交易而得以体现。这使得未来土地资产将成为集体基础设施建设重要的资金来源。可以说,集体土地所有者和成员所获得的收益就是建设用地地租加上建设用地发展权所致价值增值收益。[2]

(二)制定合理的共享规则

　　合理的共享规则体现在以下几个方面。首先,共享要具有合法性和正当性。收益共享主要体现在政府与集体之间及集体内部。前者的收益分配是由专门的规则确定标明的土地增值收益调节金征收比例决定的;后者则是在政府部门相关政策的规范下,由农村集体确定留存比例后给予成员的分红而决定的。共享规则的合法性主要体现在规则中。这就要求地方政府和农村集体经济组织在集体经营性建设用地入市收益分配之前就要把相关的规划制订好,也就是确保收益分配

---

　　① 陆剑. 集体经营性建设用地入市中集体与成员权利配置论[J]. 领导之友(理论版),2016(211):39-47.

　　② 陈小君. 我国《土地管理法》修订:历史、原则与制度——以该法第四次修订中的土地权利制度为重点[J]. 政治与法律,2012(5):2-13.

有章可循、有法可依。共享正当性要求给予集体经济组织对入市收益分配的决定权。从产权的角度来看,作为土地所有者,农村集体经济组织有权对其拥有土地所获得的收益进行支配。但是,为了避免集体经济组织内部出现利用个人职权或信息优势而侵占土地收益导致农民利益受损的事情发生,地方政府可以制定相应的规则,对集体经济组织的分配行为进行约束,并行使相应的监督权。农村集体经济组织是乡村振兴战略实施的重要组织基础。其收益权和分配权是集体经济组织运行和发展的权利基础,也是其获取物质基础的基本手段。只有维护和发展农村集体经济组织,农村经济才能逐步发展壮大,才能实现农民收入的增加。可见,财产权是农村集体经济组织运行的权利基础。农村集体经济有效实现的本质是权利的实现,特别是财产权的实现,农村集体经济的实现离不开财产权的配置与运用。从这个角度来看,集体经营性建设用地是集体组织的重要财产,由入市获取的收益理所应当成为农村集体经济组织重要的经济来源。充分利用好收益,并进行合理分配,自然成为题中应有之义。

其次,合理制定集体内部收益分配规则。产权构造决定利益格局,集体内部收益分配规则的明确有赖于两个方面。一是主要体现在产权主体关系的明确上。在当前的土地产权制度体系和实践过程中,产权主体模糊、产权权能弱化等一直是制约农村集体经营性建设用地改革的重要因素,在集体内部的收益分配中存在不公平的问题,由于信息不对称,在自身资源禀赋等方面处于博弈弱势方的农民利益往往难以得到切实的保障。二是所有权具有排他性,明晰农村土地产权主体、强化产权权能边界和利益约束边界是农村集体经营性建设用地进入市场交易的基础,因而需要从法律上明确产权归属和产权边界,分析土地产权权利束,明确集体经营性建设用地入市各利益主体的权责利关系,切实保障农民对集体土地收益权、处置权等权利,充分显现土地使用权的用益物权,将土地流转的收益真正回馈农民。通过德清县的实证分析,农村集体经济组织与农民的分配比例应尽可能维持相对平衡,而集体留存的部分除了用于集体运行和村庄发展等方面外,最重要还是将部分留存收益用于农民长远利益的保障上。

最后,集体和农民两者之间的分配应遵循将农民的土地权益真正落实的原则。土地入市利益向农民倾斜,在偏向农民的同时还要考虑到集体的诉求,集体留存比例设定不应"一刀切",需结合地区经济社会发展情况提供差异化政策选择,激励集体经济组织承担相应的入市责任。推行所有权与使用权股份化,成立股份经济合作社,颁布股权证,明确农村集体成员所享有的份额。重视农民对土地发展权的把握,促使农民把土地有生存之本转化为发展之源,充分保障农民对土地产权收益的获得;[①]通过建立完善的沟通机制和信息共享机制,让农民掌握更多有效的信息资源,增强集体经济组织和农户在合作中的话语权,提升其博弈能力。

　　集体经济组织与集体成员之间的利益分配,只是要求留足集体后在集体经济组织成员之间公平分配,而修正的《中华人民共和国土地管理法》也没有明确入市收益的分配方法。当前地方政府依赖"土地财政"的情况下,多数试点地农村集体经营性建设用地入市产生的收益多是由政府制定的相关办法来决定分配的,农村集体土地所有权人和农民参与决策的机会少,其利益难以得到保障。因为没有统一规定,各地政府在收取调节金方面法律性质不明,基于"理性人假设",政府收取调节金后,剩余利益将在集体和农民间分配,两者必将会围绕剩余利益相互博弈。[②]

三、实行差别化收益分配机制

　　差别化收益分配机制主要是针对农村内部收益分配而制定的。

(一)针对不同主体制定差别化收益分配比例

　　按照三级集体经济组织的不同,入市的集体经营性建设用地权利主体包括:乡镇集体经济组织、村级集体经济组织、村内其他集体经济组织(村民小组)。需要根据权属的不同,分别制订分配方案,进行差别化分配。属于乡镇集体经济组织的土地,收益可用于辖区内的基本建设,而非直接进行内部分配。对于属村级集体经济组织的土地进入市场的,可以考虑将入市收益优先用于发展壮大村级集

　　① 喻瑶,余海,徐振雄.农村集体经营性建设用地入市价格影响因素研究——基于湖南省浏阳市数据的分析[J].价格理论与实践,2019(11):33-36.

　　② 翁贞林,唐文苏,谌洁.乡村振兴视野下农村集体经营性建设用地直接入市:演进逻辑、现实挑战与未来展望[J].华中农业大学学报(社会科学版),2022(3):188-196.

体经济,村民按照一定的方式参与土地收益分配。属于村内其他集体经济组织的,应按照一定比例提取部分收益上交村集体,剩余部分可以进行内部分配。

(二)结合当地实际制定差别化的内部收益分配机制

制订集体经营性建设用地增值收益分配和使用的指导性方案,切实保护农民权益。大部分试点地区已经公布了集体经营性建设用地收益分配办法。从公布的方案来看,各地的收益分配比例不尽相同。分配方案的差异直接影响到各个地区农村集体及其成员的收入。因此,建议中央政府应当对地方政府参与分配的比例给予指导性规定,各地可以在指导性分配的办法范围内设定具体分配比例。在分配过程中必须明确"农民应为最大受益者"的原则。其他投资者(包括地方各级政府)则应根据各自在农村基础设施、公共设施、工业等方面的投资情况享受合理的投资收益。① 而对于农村集体内部的分配,应当充分尊重村民的意愿,分配方案需由大多数村民同意方可执行。集体经营性建设用地流转收益属于农民集体收益,应当纳入集体财务进行管理,在村民的监督下使用和分配。为防止集体管理者滥用职权、以权谋私,可以明确规定分配给农民的最低比例;同时对集体分配到的收益限定用途,只得用于集体基础设施、公益事业或者偿还集体因发展本村经济、偿还本村社会服务欠下的债务。②

《暂行办法》对土地增值收益在集体内部的分配比例未做明确规定,只是要求满足各地的收支平衡,农民的利益得到保障即可。因此,合理确定入市增值收益在国家、集体、个人之间的分配比例,是收益分配制度的首要工作。海南省文昌市的文件规定分配方案应包含预留不少于30%的土地收益在农村集体经济组织,③剩余部分可分配至本村集体各成员。而在实际分配过程中,集体经济组织和农民集体之间的分配比例、各农村集体成员之间的分配比例没有明确规定,建议将剩余的70%的收益按照5∶2的比例在集体经济组织和农民集体之间进行分配。这

---

① 杨继瑞,汪锐,马永坤. 统筹城乡实践的重庆"地票"交易创新探索[J]. 中国农村经济,2011(11):4-9,22.

② 张伟. 农村集体经营性建设用地增值收益分配机制研究[J]. 成都理工大学学报(社会科学版),2016(3):53-56.

③ 刘敏. 农村集体经营性建设用地入市流转存在的问题及对策——以海南省文昌市为例[J]. 当代经济,2018(18):27-29.

是一荣俱荣的做法,为了拉动农村经济的发展,集体经济组织和农民集体必须一条心,加强对入市地块的建设,同时也保证了集体经济组织建设的积极性。除去用于农村集体经济建设收益,在农民集体成员之间的分配按照入市地块的亩数进行分配,本着多地多拿的原则,确保农民个体收益的公平性。

四、完善股权化分配机制

(一)提高股权化分配方式的比重

2016年12月,中共中央、国务院发布《关于稳步推进农村集体产权制度改革的意见》,对农村集体经营性资产进行股份合作制改革提出明确要求,实行股份制,明确成员身份,厘清成员边界,实现"产有其主、主有其权、权有其责",成员的财产权利和民主权利进一步得到保障。将权利确定到户,由此而将利益分享机制确权给每个农户。基于集体资产股份制改革,将集体经营性建设用地入市收益直接纳入集体资产统一管理。实行集体经营性建设用地股权化分配机制,就是不直接分配土地收益,而是以入市收益追加量化成员股权的形式,让农户享受土地分红。这既保证了利益分配的规范性和可操作性,又便于农户监督。

目前我国在集体组织内部的分配方式主要是以下三种:第一种是以集体统筹安排留存为主;第二种是集体组织和成员按比例分配,两方所占的比重不同;第三种是将集体收益量化为农户股权。

通过对试点地区农民分配方式选择的调查来看,选择一次性资金分配的农民占41.15%,而选择股权分配按期分红的占58.85%。[①] 这不仅说明农民对于集体经济组织具有一定的依赖性,希望跟着集体经济组织一起谋求更长久的发展,也可以看出当前农民对于股权化分配方式的认可。被调查农民的年龄越大,对集体经济组织工作的满意度越高,愿意将增值收益分给政府的农民偏向于选择股权分配按期分红的方式来分配土地增值收益;受教育程度较高、主要收入来源为非农业工作的农民偏向于选择一次性资金补偿的方式。

---

① 刘民培,杨灵玉,颜洪平. 集体经营性建设用地入市增值收益分配方式的影响因素分析——基于文昌农民的问卷调查[J]. 海南大学学报(人文社会科学版),2023(1):58-66.

(二)促进股权化分配方式的推进

浙江省农村建设用地的土地产权量化为股权主要是提高土地资源配置效率,提高农民个人收入。农村集体组织内部的收益分配应当实施差别化分配。首先明确的是农村集体经营性建设用地进入土地市场交易的收益不得直接分配给内部成员。[1] 集体组织以非现金形式所得的收益,应及时在农村集体经济组织中公布。政府应当明确股权划分原则,再由农村集体经济组织以股权形式分配给组织内部成员。农村集体组织要接受国家、地方政府和农民个体的全面监督。农村集体经济组织应当加强自治和民主管理能力。农村集体管理能力越强,才越能够降低组织内部个人的收益受损的风险,农民的收益才会越高。同时当地政府也有义务对农村集体经济组织做出正确的引导。

农民集体是土地收益的最终受益者,保障好农民集体的利益是实行集体经营性建设用地入市的初衷。土地的增值收益不是一次性的,应该是可持续性的,因此必须拓宽土地增值收益的渠道,让入市地块的增值收益能够满足集体经济组织和农民集体的共同发展,切实做到土地入市的"一带一路"。据此可以借鉴浙江省建设用地入市成功典型的案例——德清县股份经济合作社形式,采取入股分红、折股量化的方式扩大土地增值收益,使农民也能作为土地收益的直接参与者进行分红,为长期的生活提供保障。建议增加农民集体的收益用于农村的公共设施建设、医疗保障、养老保障、公益金、环境保护金等,根据农村集体经济组织的实际情况将收益的用途进行细化,把农民的幸福感建立在集体经营性建设用地分配制度上,以确保土地增值收益分配机制的长期可靠性。只有人民的生活水平和质量提高了,才能更好地促进建设用地的入市试点工作的进行。

农民并未取得集体土地流转的主导权利,以股份合作制为核心的珠三角模式则为解决这一困境提供了有益参考。《中华人民共和国土地管理法》为集体经营性建设用地直接入市提供了法律依据,股份合作制保证了村民在集体经营性建设用地流转过程中的参与度,形成以集体和村民为主导的乡村治理模式,有助于确保村民成为土地增值收益的主要获得者。借助股份合作制,农村集体和村民将对土

---

① 郭世强,罗崇亮,游斌. 农村集体建设用地流转收益分配研究——基于公平与效率视角[J]. 中国房地产,2014(6):22-29.

地的控制权直接转化为自主开发能力。快速攀升的土地价值赋予了股份合作社强大的融资能力,并通过抵押土地使用权、共同筹资等方式完成厂房建造,推动土地的快速开发。实践中,股份合作制逐渐成为集体经营土地的普遍模式。

五、建立长效分配机制

(一)构建收益长效分配制度体系

流转收益应在农村集体内部进行合理分配。实践中的普遍做法是集体经济组织先按一定的比例提取集体发展基金,将其作为公共财产进行统一管理,必要时专款专用,用于乡村基础设施建设及集体成员的社会保障,并将确定的一定比例的收益在成员之间进行分配。在制定利益分配规则时,并不能仅简单地规定"农民应为最大受益者",而是应当切实地将农民的生存权与发展权放在与所有者权益同等重要的位置。例如,集体发展基金的用途应当由集体成员共同约定,使用时由集体成员决议通过,使用后的盈余等具体情况应当定时向集体成员公开。

集体经营性建设用地使用权转让可以在短期内增加农村集体和村民的收入。但是从长远来看,这一方式难以从根本上改变村民的生活状态。农村集体所获得的一次性收益若用于村基础设施建设固然是好的,但是基础设施的维护与再投入将又一次遇到资金瓶颈。村民所获得的一次性收益应当如何使用,尽管从本质上说是村民个人的事情,但是如果使用不当,在目前我国农村地区社会保障仍然不完善的情况下,对于村民今后的养老和医疗问题,农村集体经济组织也不能完全坐视不管。因此,村民如何使用土地收益也并非与集体毫不相干。可见,集体经济组织在分配经营性建设用地收益中应当建立长效分配机制,而不是采用一次性分配机制。如何实现集体经营性建设用地收益的长效分配,是集体经济组织应当思考的问题。对于我国多数地区来说,集体经济组织都积累了大量资产,部分集体还有一定的经营性资产。如果收益主要用于集体经济组织的发展壮大,恐怕还需要承担一定的风险。因此,建议将集体经营性建设用地收益优先用于集体组织成员的基本社会保障,如购买养老保险或医疗保险,再用于集体经济组织的发展壮大。有了基本社会保障,就解决了农民的后顾之忧。再加上集体经济组织的发展壮大,农民可以凭借手中的股权分享集体经济组织带来的收益。可以想见,农民的生活水平和生活质量一定会有大幅度的提高。

加紧构建集体经营性建设用地收益分配的长效机制,要从多个角度进行制度设计与思考。有必要探索集体经营性建设用地收入分配的长效机制,即尝试建立"一次性固定收益＋长期分红"的收益分配模式。"一次性固定收益"是指转让集体经营性建设用地所获得的总价款,"长期分红"就是根据当地经济和社会发展的实际情况,采用土地入股、年租制或是建设物业收取租金等办法,将集体经营性建设用地的收益长效化。长期分红模式的优势不仅在于可以让集体和村民从集体经营性建设用地中获取长期的收益,更重要的是可以随着土地市场的变化,享受到土地价格的增值收益。

(二)加强入市与农村改革的融合推进

结合当前我国乡村振兴战略的推进、农村产业发展的推进,可以从以下三个方面加强入市与农村改革的融合推进。

首先,加强农村集体经营性建设用地入市与"三变改革"深度融合。推进集体经营性建设用地入市与农村"三变改革"紧密融合,探索"入市＋三变＋特色产业""入市＋三变＋生态休闲""入市＋三变＋农旅融合""入市＋三变＋村集体经济""入市＋三变＋农业园区""入市＋三变＋企业(合作社)"等综合发展模式。以农村集体经营性建设用地入市为契机,引进一批规模大、实力强、适合村级发展的项目,让"三变"改革有载体、能落地。建立健全农村集体经营性建设用地入市增值收益分配机制,创新完善农户参与"三变"改革的利益联结机制,以产业为平台、股权为纽带、农民为主体,探索新型农业经营主体与农户合股联营模式,建立劳动就业、经营服务、股份合作、集体经济分红的利益联结分享机制,使农民通过土地入股获分红、集体经营性建设用地入市得收益金、资金入股分利金、就业入企赚薪金。强化村级经济组织建设,提高农村集体经济组织的资源整合能力,完善集体经济组织法人治理结构,推动农村治理体系和治理能力现代化。加快建设农村产权交易网络信息服务平台,推动农村集体统一经营管理的资源、资产进入平台公开交易,建立股权登记和交易机制,畅通股权转退机制,让农户通过自由流转股权实现要素资源市场化,使资产在竞争机制中实现增值。

其次,加快农村集体经营性建设用地入市与"三产融合"协同联动。统筹协调农村集体经营性建设用地入市与农村"三产融合"发展的政策目标,促进农村集体经营性建设用地入市与土地流转相结合、农村建设用地节约集约利用与农地多功能开发相结合、入市后集体经营性建设用地利用与农村产业发展相结合。科学编制乡镇国土空间规划,根据产业业态特点和地方实际,探索各类产业项目的供地方式,优先保障农村第一、二、三产业融合发展项目和农村服务业、公益事业项目的合理用地需求。优化农村土地利用体系,完善县域农村建设用地总量控制制度,依据国土空间规划,以乡镇或村为单位开展全域土地综合整治、工矿废弃地复垦、碎片化建设用地整治,大力盘活农村存量建设用地,夯实乡村产业发展的基础条件。明确农村集体经营性建设用地入市的产业指向,发挥集体经营性建设用地对延伸产业链条、发展农业新型业态的重要作用,在入市时设置一定的产业门槛,通过发展现代种养业、乡土特色产业、生态循环农业、农产品加工流通业、乡村旅游业、乡村新型服务业等新产业新业态,重塑乡村产业发展新格局。构建风险与收益相匹配的利益联结机制,以契约的形式将农户与新型农业经营主体、入市企业的利益进行紧密联结,通过按资分红、按股分红、二次返利、产值分成、保底收购、务工就业等形式让农户共享产业增值收益,将产业链增值收益更多地留在产地、留给农民。

最后,推动农村集体经营性建设用地入市与"三社融合"有效衔接。加强农村集体经营性建设用地入市与"三社"(即供销合作社、农民专业合作社和信用社)融合紧密衔接,通过农村集体经营性建设用地入股、出租,引进农业全产业链、全服务链薄弱环节的外部工商企业,以产业为纽带,充分整合"三社"功能优势和当地资源优势,打造耕、种、管、收、储、销等全程服务平台,提升农业产业效益。立足镇、村资源禀赋和产业基础,以农村产权交易市场体系、为农服务基层组织体系、农业社会化服务体系、农村现代流通网络服务体系、农村综合信息服务体系、农村合作金融服务体系等为载体和依托,通过村社一体化、多社合一、联合发展等组织模式,推动资源、资产、资金要素有效聚合。整合涉农扶持资金,优化资金扶持方向,允许符合条件的农民专业合作社及供销社开展农村资金互助服务,鼓励金融机构加大对农村集体经营性建设用地入市的金融扶持力度,畅通农村集体经营性建设用地抵押融资渠道。强化利益联结,促进农村集体经营性建设用地入市与"三社融合"在产权、资金、服务、人才等方面的合作,综合运用价格、资产、服务、股份、组织、互助等形式,引导小农户与新型农业经营主体开展合作,促进农民收入提升。

六、优化收益分配纠纷解决机制

当前农户对土地纠纷解决方式的选择主要有三种途径:协商途径、行政途径和司法途径。协商途径主要是基于当前我国农村地区仍然是非常重视人情关系的熟人社会,一旦农村社会内部出现纠纷,往往通过村干部或是由村里德高望重、有地位的长辈出面调解。行政途径主要是行政裁决和行政复议等。司法途径主要包括仲裁和诉讼。由于我国农村社会的特殊性,农村集体经济组织内部产生矛盾纠纷时,村民一般不愿意直接打官司,即通过司法途径解决问题,因此三种途径中对于司法途径的选择相对较少,协商途径和行政途径是农村社会解决一般土地纠纷问题的主要途径。

然而对于集体经营性建设用地入市收益分配来说,虽然从本质上说它也是土地纠纷中的一种,但是集体经营性建设用入市收益分配与一般的土地纠纷相比具有明显的特殊性。首先,集体经营性建设用地入市收益分配纠纷涉及的主体与一般的农村土地纠纷主体存在较大差异。前者纠纷涉及的主体可能包括政府、农民集体及集体经济组织成员,而一般的土地纠纷多是在集体内部产生的,即集体成员之间或者集体成员与村委会之间,政府涉及其中的可能性非常小。在这种情况下,集体经营性建设用地入市收益分配过程中,政府与农民集体之间、政府与农民成员之间及农民集体与成员之间形成的是"管理与被管理""指导与被指导"的关系,主体地位上很难平等,由此造成和解与调解制度难以适用。[①] 其次,根据《中华人民共和国土地管理法》的规定,集体经营性建设用地入市流转前,入市方案、收益分配办法等必须经过2/3以上多数成员或成员代表同意才能进入市场,在这一过程中即有协商机制的存在。如果在集体经营性建设用地入市收益分配中发生

---

① 何帅. 集体经营性建设用地入市收益分配法律问题研究[D]. 成都:四川师范大学,2021.

纠纷,也就是不可能通过协商方式解决问题。可见,协商途径对于一般土地纠纷比较有效,但是对于集体经营性建设用地入市收益分配中出现的纠纷往往难以起到实质性的作用。最后,由于集体经营性建设用地入市收益分配出现的纠纷往往不是偶然的,表面是收益分配纠纷,实质上是相关的制度出现了问题,如成员认定标准、集体资产分配办法等。其中不仅涉及每一位集体经济组织成员,具有牵扯面广的特点,而且涉及的数额也往往较为巨大。因此,这种纠纷的解决不是一般的途径可以达成的,必须通过行政途径或是司法途径做出具有权威性的裁决。只有这样才能有效解决问题,化解矛盾纠纷。

(一)构建行政性纠纷解决机制

行政性纠纷解决机制,是指在行政主体主持下,根据自愿、合法的原则,通过说服、教育等方法进行调停、斡旋,以促进双方当事人友好协商并达成协议,从而有效地解决纠纷的一种活动。[①] 其形式主要包括:行政调解、行政复议、行政裁决、听证、仲裁等。行政性纠纷解决机制作为诉讼的必要补充手段,可以有效分担法院的压力,有助于促进司法资源的合理配置。基于集体经营性建设用地入市收益分配纠纷的特点及原因,重点建立行政裁决和行政复议机制。

行政裁决是政府做出的一种具体行政行为,是指行政主体依照法律授权和法定程序,对当事人之间发生的与行政管理活动密切相关的、与合同无关的特定民事、经济纠纷进行裁决的具体行政行为。[②] 行政裁决又称为行政司法,其主要作用是解决和行政职权切实相关的民事纠纷,此时行政机关的作用类似于法院,其行为产生的结果具有一定的执行效力。[③] 当前,集体经营性建设用地增值收益分配所适用的法律依据主要是《中华人民共和国物权法》《中华人民共和国土地管理法》《土地管理法实施条例》等法律法规及其他一些规范性法律文件,由于缺乏专门的集体经营性建设用地增值收益分配的法律,[④] 因此各地在收益分配上仍然主要依据地方政府制定的相关政策文件和行政规章,尤其是试点结束后的几年,这

① 史婷婷. 我国行政诉讼时效规定的完善及其制度构建[D]. 南京:南京财经大学,2017.

② 黄晶晶. 浅谈行政裁决[J]. 法制与社会,2020(33):103-104.

③ 张光杰. 中国法律概论[M]. 上海:复旦大学出版社,2005.

④ 蓝哲涵. 集体土地增值收益分配纠纷案例研究报告[J]. 法制与社会,2015(32):53-54.

一特点更为明显。在此背景下,对于集体经营性建设用地入市收益分配纠纷产生的原因,行政管理部门相对来说是较为清楚的,因此由其担任纠纷化解的主体也有利于问题的妥善解决。首先要明确机构,由主要负责与农村土地权益相关纠纷裁决的机构来解决集体经营性建设用地入市收益分配纠纷。由于该机构中的人员往往具备土地法律知识背景和一定的法律素养,因此可以保障裁决结果既符合法律规定,又切合当地实际。其次要将明确裁决流程。只有形成明确的行政裁决程序并体现在文本中,争议主体才能够按照规定的指引在纠纷产生时启动相应程序,维护合法权益。

　　行政复议,是指行政相对人认为行政主体的具体行政行为侵犯了其合法权益,依法向行政复议机关提出复查该具体行政行为的申请,行政复议机关依照法定程序对被申请的具体行政行为进行合法性、适当性审查,并做出行政复议决定的一种法律制度。[①] 地方政府参与集体经营性建设用地入市的全过程,不仅是收益分配,计划的制订、程序的设置、土地使用者的确定等环节无不体现着行政参与。在这一过程中,极有可能发生对集体经济组织利益造成侵害的行为。而作为行政管理相对人行使救济权的一项重要法律制度,行政复议在此过程中就成为必不可少的一环。客观上讲,收益分配纠纷就是不同主体之间对于收益分配产生的争议,因此行政裁决机制的建立可以较为有效地解决集体内部产生的纠纷。然而由于集体经营性建设用地入市收益分配主体包括地方政府,因此当地方政府成为纠纷主体,行政裁决机制就难以发挥作用,此时行政复议就成为非常重要的补充,为纠纷的解决提供了可能。在集体经营性建设用地入市收益分配过程中,地方政府以收取调节金的方式参与收益分配过程。如果地方政府收取增值收益调节金的具体行为损害到农民集体及其成员的合法权益时,相关利益主体有权通过行政复议的方式维护自己的权益。可见,通过行政复议的方式解决纠纷可以有效避免地方政府既作为纠纷主体又作为裁判主体,"既当运动员又当裁判员",保证公平性。

---

① 何宏耀. 高等院校与学生纠纷问题研究[D]. 厦门:厦门大学,2007.

(二)完善司法解决机制

司法解决机制是将纠纷提交到专门司法机关,按照法律规定的程序进行处理的过程。从程序上来说,这是入市收益分配纠纷解决的最后途径,因此,必须通过完善司法解决机制、构建法律屏障,来保障相关主体的权益。由于集体经营性建设用地入市活动涉及环节较多,过程较为复杂,涉及地方政府、农民集体及集体成员等三方多重主体,各主体间的收益分配关系仍需要进一步理顺。在此条件下,哪些主体间的哪些纠纷可以诉讼到法院需要加以明确,以免出现法律途径不通的情况。基于此,不仅要明确收益分配纠纷的可诉范围,还要区分不同主体间产生的纠纷性质,设计适当的诉讼流程。

第二节　集体经营性建设用地入市收益分配机制的制度保障

集体经营性建设用地入市是农村土地市场化利用的重要途径,也是农村地区第一、二、三产业融合发展所需的土地要素保障的重要路径。因此,集体经营性建设用地入市收益分配机制的完善需要系统思维,不仅要从机制本身出发,更要从盘活农村土地资产和推动第一、二、三产业融合发展的视角出发。要加强入市收益分配与农村土地综合整治、闲置土地的盘活利用等有效衔接,理顺闲置宅基地等闲置建设用地转为集体经营性建设用地的机制和路径,正确处理好各方主体间的利益关系。通过审慎稳妥推进深化农村集体经营性建设用地入市试点,注重与农村集体产权制度改革、收益分配监督制度、主体支撑机制、土地价值实现机制、社会保障机制等制度组合搭配,形成政策合力,有序推进集体经营性建设用地入市。

一、深入推进农村集体产权制度改革

全面深化农村改革是加快农业强国建设的根本动力,赋予农民更加充分的财产权益是促进农民增收的有效途径。在权利制度体系中,产权一直是最为核心、最为深刻的制度安排,对于农民集体资产收益权的保障来说,产权改革具有根本意义。2014年10月，中央审议通过了有关农民股份合作改革试点方案；10月18日，农业部时任副部长陈晓华在专访中详细解读了改革试点的目的、原则和主要内容；12月，有关农民股份合作和农村集体资产股份权能改革试点方案获中央审议通过，①农村集体资产产权制度改革试点工作逐步开始推行。2016年12月26日，《中共中央 国务院关于稳步推进农村集体产权制度改革的意见》正式发布。2017年，党的十九大提出"深化农村集体产权制度改革，保障农民财产权益，壮大集体经济"，农村集体产权制度改革全面推开。党的二十大报告提出，要深化农村土地制度改革，赋予农民更加充分的财产权益。

农村集体产权制度改革的主要内容是土地等资源性资产、集体经营性资产和集体非经营性资产。土地确权颁证政策是农村集体土地产权明晰，可以进入市场自由流转和规范土地市场的重要基础；土地市场作为农村土地增值的主要载体，也是博弈联盟利益主体间行动的重要舞台。以土地为核心内容的资源性资产的确权登记颁证等工作已经基本完成。对于集体经营性资产和集体非经营性资产的产权改革问题，当前的政策明确提出，对于经营性资产，重点是明晰集体产权归属，将资产折股量化到集体经济组织成员，探索发展农民股份合作。对于非经营性资产，重点是探索集体统一运营管理的有效机制，更好地为集体经济组织成员及社区居民提供公益性服务，鼓励在试点中从实际出发，探索发展股份合作的不同形式和途径。②

在农村集体产权制度改革背景下，基层政府在积极推动消除"空壳村"，也就是说，先要解决集体资产有无的问题。从实践来看，很多地区依靠转移支付等做法消除"空壳村"仍然是治标不治本，没有从根本上解决集体经济发展的内生动力缺乏问题。造成"空壳村"产生的"统"与"分"关系不协调、地理位置不好、生态环境恶化、社区崩溃、人才过度流失和城市化进程缓慢等因素仍然没有消除或得到根本改观。③那种计划五年甚至三年消除"空壳村"、实现集体经济发展壮大的运

① 高云才．农民将获得更多财产权利[N]．人民日报，2014-10-19．

② 王芳．农村产权制度改革向深水区迈进——访农业农村部农村经济体制与经营管理司司长张红宇[J]．经济，2018(10):10-13．

③ 李宝书．浅谈"空壳村"的成因及其治理对策[J]．福建学刊，1991(4):58-60；彭智勇．空壳村：特征、成因及治理[J]．理论探索，2007(5):118-119．

动式做法不但不切实际,也更加容易引发群众对党和政府政策权威的质疑,导致负面情绪滋生蔓延。"空壳村"的形成非一朝一夕之力,既有经济体制问题,也有运行机制问题,其消除也不可能一蹴而就,要客观看待和处理问题,尊重经济社会发展规律。《中共中央　国务院关于稳步推进农村集体产权制度改革的意见》在改革的基本原则中明确提出要分类有序推进改革,要"根据集体资产的不同类型和不同地区条件确定改革任务,坚持分类实施、稳慎开展、有序推进,坚持先行试点、先易后难,不搞齐步走、不搞一刀切;坚持问题导向,确定改革的突破口和优先序,明确改革路径和方式,着力在关键环节和重点领域取得突破"①。作为集体产权制度改革的一部分,消除"空壳村"行动宜以重建农村集体经济组织为前提,以农民和农村集体经济组织为主体,以市场化配置要素为主要方式,以产业发展为主要手段,政府积极引导推动,逐步改变导致"空壳村"产生的条件,分阶段有序消除"空壳村"。

　　解决了集体资产有无的问题之后,接着便是集体资产主体的确定即农村集体经济组织成员及其成员权的界定问题,这一问题在户籍制度改革部分将另行分析。有了集体资产,确定了集体经济组织的成员身份后,如何对集体资产收益进行分配便成为核心问题。目前来看,农民的集体资产收益权得不到有效保障是一个较为突出的问题。关于集体有哪些资产、收益情况如何、收益按照什么原则在集体成员之间分配、集体积累和成员分配比例如何合理确定等问题,农民和集体经济组织或其代理人村委会之间存在严重的信息不对称。尤其是在一些面临拆迁补偿的城乡接合部地区,受利益驱使,政府、开发商、集体经济组织和农户之间进行收益分割博弈,集体收益分配权的确定又存在一定的混乱。需坚持集体收益分配权的取得依据为具有集体成员资格,集体组织对于集体收益分配享有自主权。集体成员会议应由集体成员绝对多数通过集体收益分配决议。集体收益分配决议可由集体成员会议授权村委会、村民小组委员会或其他组织、个人负责执行。②

　　①　曲广峰. 推进农村集体产权制度改革需要把握的几个问题[J]. 今日财富(中国知识产权),2019(8):14.
　　②　商艳冬. 集体收益分配权研究[A]//中南财经政法大学法学院,中南财经政法大学民商法研究中心,中南财经政法大学研究生院.2012年第三届全国民商法学博士生学术论坛论文摘要集,2012:11.

(一)明确"集体"的法律内涵

对"集体"进行法律认定是农村集体建设用地改革的根本前提。[①] 从实践过程中可以发现,集体经营性建设用地试点地区通过入市提高了建设用地的使用效率,并由土地使用者支付出让金或租金,农村集体因此而获得收益。第一,试点地区通过确权颁证明确集体产权的法律归属,对集体建设用地进行整理。[②] 实践证明,产权是一切经济活动的基础,集体资产的盘活利用必须以明晰的产权为基础。也只有产权明晰,集体成员的收益分配权才能得以彰显。第二,对集体产权实施的参与,使集体成员从传统的生产性努力向现代的分配性努力转变。[③] 集体成员的充分参与,尤其是以利益分配为主要活动内容时,成员个体对于集体资产收益的监督变得更加认真,每个成员都努力全面了解集体经济组织的收益情况,"搭便车"的行为大大减少,有利于实现集体产权权益分配中的效率和公平。

(二)完善集体经营性建设用地权能体系,实现抵押融资功能

集体经营性建设用地入市操作过程较为复杂,涉及主体认定、准入条件、操作过程、价格评估、收益分配等内容,需要一系列的制度规范。如成都市郫都区政府在入市试点时就发布了《郫都区农村集体经营性建设用地入市规定》等28个农村土地制度改革配套文件。制度文件的设定目的都是为了保证集体经营性建设用地顺利入市,并实现与国有建设用地的"同价同权"目标。同价,即处于相似区位的国有土地和集体经营性建设用地进入土地市场后,其单位成交价格实现趋同;而同权,则意味着集体经营性建设用地能够和国有土地一样,获得各类权属。其中非常重要的一项即为抵押融资功能。由于土地的价值量巨大,获得土地使用权的用地单位必须支付较高的土地出让金。对于企业来说,现金流是正常运行的基本保证。因此,对于企业来说,将获得土地使用权的土地抵押出去是必然选择。当前,对于集体经营性建设用地使用权抵押并没有明确的规定,将严重限制集体经营性建设用地入市流转。试点中,很多地方都对此项改革进行了专门推进。如

---

① 张应良,杨芳. 农村集体产权制度改革的实践例证与理论逻辑[J]. 改革,2017(3):119-129.

② 张晓恒,王志娜,闵师. 农村集体建设用地试点改革:整理、盘活与收益分配[J]. 新疆农垦经济,2020(11):1-11.

③ 罗必良. 产权强度与农民的土地权益:一个引论[J]. 华中农业大学学报(社会科学版),2013(5):1-6.

成都市郫都区出台了《农村集体经营性建设用地使用权抵押贷款工作意见和抵押登记办法》，将农村经营性建设用地使用权纳入区农村产权抵押融资风险基金保障范围，由市、县两级风险基金对于收购时的净损失按4∶6的比例分担，并对开展农村集体经营性建设用地使用权抵押贷款的金融机构实施专项奖励和信贷激励。

（三）摸清家底，掌握集体经营性建设用地资产数量

摸清集体资产的数量是改革的前提。[1] 集体经营性建设用地是农村集体最重要的资产，必须通过清产核资，摸清存量底数，做好入市前的准备工作。可以采用普查和外业调查两种方式摸清农村集体经营性建设用地资产数量，并建立相应的数据库。试点地区也根据本地实际情况，采用不同的方式进行了集体经营性建设用地的总量清查。例如贵州湄潭县把土地利用总规划和城乡建设规划的底数作为核查依据，通过普查方式建立了详细的本区域集体经营性建设用地数据库[2]。广西北流市在现状和事实调查的基础上，采取底图制作、外业调查、外业调查数据上图、汇总整理等措施，摸清集体经营性建设用地数量。[3] 这种做法的好处在于可以使集体经济组织的资产明晰化，并通过村务公开的方式让每一位组织成员都清楚，以防止入市过程中出现暗箱操作，避免损害集体经济组织利益的行为出现。

（四）制定成员认定标准，明晰集体资产权属主体

作为农村集体经济组织的成员，农民个人具有分享集体财产收益的权利。因此，制定成员认定标准是改革中各集体经济组织必须明确的。到底谁是集体经济组织成员，谁在入市过程中享有话语权、参与权、决定权和收益分配权？针对这一问题，中央的态度是非常明确的。2017年初，农业部时任部长韩长斌就曾公开表态：如何确立集体组织成员权的问题不应由中央层面解决，而应当通过地方协商一致来认定。他提出，明确一个人是不是集体经济组织成员要由该集体组织成员共同民主讨论确认，提倡在县域范围内，出台成员身份确认的指导性意见，最后由

---

① 郑风田．"中央一号文件"为乡村振兴引路[N]．中国报道，2018(Z1)：38-39．

② 张晓恒，王志娜，闵师．农村集体建设用地试点改革：整理、盘活与收益分配[J]．新疆农垦经济，2020(11)：1-11．

③ 黄浩铭．广西北流："农地入市"开创用地保障新模式[EB/OL]．(2018-01-24)[2020-04-06]．https://baijiahao.baidu.com/s?id=1590469260786292959&wfr=spider&for=pc．

群众来民主决定。除了认定，还要设立对集体成员的调整办法。

因为各地区农村集体经济组织的发展情况不同，实践中试点地区逐步形成了以户籍标准、事实标准、复合标准为代表的三种最主要的集体经济组织成员认定标准。户籍标准基于我国的户籍管理登记制度，具有一定的权威性和客观性。是否具有户籍可以根据管理部门的相关记录进行查询，可操作性强。这一成员确定标准受到广泛认可，并在黑龙江省安达市、广东省佛山市南海区等90%的试点地区应用。然而对于当前农村复杂的现实情况来看，单一的户籍标准难以有效解决现实中的新问题，确保公平公正。例如因政策移民或是收养关系等法定渠道取得成员资格的外来群体，对此部分成员的资格确认无法采用户籍标准。因此部分地区创新性地根据该成员是否在本村实际生活、是否履行村民义务等事实标准作为判定是否具有集体成员资格的标准。除此之外，还有一些地方结合本地的实际情况，在户籍标准的基础上增加了其他因素的考量，采用复合标准判定集体成员资格。例如青海省湟源县、安徽省金寨县等地加入了农地承包关系的因素，将户籍标准与承包关系等叠加为复合标准，用以确认成员资格。随着我国集体产权制度改革的深入，部分地区探索建立农民集体股份合作制，将集体经营性资产通过折股给个人或农户的方式使集体所有权确权到个人，此时的所有权证书变为了以户为单位的股权证书。集体经营性资产由成员"共同拥有"到"按份共有"，资产权属与收益分配机制得以明晰。①

二、建立收益分配监督制度

利益分配的最终结果直接影响利益主体的权益实现问题，目前集体经营性建设用地具体实践中并没有专门性的监督机构对各环节增值收益分配进行监督，因此实际的监督管理任务由地方政府政府代履行。要提升收益分配的公开透明程度，实现公平合理合法，需要从两个方面出发，完善集体经营性建设用地入市收益配监督管理：一是对入市交易行为的监督，完善的市场交易规则是对入市交易行为实现更好的监督效果的基础，交易市场作为各利益主体行动的舞台，明晰的规

---

① 方志权. 农村集体经济组织产权制度改革若干问题[J]. 中国农村经济,2014(7):4-14.

则有利于规范交易行为,形成合理的收益分配规则。二是交易后各分配环节的监管,制定财务公开制度,定期公示集体重要土地项目收益分配及入市土地集体留存部分资金的使用情况,充分保障集体成员知情权和监督权的行使。对于作为弱势群体的农民,在利益分配中难免会出现不公平的情况。因此,在确保农民主体地位的前提下,应该出台相关的法律制度来增强收益分配的监管和规范。通过完善法律和监督机制约束政府和农村集体经济组织的行为,避免由于缺乏有效的监管规范,在收益分配中出现农村集体分得收益受损的情形。

(一)加强政府监督

政府应当充分发挥其监督管理的职能,对于以不同形式作为入市主体的农村集体,进一步完善管理的机制。地方政府以税费的方式参与土地收益分配,在收益分配过程中,为了避免挪用侵吞经营性建设用地入市收益、贪污腐败等行为的发生,地方政府必须进行有效的强干预,以保障农民获得收益的合法权益。首先,应当考虑到多元化的入市主体会在农村集体内部造成一定的矛盾,对于以村委会或村民小组作为入市主体的村集体,将其分配土地收益的权力独立出来,单独确定其拥有集体经营性建设用地入市所获得收益的地位,避免其他的农村经济组织在行使权力时与其产生冲突;而以农村经济组织的形式作为入市主体的村集体,也应强调其在收益分配关系中的法律地位,做好村委会等其他组织在这一关系之中不再拥有资产管理权力的各项指导工作。其次,政府需要出台相关的规则对农村集体在集体内部分配收益进行一系列监督,确保农村集体经济组织的管理者不会在收益分配中因为追求私人的利益而损害其他集体成员的利益。最后,对较为特殊的以土地联营公司作为入市主体的集体,政府应当明确,尽管土地联营公司在法律上可能不具备和农村集体相同的地位,但是在土地制度改革的大背景下,这种新型的土地市场主体所体现的职能与农村集体无异,甚至在效率上要远高于一般的农村集体,因此,地方政府应当将这一形式的市场主体视为一种新型的农村经济组织,并且从确保农村地区群众的基本利益出发,适当地采取降低税收等方式,鼓励该形式的土地市场主体,进一步促进我国集体经营性建设用地市场的发展。

各地在出台集体经营性建设用地入市试点办法时,往往会提及要对集体经营性建设用地入市取得的收益进行审计监督和监管,但是对于监管方法、监督机制及增值收益的后期使用监管并没有进行明确的说明。办法中虽然强调收益需接受审计监督,但实际上试点地区监督管理权虚置,集体经济组织的法人地位才刚刚确立,法律法规、规范性文件还未形成,集体成员个体的利益还未得到监督机构的有效保护。因此,可以考虑设立第三方机构——收益分配监督机构,由审计专员和地方人大代表组成,受地方人民政府管辖,对人民群众负责,在地方政府和农民集体所得的收益分配过程中进行审计和监督,主要对经营性建设用地入市的土地调节金的收取、土地建设过程中增值收益在各集体经济组织和农民个体之间的分配进行跟踪和监管,对于将剩余部分的收益用于公共基础设施建设、农民社会保障等时,应及时做出公示。收益分配监督机构的设立,从组织内部保障了建设用地入市及收益分配过程中的公平和公正。

对于没有条件成立专门监管机构的地方来说,也可以通过监管农村集体三资平台来严格监管分配集体收益情况。同时,各级人民政府机关和纪委监察部门也要加强对集体经营性建设用地入市收益分配后的使用情况的监督,随时对集体资金的管理运用状况实施抽查和指导,并定期进行专项审计,确保资金专款专用,使农村集体经济组织权益得以充分保障。有效发挥基层政府治理能效,强化其监督作用,尤其是集体经营性建设用地入市收益这类集体重要资产。但要明确,这种监督并不是干预,而是要在程序上对流转收益的分配进行监督,维护集体经济组织成员的共同利益,形成外部与内部相结合的监督机制,以保障集体经济组织成员的合法权益。[①]

(二)强化内部监督

收益分配涉及直接参与人的根本利益,因此应当强化制约机制,让集体经济组织、具体乡镇村民能直接参与监督强化管理。第一,组建集体经济组织内部监督机构——集体资产监事会,从内部对集体经济组织管理、使用流转收益的行为进行监督。监事会由本集体经济组织的成员组成,具体人数可根据集体经济组织的大小进行调整。第二,当前农民集体自治和民主管理能力没有统一的规范,要

[①]　冯潇. 集体经营性建设用地流转收益内部分配探析[J]. 中国国土资源经济,2019,32(8):52-57.

做到财务的公开透明和民意反馈的收集,充分调动集体成员的积极性,由集体成员大会、村委会和集体成员共同对集体经济组织进行监督。可以通过完善村务监督小组,选取村民代表参与,每月一次对土地收益进行审计核查并及时公示,监督村务收入的分配。第三,提高集体经营性建设用地入市中农民的监督权和话语权,提升农民参与感和获得感,健全入市土地收益信息公开制度,通过法制规则完善农民参与平台,保障农民平等对话、有效对话的权利。要充分发挥建议箱和监督电话的作用,开通和农民个体之间的对话沟通渠道,确保个体成员能及时表达诉求。如果公众对公共收入的比例和指标有疑问,可以向监察小组投诉。另外指定的人负责接收、收集和整理群众的反馈,宣传和监督群众,接受群众的监督。同时,为健全集体经济组织内部收益分配机制和监管制度,建立三资监管平台和集体经济组织章程制度,以确定集体经济组织与成员间的收益分配,同时使监管有章可循。

(三)建立政府和市场双线监管制度

入市的过程中涉及多方利益主体,因此完善的监管体制就显得尤为重要。在政府层面,要增强群众的认知普及度,真正做到公开透明,鼓励民众参与政治生活,充分考虑农民意愿。在合理提高农民的收益的原则上,由相关财务部门对于分配比例的实际情况进行公开公示,能够完全接受政府审计机关和群众舆论的监督与质疑。关键是防范个别村集体干部或强势群体以权谋私,不合理地处分收益,保障农民利益不受侵害。在市场层面,需要在建设用地"招拍挂"的出让制度上加以完善和升级。入市的集体经营性建设用地,应当以"招拍挂"出让的形式公布在市场上,由群众与舆论媒体一体监督,防止出现新一轮的土地腐败。

优化收益分配监督程序。监督程序在集体经营性建设用地入市收益分配中起到了重要作用,其中包含内部监督与外部监督。内部监督可以建立集体组织专门监督委员会,作为日常事务的监督机构,同时对入市收益分配进行有效监管;与此同时,农民也需要被赋予对入市收益分配过程的监督权力,因为农民作为直接利益者,为了防止自己的利益受到侵害,一定会积极行使自己的监督权,并在发现问题后及时向专门的监督机构反映问题。外部监督需要政府加强对集体组织内部入市收益分配的监督,但切记,监督不是干预,不能直接对集体组织及农民参与收益分配活动进行干预,只有在农民或集体组织向政府反映问题并且问题不可调节时,当地政府才可以进行适度干预。政府要时刻明确自己的职责是保障集体组织和农民的合法权益不受到侵害,为其提供法律及制度上的保障。

要防止代理人做出损害农民利益的行为,需要针对入市实施主体建立监督机制和责任追究机制。政府应发挥监督职能,加强对入市土地的审核,做好登记工作,防止土地用途被更改。在确定土地可入市后,需要对所选取的入市实施主体进行登记,以保证在土地入市过程中能找到具体操作者,实行针对性监督。同时加强对土地入市进程、结果的监督,建立信息发布制度,要求各入市实施主体将工作内容进行公开,建立完整的公示机制,创建网络公示平台,以实现全方位的民主监督。如吉林省长春市九台区将每个入市地块的入市方案实施情况都在长春市九台区人民政府官网上向社会各界进行公示,内容包括审议过程、入市地块情况、受让方、交易价格、监督主体等,实现了民主监督。同时建立责任追究机制,明确政府相关职能部门的责任,并进一步明确政府监督人员个人的具体职责,做到职责明晰,必要时还可以进行一对一、点对点的监督。制定部门与个人相关奖罚措施,激励集体与个人的工作积极性,以保证政府工作人员有作为,积极参与监督工作。

同时,可以招聘一些专业的管理人才,依照股份经济合作社的运作规范,成立类似的资产管理机构,从而规范和管理在集体经营性建设用地入市的过程中所带来的收益,进而保障当地居民获得的收益。同时,也应增强对反腐意识的宣传,并在上述专业性人才以及相关法律法规的帮助下,减少甚至能够杜绝各种腐败现象,从而在经营性建设用地收益分配中,减缓相应矛盾的产生,保障农民在利益分配中可以获得应有的收益。

由于建设用地开发具有较强的不可逆性,因此,建设用地规划应当具有科学性和合理性。土地利用规划一旦制定,必须严格执行。确立农村整体规划和各项规划目标,统筹制定农村各项规划编制技术标准,做好土地利用总体规划、城乡规划和产业发展布局规划统筹协调与对接。① 注重城市、集镇和村庄规划的有机协调,建构城乡一体的建设用地利用格局。②

在农村集体经营性建设用地入市过程中,集体经济组织及其成员由于对法律知识较为匮乏,往往在产生纠纷时处于弱势地位,其合法权益受到侵害的可能性大大增加。此时,必须加强监督管理。一是要通过专业的土地评估中介机构对入市土地进行合理估价,确保土地成交价格能够反映出当时土地的价值。如德清县委托两家及以上土地估价机构进行土地估价,估价结果客观、独立、公正,从而为农村集体经营性建设用地入市提供有力的保障。③ 二是要对整个交易过程进行监督,确保其符合交易规范和流程。三是对最终的收益分配过程进行监督,确保集体成员确实在入市改革后增加了收入,提高了生活质量。

三、建立集体经营性建设用地入市与农村宅基地流转的联动机制

农村集体经营性建设用地入市的方向是"扩基",试点要求是存量用地。农村集体经营性建设用地入市对于提高农村建设用地使用效率、增加农民收益具有重要意义。2020年1月的《中华人民共和国土地管理法》已消除了集体经营性建设用地入市的法律障碍,同时规范土地征收程序,强化宅基地权益保障,实现了农村土地制度的多项突破。集体经营性建设用地入市和宅基地改革是"三块地"改革的组成部分,随着改革进入深水区,单一"点"状制度改革面临僵化的运行困境。在此之中,因为已有集体经营性建设用地的规模不足、空间分布不平衡等原因,致使土地入市潜力较低,严重阻碍了入市进程。

根据现行农村建设用地的分类,集体建设用地主要包含三个类型,即宅基地、集体经营性建设用地和公益基础设施用地。④ 而占集体建设用地绝大多数的农村

①　何格,别梦瑶,陈文宽. 集体经营性建设用地入市存在问题及其对策——以成都市为例[J]. 中州学刊,2016(2):43-47.

②　于建嵘. 集体经营性建设用地入市的思考[J]. 探索与争鸣,2015(4):55-58.

③　朋东云. 农村集体经营性建设用地入市增值收益评价及其分配研究——以浙江省德清县为例[D]. 杭州:浙江工商大学,2020.

④　唐健,谭荣. 农村集体建设用地入市路径——基于几个试点地区的观察[J]. 中国人民大学学报,2019(1):13-22.

宅基地,却呈现出低效利用特征:从资源角度看,宅基地布局"散、小、碎",缺少规划,宅基地超占及闲置情况屡见不鲜;从资产角度看,城镇化进程中农民难以有效流转闲置宅基地,获取财产性收入。[①] 集体经营性建设用地、宅基地是农村集体建设用地整体中极为重要的两"面"。当前集体经营性建设用地入市的通道已经彻底打开,但是宅基地的流转改革却稍显滞后。[②] 面对复杂的现实情况,2019年《中共中央 国务院关于健全城乡融合发展体制机制和政策体系的意见》指出,在农民自愿的前提下,可以允许农村集体依法把有偿收回的闲置宅基地、废弃集体公益性建设用地转变为集体经营性建设用地进行入市流转。2019年修正的《中华人民共和国土地管理法》明确了"国家允许进城落户的农村村民依法自愿有偿退出宅基地,鼓励农村集体经济组织及其成员盘活利用闲置宅基地和闲置住宅"。这部分宅基地,如果符合国土空间规划确定为工业、商业等经营性用途的,准许入市流转。但这一允许增量集体经营性建设用地入市的做法最终未能体现在2021年颁布的《中华人民共和国土地管理法实施条例》中,且增量集体经营性建设用地入市缺少实施细则,对地方政府入市改革不会产生太大的激励效果。因此有必要建立宅基地与集体经营性建设用地之间的联动机制,既可以稳步解决宅基地闲置低效利用问题、显化宅基地资产属性,充分满足集体经营性建设用地入市的现实需求,又可以扩大农村集体经营性建设用地的规模,增加进城农民的财产性收入。所以说,在耕地保护的高压线之下,利用盈余的宅基地满足经营性建设用地入市的现实需求成为制度发展的可能空间,[③] 也为农村集体经营性建设用地有可持续的土地资源进入市场提供了物质基础。

可见,宅基地转为集体经营性建设用地入市作为农村土地制度统筹改革的一部分,[④] 是实现农村集体经营性建设用地可持续性入市的重要途径。在两者间建立联动机制有助于盘活农村存量建设用地,落实最为严格的耕地保护政策;有助

---

① 岳永兵. 宅基地"三权分置":一个引入配给权的分析框架[J]. 中国国土资源经济,2018(1):34-38.

② 夏松洁,黄明儒. 农村宅基地"三权分置"改革的政策阐析与立法完善——基于中央农村工作会议精神的思考[J]. 中南民族大学学报(人文社会科学版),2019(5):162-166.

③ 耿慧志,沈洁,刘守英,等. 集体经营性建设用地入市对国土空间演进的影响[J]. 城市规划,2020(12):28-34.

④ 王佑辉. 集体建设用地流转制度体系研究[M]. 武汉:华中师范大学出版社,2015.

于显化宅基地资产属性,增加农户资产收益;有助于落实集体土地所有权,增加基层土地管理效能;有助于城乡统一建设用地市场的推进建设,实现城乡土地同权。可见,建立集体经营性建设用地入市与农村宅基地流转的联动机制势在必行。

(一)深化宅基地使用制度改革

宅基地转为集体经营性建设用地入市是指在规划许可的前提下,经过农户个人申请及农村集体同意,农户退出一定数量的宅基地及其附属建筑和构筑物,由农村集体组织收回宅基地使用权,农村集体参照同类用途的国有建设用地,在公开市场上通过出让、出租等方式,签订书面合同,交由社会单位或者个人用于工商业等经营性用途,并对退出农户进行权利补偿或者安置的行为。当前农村闲置、低效宅基地数量可观。因此,积极探索农村宅基地有偿流转或有偿回收制度,建立将低效、闲置宅基地转化为集体经营性建设用地的通道,进而构建有效的农村就地城镇化土地资源配置机制,有助于最终实现以人为本的新型城镇化战略。[①]要实现集体经营性建设用地入市与宅基地流转的联动,必须深化宅基地使用制度改革。

政府需要构建宅基地"三权分置"的改革环境,其中农村集体对待改革的积极性对改革成败具有决定性影响。改革过程中,地方政府应该承担"铺路人"的角色,在制度建设、土地规划、利益保障等方面发挥宏观领导的作用,为农村集体经济组织、农户和市场主体营造健康公平的改革环境,使利益相关者们能够在改革情境中充分互动交流、共谋合作。而在具体改革过程中,农村集体经济组织又处在核心地位,需要进行多方组织协调,争取农户和企业的支持和合作。要促进宅基地的有偿使用和有偿退出,盘活利用闲置宅基地和闲置住宅,不仅需要有能力的农村集体,更需要有魄力的农村集体。要坚持因地制宜、因时制宜选择合适的宅基地"三权分置"改革方案和路径。

(二)理顺宅基地转为集体经营性建设用地过程中的权利变化及相互关系

宅基地转为集体经营性建设用地入市涉及多元利益主体,尤其考虑到宅基地对于农户而言是安身立命之所,其转换过程乃是一个复杂的交易过程。相较于城

---

① 陈美球,王庆日. 农村土地管理制度改革试验需要系统思维[J]. 上海国土资源,2016(1):1-3.

市国有建设用地,农村集体建设用地呈现出布局分散化、地块细碎化等特征。这是因为城市国有建设用地在出让流转过程中,政府通过"三通一平"及"五通一平"建设,对于地块进行了有效整合与基础设施供给。目前,城乡基础设施供给不均,作为集体土地所有者的农村集体经济组织缺少基础设施资金。在集体经营性建设用地入市过程中,难免需要进行土地整理及完成基础设施的供给工作,因此集体经营性建设用地入市出现了多种模式。[①] 对于地块分布集中、质量较好且其上建筑物可以直接使用的,可以采取就地入市模式;对于地块较为分散,但地区对于集体经营性建设用地需求较大的,可以投入资金进行整理后就地入市;而对于那些地块较差且区位条件相对不好的地区及土地,可通过镇级统筹或者县级统筹的形式,进行土地整理形成指标进行异地入市。因此集体经营性建设用地入市存在着存量用地就地直接入市、整治后就地入市及整治后指标异地入市等模式。从实际来看,宅基地整理转为集体经营性建设用地入市涉及多个维度的变化。首先是地类用途的转换:宅基地以住宅作为基本用途,以满足农户住房保障;经营性建设用地确定为工矿仓储、商服等经营性用途,支撑集体第二、三产业发展。在宅基地转为经营性建设用地过程中,地类用途由住宅转为工商业用途。其次是产权结构的变化:在"三权分置"体系下,宅基地的权利结构包括为集体所有权、农户资格权和宅基地使用权,[②] 在变成经营性建设用地过程中,地块的农户"资格权"消失,权利处理及权能落实成为关键问题。最后是在宅基地转为集体经营性建设用地过程中,使用地块的主要利益相关者发生改变:农户因资格权的消失,退出原有地块的利益相关网络,地块的主要利益相关者变为政府、农村集体经济组织及地块实际利用主体。因时制宜及时完成集体建设土地的确权工作,首先,需要保证集体建设用地尤其是宅基地的权属及"四至"清晰,这是有效管理集体建设用地的前提。其次,需要理顺宅基地转为集体经营性建设用地过程中"三权"转为"两权"的

---

① 刘俊杰,岳永兵. 农村集体经营性建设用地入市改革:回顾与展望[J]. 农村金融研究,2020(6):10-14;陈寒冰. 农村集体经营性建设用地入市:进展、困境与破解路径[J]. 现代经济探讨,2019(7):112-117.

② Lu X,Peng W,Huang X,et al. Homestead management in China from the "separation of two rights" to the "separation of three rights": Visualization and analysis of hot topics and trends by mapping knowledge domains of academic papers in China National Knowledge Infrastructure[J]. Land Use Policy,2020(97):104670.

对应关系,做好不同权利转化间权能内容的处理工作,特别是农户资格权的落实。

(三)积极探索宅基地转为集体经营性建设用地入市模式

宅基地转为集体经营性建设用地入市,与集体经营性建设用地入市之间相比较,只是两者最初的土地来源不同,因此实际来说宅基地转为集体经营性建设用地也应当存在多种模式,其可以理解为宅基地转换为集体经营性建设用地后进入土地市场的具体操作形式。

在"三块地"改革试点中,不同地区的诸多宅基地转为集体经营性建设用地入市实践成为有益探索,为制度构建提供了宝贵的经验。从实践来看,贵州省遵义市湄潭县的宅基地分割登记模式、浙江省宁波市象山县的宅基地整体入市模式、浙江省义乌市宅基地"集地券"模式都十分有借鉴价值。其中,湄潭模式、象山模式都涉及宅基地直接转为集体经营性建设用地就地入市,而义乌"集地券"模式是将宅基地整治后以指标形式间接入市,也是一种特殊的宅基地转为集体经营性建设用地指标的入市模式。从交易费用理论的视角来看,三种模式的交易阶段分解、交易属性、交易费用的比较,以及不同模式从理论出发选择的相应的治理结构,均存在一定差异。这些差异也表明不同地区的现实条件、管理水平、治理理念等的差异一定会导致选择宅基地转为集体经营性建设用地入市模式时的差异性。因此,各地在选择宅基地转为集体经营性建设用地入市时也必须考虑现实层面与理论分析的相互匹配性。

(1)依据入市规模及实现方式,宅基地转为集体经营性建设入市模式有存量就地直接入市、存量整治后就地入市及复垦指标间接入市三种,湄潭分割登记模式、象山整体入市模式及义乌"集地券"模式分别对应以上三种。不同的交易模式在转换过程中,实现了集体建设用地地类用途、产权及使用主体的转换,是一个复杂交易过程。在成效方面,宅基地转为集体经营性建设用地入市对于农村农民生产生活产生了多维度影响:进一步稳妥落实了农户的住房保障权益;助力农村产业的发展,促进了农村第一、二、三产业的融合;通过转换入市实现了农村风貌改善,助力耕地保护政策落实等。

(2)谈判前的信息准备阶段主要考虑资产专用性及交易复杂性;谈判和契约

决策阶段需要全面考虑资产专用性、交易复杂性及交易不确定性；监督和执行契约阶段需要考虑交易复杂性及交易不确定性。交易属性越高，引致的交易成本越高。宅基地的区位条件越好、宅基地利用效率越高，宅基地对于农户的依赖效应越显著，入市的资产专用性越强，交易费用越高；入市主体规模越大、入市客体越多及入市交易频率越高，主体利益协调签订协议及土地整理入市需花费的人力、物力及时间越多，入市的交易复杂性越强，交易费用越高；入市前期成本投入越大，后期收益形式不确定，会对交易成本—收益产生影响，提升交易费用。

（3）不同的宅基地转为集体经营性建设用地入市模式从理论上匹配不同的治理结构。湄潭分割登记模式理论上适用于农户主导的混合治理。这是因为其资产专用性、交易复杂性及交易不确定性三个属性均较低，导致交易费用低，采用农户主导能够避免额外的交易费用。象山整体入市模式理论上适用于集体主导的混合治理。这是因为其资产专用性、交易复杂性及交易不确定性三个属性有所上升，产生的一系列搜寻、协商、组织成本已经难以由单个农户进行承担，需要集体发挥其小范围内的整备组织优势来降低过高的交易成本。义乌"集地券"模式的资产专用性、交易复杂性及交易不确定性最高，引致产生的过高交易费用由政府主导混合治理得以解决，保证了效率。现实治理结构能匹配理论分析是提升治理效率的关键。结合实践过程，以上三种模式的实践操作均与理论分析相互匹配，即湄潭、象山、义乌三种模式均充分发挥了农户、集体、政府主导的混合治理优势，节约了交易费用，提升了交易效率。

由于农村集体经营性建设用地量大块小、零星分散，城乡土地"增减挂"操作难度大，入市的用途只能是工商业用地，不能用于住宅建设，与国有建设用地即使挂牌上市"同权"但交易价格受限，难以达到"同价"，实质上还是使用权的约束。因此，城乡融合发展的关键是促进城乡要素的双向流动、平等交换和公共资源均等化配置，所以，扩大农村集体经营性建设用地规模、拓展其用途，仍然是值得探索的方向。①

---

① 翁贞林,唐文苏,谌洁. 乡村振兴视野下农村集体经营性建设用地直接入市:演进逻辑、现实挑战与未来展望[J]. 华中农业大学学报(社会科学版),2022(3):188-196.

四、建立主体支撑机制

(一)建立相关政策法规与配套的法律制度

在国家层面上界定入市实施主体,确定其法定地位,加快集体经营性建设用地入市管理办法的制定,对入市实施主体进行详细规定,同时厘清入市主体和入市实施主体的关系。在《中华人民共和国土地管理法》第十一条后面进行补充,规定土地所有权可由哪些主体代理行使;在《中华人民共和国土地管理法》第六十三或第六十四条后面补充入市实施主体的职责与权力范围,在《土地管理法实施条例》中进一步明确入市实施主体可实施的行为,地方在管理办法中详细规定入市实施主体的具体行为;在《中华人民共和国土地管理法》第六章规定入市实施主体的监督管理主体,在《中华人民共和国土地管理法实施条例》中进一步规定监督的内容与形式,地方在管理办法中详细规定监督的部门与责任,同时建立以政府监督为主、民主监督为辅的监督机制;在《中华人民共和国土地管理法》第七章规定入市实施主体应承担的法律责任,并进一步规定操作不当所要承担的法律后果;最后,地方可在管理办法中规定入市实施主体操作流程,使其行为变得有序,利于监督,例如上海市松江区、广东省佛山市南海区、浙江省金华市义乌市、浙江省湖州市德清县在各自的管理办法中规定了入市流程,对入市土地的行为进行了步骤上的管理。只有对入市实施主体进行明确界定,规定入市实施主体的范围、职责,规范入市时的行为,并加以监督,实施惩罚,才能使入市顺利、有序地进行,保障农民利益,维护农民权利。

(二)提高农民对土地入市的认知,规范集体决策程序

要避免农民集体决策效率低的问题,可以通过提高农民对土地入市的认知和规范集体决策程序两个方面着手。一方面,要达到农民积极参与土地入市决策活动的目的,可以适当加大政策力度,通过大量的宣传活动,积极鼓励农民配合入市工作,深入农民群体,宣讲土地入市的目的和好处,帮助农民了解土地入市的意义,提高农民对土地入市的认知,使农民意识到土地入市与自身密切相关。另一方面,为了避免集体经营性建设用地入市决策时"三分之二"规定的弊端,需要规

范集体经营性建设用地入市集体决策程序。① 首先,在农民认知强化的基础上,严格按照集体决策的流程实行民主决策,合理限制农民更改意见的次数,实行最后一次选择即最终选择的制度,控制农民集体来回更改意见的行为。其次,严格遵守决策程序,在达到"三分之二"的要求后便形成决定,及时将决定进行公示。最后,提高农民提出反对决定的门槛,比如需要达到什么要求、陈述什么观点才能采纳意见,以降低农民反复更改意见的风险,减少"三分之二"决策规定对入市进程的阻碍。

(三)根据实际情况和需求选择入市实施主体

五类入市实施主体不分优劣,只要能选择合适的入市实施主体,土地入市工作就能顺利开展。在对入市实施主体的选择上,应根据地区的实际情况及需求来进行。不同的入市实施主体有各自的优点与不足,也有不同的实施效果,在入市实施主体的选择上应根据实际情形和目标效果来选择。未成立农村集体经济组织,也无条件进行委托代理的地区可以让村民委员会、村民小组作为入市实施主体,如内蒙古自治区呼和浩特市格林尔县、吉林省长春市九台区、江西省鹰潭市余江区,由于地区欠发达,未成立农村集体经济组织,也无条件进行委托代理,就直接以村民委员会、村民小组作为入市实施主体。组建了农村集体经组织的地区,若自身能力足够,可以让农村集体经济组织作为入市实施主体,比如上海市松江区,在管理办法中仅规定农村集体经济组织可行使所有权;陕西省西安市高陵区成立了农村集体经济合作社代理入市。而如果想要追求更高的效率,也有条件进行委托代理,可以委托企业法人机构,或者组建土地联营公司、土地整备中心、土地储备交易中心来代理入市,如北京市大兴区组建土地联营公司、广东省佛山市南海区组建了土地整备中心来入市土地,四川省泸州市泸县规定委托企业法人机构代理入市,安徽省六安市金寨县王集镇响水村、槐树村委托宜城市美丽王集建设开发有限公司作为入市实施主体。而如果地区更想追求农民自治,可以选择村民委员会、村民小组和农村集体经济组织作为入市实施主体;如果想追求效率,在条件允许的情况下可以进行委托代理。因此,在入市实施主体的选择上,根据地

① 何格,别梦瑶,陈文宽. 集体经营性建设用地入市存在问题及其对策——以成都市为例[J]. 中州学刊,2016(2):43-47.

区实际情况和需求即可。

五、建立土地价值实现机制

农村集体经营性建设用地入市制度助力乡村振兴多重目标兼容的方法是"协同"。农村集体经营性建设用地入市的前置条件是符合规划和用途管制。因此，基于乡村振兴的目标要求，集体经营性建设用地入市改革应服从国土空间规划，坚持基本农田保护线、生态红线、城市边界"三线合一"，按照乡村振兴战略规划分类推进乡村发展的思路，优化城乡建设用地增减挂钩政策，探索农村建设用地增减挂钩政策，破解城乡建设用地土地增值收益城乡分配不公、乡村产业发展用地不足与存量建设用地利用不充分并存的两大难题，入市主体通过民主程序，确定产业准入和生态环境保护要求，合理布局农村"生产、生活、生态"空间，从而促进乡村经济、社会和生态的可持续发展，以农村土地制度创新，助力实现乡村全面振兴。

（一）适度放宽用途管制，显化集体经营性建设用地入市价值增值

从实践来看，土地入市时规划用途不同也会导致集体经营性建设用地增值收益存在较大差异。2015年浙江省德清县入市的41宗集体经营性建设用地中，8宗商业用地的平均地价为31万元/亩，33宗工业用地平均地价为25万元/亩。[①] 可以看出，通常情况下，商服用地的集体经营性建设用地增值要高于工业用地。虽然当前集体经营性建设用地入市将其用途限制于工业用地和商业用地，但在试点过程中，个别试点地区也突破了此项限制，将用途扩大为住宅用地。如广西北流市探索集体经营性建设用地以住宅用地为主体的供地机制，已入市的分布在乡镇的商住用途用地拍卖成交单价约478.5万元/公顷，虽然与同区位国有商住用地出让平均价格600万元/公顷相比低了约20%，但是与同期北流已入市的工业用地拍卖价格成交单价123.9万～125.55万元/公顷相比，增值量十分可观。因此，如果允许部分入市地块作为住宅用地或商住用地，能够更好地实现土地价值增值。[②]

---

① 房骏. 交易费用理论在集体建设用地入市分析中的拓展[D]. 杭州:浙江大学,2016.

② 黄贤金,戴垠澍. 对广西北流市农村集体经营性建设用地入市改革的思考[J]. 南方国土资源,2018(3):19-23.

现实中符合规划用途的存量集体经营性建设用地数量较少,且分布较为分散,通常无法满足企业发展的用地需求,入市难度较大。此时,再将集体经营性建设用地入市的用途局限于工业、商业等经营性用途,限制了集体经营性建设用地向住宅用地价值更高的土地用途转变的可能性。虽然仅为单纯的用途限制,实质上仍是对集体土地所有权的束缚,因而也难以真正实现与国有土地"同地、同权、同价"的目标。随着改革的深入,管理更加有序规范,可以考虑适度放宽对集体经营性建设用地入市的过多管制。首先,要出台闲置宅基地、公益性建设用地转变为集体经营性建设用地入市的实施细则。在充分保障村民宅基地使用、保障农村居民"户有所居"的前提下,对于符合入市条件的闲置宅基地进行补充登记,允许其转变为增量经营性建设用地入市。其次,集体经营性建设用地入市还应当与集体建设用地建设保障性租赁住房等改革试点相融合。中国共产党第十九次全国代表大会指出,"加快建立多主体供应、多渠道保障、租购并举的住房制度"。从实践来看,可以肯定的是,农村集体经营性建设用地的入市为住宅用地提供了一种新的供地方式,即农村集体经营性建设用地入市或通过建设集体建设用地租赁住房,这将成为住宅用地多主体供地的新途径。因此,在科学研判、避免对国有住宅用地市场带来较大冲击的情况下,应适当允许集体经营性建设用地用于开发商业性住宅用地,以满足经济发达地区低收入群体的住房需求,实现住宅市场的梯度消费,缓解当地住房紧张的局面。但是,在此过程中政府有关部门必须谨慎对待,不能盲目扩大入市用途。从目前来看,试点地区用于住宅建设的项目大多进展顺利、运行平稳。究其原因,主要是多数项目仍处于建设开发初期,销售状况、成效与风险等方面有待进一步观察和检验。因此,不能急于得出集体经营性建设用地可以用于住宅建设的结论,如果操之过急,就有可能出现农村集体经营性建设用地大规模入市而导致小产权房问题的产生。

(二)健全土地市场机制,搭建公开透明的交易平台

集体经营性建设用地直接入市,能够提升收益分配的效率和农村土地使用的效率。一直以来,农村土地利用效率低下饱受诟病,而缺乏相应平台是重要原因。各地也在积极搭建农村综合产权交易平台,推动建立健全县级有流转市场、乡镇有服务中心、村级有服务站点的土地流转服务体系,为流转双方搭建信息服务平台,提供信息发布、政策咨询、价格评估、规范化流转合同、交易鉴证、纠纷调解等全方位服务。这有利于推动农村资产资本化、农村资源市场化、农民增收多元化,保障农村产权合法权益和农民财产收益,对落实乡村振兴战略意义重大。

健全的土地市场机制是维持土地产权有效流转,切实维护集体经营性建设用地市场正常运作的重要保障。完善农村土地估价机制,制定符合当地社会经济发展水平的入市土地基准价格与最高价格,避免价格波动过大对交易双方利益造成威胁,保障农村集体土地所有者的合法权益。当前许多省市在集体经营性建设用地入市实践中出台了相应的基准地价,以土地级别、地域均质等指标,对不同用地类型进行评估。根据不同用地类型评估,多以区片价来确定城乡建设用地统一基准地价。但在实际运作中,国有建设用地与农村集体经营性建设用地价值难以实现真正的平等均衡。为更好地由二元土地制度向城乡统一建设用地市场转变,可以从三方面出发提供全过程服务支撑:一是建立农村土地交易所,明确交易规则、价格竞争机制等;完善市场媒介、信息、交流、流转服务平台等,畅通农村土地流转服务平台;二是培育和发展农村土地市场中介服务组织、土地银行机构等,推进土地市场的良性互动;三是通过地方性法律法规及政策的制约,保障入市交易环节透明公正,同时维护入市过程中各主体享有合法权利,依法履行责任和义务。如宁波余姚通过农村土地产权超市和农村产权交易平台建设,使集体经营性建设用地可通过产权交易平台直接入市交易,拥有与国有土地同等身份和便捷渠道,这一制度可有效推进农村土地制度的规范运作。

(三)明确供地流程与方式,加强多元主体供地机制建设

集体经营性建设用地入市改变了土地市场单一主体的供地模式。土地市场的供地主体除地方政府以外,还有农村集体经济组织。因此,地方政府的土地管理部门在制订供地计划时,一定要从当地社会经济发展的现实出发,对商服用地、工业用地和住宅用地等各类用地需求量进行科学测算,要对各村集体经营性建设用地入市数量与同期国有土地市场土地出让数量进行总量控制,实行严格的规划管控与规范管理。今后,部分土地使用权人也将参与到市场中来,成为潜在供地者。为规范土地二级市场,促进城市土地资源的高效利用,2019年7月,国务院办公厅印发了《关于完善建设用地使用权转让、出租、抵押二级市场的指导意见》,明

确提出要建立"产权明晰、市场定价、信息集聚、交易安全、监管有效的土地二级市场,搭建城乡统一的土地市场交易平台"。可以预见,随着多元供地主体改革的深入,城市土地二级市场中会出现已是土地使用者的企业将多余的土地推入市场,集体经济组织在符合计划和相关管理规定的前提下,将村内闲置的建设用地推入市场。新的供地主体将以不同的方式为各自所使用或拥有的土地找到新的使用人。这将大大提高城乡建设用地的使用效率。这一做法已经在广西北流市的"三块地"改革试点中进行了尝试。为了解决广西北流铜石岭大型旅游项目的用地问题,先后采取了农村土地征收、集体建设用地租赁和集体经营性建设用地入市等三种方式,这就使一个用地项目中存在出让、租赁、入市等多种供地方式,项目用地中既有集体土地,也有国有土地,两种产权性质用地并存。广西铜石岭国际旅游度假区案例为大型项目落地和解决用地难题提供了思路,即一个项目不局限于一种供地方式。[①]可见,未来政府相关管理部门需要制定相关的政策法规,明确供地流程与方式,平衡好多元供地主体间的相互关系。

---

① 黄贤金,戴垠澍. 对广西北流市农村集体经营性建设月地入市改革的思考[J]. 南方国土资源,2018(3):19-23.

参考文献

[1] 边立新. 论效率与公平[N]. 光明日报,2007-6-26.

[2] 布利克,厄恩斯特. 协作型竞争[M]. 林燕,译. 北京:中国大百科全书出版社,1998.

[3] 蔡继明. 必须给被征地农民以合理补偿[J]. 中国审计,2004(8):18.

[4] 蔡宇超,李永浮,张杰. 集体经营性建设用地入市制度问题与对策研究——以上海松江为例
[J]. 上海房地,2021(12):15-21.

[5] 操小娟. 中国统一城乡建设用地市场的法律路径[J]. 中国土地科学,2015(5):56-61.

[6] 曹昭煜,洪开荣. 基于博弈论的集体建设用地入市联盟利益分配机制研究[J]. 湖南社会科
学,2015(5):143-146.

[7] 陈寒冰. 农村集体经营性建设用地入市:进展、困境与破解路径[J]. 现代经济探讨,2019(7):
112-117.

[8] 陈红霞,赵振宇. 基于利益均衡的集体经营性建设用地入市收益分配机制研究[J]. 农村经
济,2019(10):55-61.

[9] 陈红霞. 集体经营性建设用地收益分配:争论、实践与突破[J]. 学习与探索,2017(2):70-75.

[10] 陈洁斌. 农村集体经营性建设用地入市收益分配的法律分析[J]. 中共乐山市委党校学报
(新论),2019(4):100-106.

[11] 陈礼,颜洪平. 海南省农村集体经营性建设用地入市流转问题研究——以文昌市为例[J].
南海学刊,2022(4):54-65.

[12] 陈美球,王庆日. 农村土地管理制度改革试验需要系统思维[J]. 上海国土资源,2016(1):1-3.

[13] 陈书荣,陈宇. 创新入市模式推进乡村振兴——广西北流市农村集体经营性建设用地入市

试点的实践与思考[J]. 南方国土资源,2018(10):13-16.

[14] 陈伟. 城镇化过程中土地增值分配的经验启示——兼论我国土地制度改革的宪政原则[J]. 宏观经济研究,2012(7):8-10,67.

[15] 陈锡文. 现行征地制度难以为继[EB/OL]. (2012-09-22)[2020-03-28]. https://finance.sina.com.cn/hy/20120922/184913211569.shtml.

[16] 陈小君. 我国《土地管理法》修订:历史、原则与制度——以该法第四次修订中的土地权利制度为重点[J]. 政治与法律,2012(5):2-13.

[17] 陈艳,杨煜. 装配式建筑产业链利益分配研究——基于AHP-GEM-Shapley值法[J]. 建筑经济,2021(7):67-71.

[18] 陈阳. 集体经营性建设用地入市土地增值核算原理及技术方法研究[D]. 杭州:浙江大学,2018.

[19] 陈尧,李敏,肖君,等. 集体经营性建设用地入市增值收益分配博弈分析——以成都郫都区为例[J]. 南方国土资源,2019(11):39-43,47.

[20] 陈耀东. 集体经营性建设用地入市流转的法律进路与规则设计[J]. 东岳论丛,2019(10):119-129.

[21] 陈莹. 土地征收补偿及利益关系研究——湖北省的实证研究[D]. 武汉:华中农业大学,2008.

[22] 陈珍. 城乡一体化土地市场下土地增值收益分配问题研究[D]. 武汉:华中师范大学,2011.

[23] 丛峰. 农地入市改革试点进入最后阶段[J]. 小康,2017(20):56-57.

[24] 大兴区农村土地制度改革试点调研组. 农村集体经营性建设用地入市改革的"大兴方案"[J]. 中国土地,2019(1):9-15.

[25] 德清县人民政府. 关于公布德清县城乡统一建设用地基准地价的通知[EB/OL]. (2019-12-16)[2021-06-28]. http://www.deqing.gov.cn/.

[26] 德清县委宣传部. 德清:浙北小城改革热土[EB/OL]. (2021-05-13)[2022-08-30]. https://m.thepaper.cn/.

[27] 邓宏乾. 土地增值收益分配机制:创新与改革[J]. 华中师范大学学报(人文社会科学版),2008(5):42-51.

[28] 邓柳馨,赵雨洁,周荷欣,等. 基于农户视角的集体经营性建设用地入市影响研究——以成都市郫都区为例[J]. 安徽农学通报,2020(7):3-7.

[29] 邓郁,周晓辉.农村集体经营性建设用地价值评估问题研究[J].安徽农业科学,2015(29):307-308,311.

[30] 定明捷.试析我国利益表达结构的转型[J].求实,2008(10):43-46.

[31] 董保民,王运通,郭桂霞.合作博弈论[M].北京:中国市场出版社,2008.

[32] 董秀茹,薄乐,赫静文.农村集体经营性建设用地流转收益分配研究——基于分配主体利益诉求及博弈理论[J].国土资源科技管理,2016(3):80-85.

[33] 杜党勇,蓝海林.农村社区股份合作经济组织的内部治理结构与代理成本的实证研究[J].江西财经大学学报,2006(4):18-22.

[34] 杜鹏.农民政治认同的土地秩序基础与集体实践脉络——改革开放以来农民与国家关系的思考[J].探索,2020(5):77-90.

[35] 樊帆.集体经营性建设用地流转收益分配研究——基于政府规制失灵的视角[J].湖北社会科学,2016(11):80-85.

[36] 樊帆.影响集体经营性建设用地流转收益分配方式的主要因素——基于微观主体农户的调查[J].理论与改革,2015(5):92-95.

[37] 樊丽如.农村集体经营性建设用地入市实践研究——以山西泽州试点为例[D].太原:山西农业大学,2018.

[38] 樊亮.基于Shapley值修正的PPP项目利益相关者收益分配研究[D].天津:天津大学,2014.

[39] 范怀超.国外土地流转趋势及对我国的启示[J].经济地理,2010(3):484-488,518.

[40] 方涧.修法背景下集体经营性建设用地入市改革的困境与出路[J].河北法学,2020(3):16-21.

[41] 方先明,胡丁.乡村振兴中的集体经营性建设用地入市的经济增长效应[J].江苏社会科学,2022(2):117-128.

[42] 方志权.农村集体经济组织产权制度改革若干问题[J].中国农村经济,2014(7):4-14.

[43] 房骏.交易费用理论在集体建设用地入市分析中的拓展[D].杭州:浙江大学,2016.

[44] 冯晓青.知识产权法的利益平衡原则:法理学考察[J].南都学坛,2008(2):88-96.

[45] 冯长春.土地发展权视角下农村集体建设用地流转问题研究——以河南省新乡市为例[J].城市发展研究,2014(3):19-22.

[46] 弗里曼.战略管理:利益相关者管理的分析方法[M].王彦华,梁豪,译.上海:上海译文出版社,2006.

[47] 佛山市南海区农村集体经营性建设用地入市改革试点探索简析[EB/OL].(2022-11-25)

[2023-07-12]. http://www.huizhoutudi.com/nview-7092.html.

[48] 付光辉,安春晓. 集体经营性建设用地入市利益相关者共同治理研究[J]. 安徽农业科学, 2016(33):191-193,244.

[49] 富新梅. 农村集体建设用地流转收益分配问题分析[J]. 农业经济,2020(6):95-97.

[50] 高翰林. 高铁快运发展中的多主体合作问题研究[D]. 北京:北京交通大学,2021.

[51] 高鸿业. 西方经济学[M]. 北京:中国人民大学出版社,2007.

[52] 高俊. 城乡居民基本医疗保险制度并轨的政策议程分析——基于多源流模型的视角[J]. 当代经济,2019(3):153-155.

[53] 高欣,张安录. 农村集体建设用地入市对农户收入的影响——基于广东省佛山市南海区村级层面的实证分析[J]. 中国土地科学,2018(4):44-50.

[54] 高云才. 农民将获得更多财产权利[N]. 人民日报,2014-10-19.

[55] 戈楚婷. 集体经营性建设用地流转价格及其影响因素研究[D]. 南京:南京农业大学, 2018.

[56] 耿槟,朱道林,梁颖. 基于特征价格模型的农村集体建设用地流转价格影响因素研究[J]. 生态经济,2013(1):56-58,70.

[57] 耿慧志,沈洁,刘守英,等. 集体经营性建设用地入市对国土空间演进的影响[J]. 城市规划,2020(12):28-34.

[58] 郭浩楠,王淑华. 集体经营性建设用地入市收益分配制度研究[J]. 中国国土资源经济, 2020(6):55-62.

[59] 郭俊胜. 土地增值及其分享[J]. 福建学刊,1994(3):23-27.

[60] 郭琪. 农村集体经营性建设用地流转收益分配研究[D]. 温州:温州大学,2018.

[61] 郭世强,罗崇亮,游斌. 农村集体建设用地流转收益分配研究——基于公平与效率视角[J]. 中国房地产,2014(6):22-29.

[62] 哈维. 资本的限度[M]. 张寅,译. 北京:中信出版社,2017.

[63] 韩冬,韩立达,何理,等. 基于土地发展权和合作博弈的农村土地增值收益量化分配比例研究——来自川渝地区的样本分析[J]. 中国土地科学,2017(11):62-72.

[64] 韩国顺. 马克思土地产权理论对中国农村土地所有制改革的启示[J]. 河南社会科学,2010 (5):89-92.

[65] 韩树杰. 中国土地收益分配研究[M]. 北京:经济管理出版社,2016:14.

[66] 韩松. 坚持农村土地集体所有权[J]. 法学家,2014(2):36-41.

[67] 韩长赋. 中国农村土地制度改革[J]. 农业经济问题,2019(1):4-16.

[68] 何芳,龙国举,范华,等. 国家集体农民利益均衡分配:集体经营性建设用地入市调节金设定研究[J]. 农业经济问题,2019(6):67-76.

[69] 何芳. 建立集体建设用地有偿使用制度[J]. 探索与争鸣,2014(2):25-27.

[70] 何格,别梦瑶,陈文宽. 集体经营性建设用地入市存在问题及其对策——以成都市为例[J]. 中州学刊,2016(2):43-47.

[71] 何鹏飞. 农村集体经营性建设用地入市增值收益分配研究——基于马克思地租理论视角[J]. 湖南广播电视大学学报,2020(2):36-41.

[72] 何帅. 集体经营性建设用地入市收益分配法律问题研究[D]. 成都:四川师范大学,2021.

[73] 贺雪峰,桂华,夏柱智. 论土地制度改革的方向与思路[J]. 西北农林科技大学学报,2019(7):1-7.

[74] 贺雪峰,魏继华. 地利共享是中国土地制度的核心[J]. 学习与实践,2012(6):80-83.

[75] 洪开荣,朱明元. 博弈视域下农村土地征收利益分配研究[J]. 农业经济,2020(3):98-100.

[76] 胡大伟. 土地征收与集体经营性建设用地入市利益协调的平衡法理与制度设计[J]. 中国土地科学,2020(9):10-16,23.

[77] 胡芬,何象章. 宅基地换房利益相关者的博弈均衡分析[J]. 湖北社会科学,2015(3):148-153.

[78] 胡石清. 社会合作中利益如何分配?——超越夏普利值的合作博弈"宗系解"[J]. 管理世界,2018(6):83-93.

[79] 胡小平,孔喜梅. 农村土地使用权流转与农民利益保护[J]. 经济学家,2005(6):40-44.

[80] 黄浩铭. 广西北流:"农地入市"开创用地保障新模式[EB/OL]. (2018-01-24)[2020-04-06]. https://baijiahao.baidu.com/s?id=1590469260786292959 &wfr=spider&for=pc.

[81] 黄文莹. 农村集体经营性建设用地内部收益分配问题研究[J]. 中国房地产,2018(20):62-66.

[82] 黄贤金,戴垠澍. 对广西北流市农村集体经营性建设用地入市改革的思考[J]. 南方国土资源,2018(3):19-23.

[83] 黄燕芬,张志开,张超. 交易费用理论视角的中国农村土地信托模式研究[J]. 公共管理与政策评论,2020(5):73-86.

[84] 贾成义,黄朝明. 基于封闭住区开放博弈视角的城市土地产权问题研究[J]. 经济体制改革,2018(5):52-58.

[85] 贾敬轩,张青,郭丽华. 集体经营性建设用地流转增值收益分配博弈分析[J]. 合作经济与科技,2015(20):48-49.

[86] 贾康,白景明,马晓玲."费改税"与政府收入规范化思路研究[J]. 管理世界,1999(4):55-64,70.

[87] 贾康. 中国新型城镇化进程中土地制度改革的新思路[J]. 经济纵横,2015(5):1-10.

[88] 贾小虎,马恒运,秦国庆. 外生激励如何影响合作水平——基于农户公共物品田野实验的分析[J]. 农业技术经济,2020(9):79-91.

[89] 江露. 郫都区集体经营性建设用地入市增值收益分配存在的问题和对策研究[D]. 成都:四川大学,2022.

[90] 江宜航. 德清农村集体经营建设用地入市改革取得阶段性成效[N]. 中国经济时报,2016-01-29.

[91] 姜广辉,张凤荣,师宏亚. 盘活存量集体建设用地的政策思考与措施设计[J]. 农村经济,2003(11):24-26.

[92] 姜和忠. 城乡建设用地统筹及土地收益分配:效率与公平[J]. 农村经济,2011(4):44-48.

[93] 姜梅. 农村集体土地建设用地制度相关问题研究[J]. 法治与社会,2015(3):218.

[94] 蒋炳镇. 集体建设用地有偿使用与使用权流转收益分配制度研究[J]. 南方农村,2012(11):9-17.

[95] 蒋省三,刘守英. 打开土地制度改革的新窗口:从广东《集体建设用地使用权流转管理办法》说起[J]. 学习月刊,2006(1):22-23.

[96] 蒋兴华,汪玲芳,范心雨. 基于合作博弈的跨组织技术创新利益分配机制[J]. 科技管理研究,2021(16):185-198.

[97] 焦宝聪,陈兰平,方海光. 博弈论——思想方法及应用[M]. 北京:中国人民大学出版社,2013.

[98] 科斯,阿尔钦,诺斯. 财产权利与制度变迁——产权学派与新制度学派译文集[M]. 上海:上海人民出版社,2004.

[99] 孔祥智,袁佩佳. 小城镇建设中土地利用情况及收益分配制度创新——北京市10个小城镇实地调研报告[J]. 北京农业职业学院学报,2008(5):48-55.

[100] 蓝宇蕴,曾芷盈. 集体土地收益分配与村民生活形态的变迁——以新丰村集体分配为例[J]. 学术研究,2020(12):48-57.

[101] 李宝书. 浅谈"空壳村"的成因及其治理对策[J]. 福建学刊,1991(4):58-60.

[102] 李果. 成都郫都土改:农村集体土地"同权同价"入市,单亩均价88万[EB/OL]. (2018-

12-22)[2021-04-16]. https://mp. weixin.qq.com.

[103] 李海玉. 关于农村集体建设用地流转的历史考察及若干思考[J]. 农业考古,2012(3): 133-136.

[104] 李丽萍,王秦俊,宋可. 农村集体经营性建设用地入市研究——以山西省泽州县为例[J]. 江西农业学报,2018(5):146-150.

[105] 李明贤,周蓉. 农村集体经营性建设用地与国有土地同等入市的推进机制研究——以湖 南省浏阳市为例[J]. 湖湘论坛,2018(2):123-129.

[106] 李鹏举. 集体建设用地入市增值收益分配路径[J]. 中国土地,2018(10):34-35.

[107] 李胜利,郑和园. 农村集体土地增值收益分配的公平与效率——博弈与权衡[J]. 西北工 业大学学报(社会科学版),2015(2):5-10,14.

[108] 李欣,张凤欢. 闯将南海再出发　开创发展新格局[EB/OL]. (2021-03-29)[2022-11- 08]. https://www.163.com/dy/article/G68F85BS0550037C.html.

[109] 李延荣. 集体建设用地流转要分清主客体[J]. 中国土地,2006(2):14-15.

[110] 李永军. 集体经济组织法人的历史变迁与法律结构[J]. 比较法研究,2017(4):35-52.

[111] 李元珍,杜园园. 新集体主义:土地增值收益分配的新机制——以成都市大英村调查为基 础[J]. 贵州社会科学,2013(4):113-118.

[112] 李肇文. 城市土地增值初探[J]. 中南财经大学学报,1988(5):75-80.

[113] 林超,曲卫东,毛春悦. 集体经营性建设用地增值收益调节金制度探讨——基于征缴视角 及4个试点县市的经验分析[J]. 湖南农业大学学报(社会科学版),2019(1):76-81.

[114] 林瑞瑞,朱道林,刘晶,等. 土地增值产生环节及收益分配关系研究[J]. 中国土地科学, 2013(2):3-8.

[115] 林毅夫,杨建平. 健全土地制度发育土地市场[J]. 中国农村经济,1993(12):3-7.

[116] 刘福垣. 收入分配改革的两杆秤和三条线[J]. 中国人力资源开发,2013(2):62-65.

[117] 刘湖北,戴晶晶,刘天宇. 交易成本视角下的农地抛荒生成机理分析——以甘肃省J村为 例[J]. 农村经济,2016(5):53-58.

[118] 刘金国. 集体建设用地流转价格评估理论与方法研究[D]. 长春:吉林大学,2011.

[119] 刘俊杰,岳永兵. 农村集体经营性建设用地入市改革:回顾与展望[J]. 农村金融研究, 2020(6):10-14.

[120] 刘浪,唐海军,陈仲君. Shapley值在动态联盟收益分配博弈分析中的应用[J]. 工业工程,

2006(6):118-121.

[121] 刘民培,杨灵玉,颜洪平.集体经营性建设用地入市增值收益分配方式的影响因素分析——基于文昌农民的问卷调查[J].海南大学学报(人文社会科学版),2023(1):58-66.

[122] 刘敏.探究农村集体经营性建设用地入市改革中的土地增值收益分配问题——基于土地发展权视角[J].当代经济,2018(21):4-7.

[123] 刘鹏凌,蔡俊.集体经营性建设用地整备统筹入市的农户意愿与行为响应[J].中国土地科学,2020(8):63-71.

[124] 刘若谷.论我国农村集体经营性建设用地流转制度的构建[J].山东青年政治学院学报,2014(2):31-37.

[125] 刘尚芳.土地增值原因与土地增值税研究[D].济南:山东大学,2014.

[126] 刘宣佑.农村集体经营性建设用地入市问题研究——以成都市官塘村为例[J].农村经济与科技,2019(21):37-39.

[127] 刘雪梅.土地承包经营权确股的"南海模式"研究[J].国家行政学院学报,2016(4):103-107.

[128] 刘亚辉.农村集体经营性建设用地使用权入市的进展、突出问题与对策[J].农村经济,2018(12):18-23.

[129] 刘愿.农民从土地股份制得到什么?——以南海农村股份经济为例[J].管理世界,2008(1):75-81.

[130] 柳思.农村集体经营性建设用地入市机制研究[D].兰州:甘肃农业大学,2018.

[131] 卢天姣.农村集体建设用地流转价格影响因素研究[D].武汉:华中师范大学,2018.

[132] 陆剑,陈振涛.集体经营性建设用地入市改革试点的困境与出路[J].南京农业大学学报,2019(2):112-122.

[133] 陆剑.集体经营性建设用地入市中集体与成员权利配置论[J].领导之友,2016(1):39-47.

[134] 罗必良.产权强度与农民的土地权益:一个引论[J].华中农业大学学报(社会科学版),2013(5):1-6.

[135] 罗尔斯.正义论[M].何杯宏,何包钢,廖申白,译.北京:中国社会科学出版社,2009.

[136] 罗光,欧阳旸.农村集体建设用地流转与农民土地权益保护[J].邵阳学院学报(社会科学版),2014(2):68-73.

[137] 吕丹,薛凯文.农村集体经营性建设用地入市收益的分配演化博弈:地方政府角色与路径[J].农业技术经济,2021(9):115-128.

[138] 吕萍,于璐源,丁富军. 集体经营性建设用地入市模式及其市场定位分析[J]. 农村经济,2018(7):22-27.

[139] 马翠萍. 集体经营性建设用地制度探索与效果评价——以全国首批农村集体经营性建设用地入市试点为例[J]. 中国农村经济,2021(11):35-54.

[140] 马海涛,韦烨剑,郝晓婧,等. 从马克思地租理论看我国土地出让金——兼论房地产税背景下土地出让金的存废之争[J]. 税务研究,2019(9):72-79.

[141] 马克思,恩格斯. 马克思恩格斯全集(第1卷)[M]. 北京:人民出版社,1956.

[142] 马克思. 资本论(第3卷)[M]. 北京:人民出版社,1975.

[143] 马克思. 资本论(第3卷)[M]. 北京:人民出版社,2018.

[144] 毛寿龙. 公共政策的制度基础[J]. 北京行政学院学报,2000(1):14-16.

[145] 米切尔. 资源与环境管理[M]. 蔡运龙,李燕琴,后立胜,等译. 北京:商务印书馆,2005.

[146] 慕良泽,赵勇. 利益博弈:土地征收中多元主体的行为逻辑研究——基于文献梳理及其反思[J]. 地方治理研究,2020(1):31-42,79.

[147] 南江霞,王盼盼,李登峰. 非合作—合作两型博弈的Shapley值纯策略纳什均衡求解方法[J]. 中国管理科学,2021(5):202-210.

[148] 朋东云. 农村集体经营性建设用地入市增值收益评价及其分配研究[D]. 杭州:浙江工商大学,2020.

[149] 彭建辉,杨珍惠. 集体经营性建设用地入市问题探析[J]. 中国土地,2014(11):16-19.

[150] 彭津琳. 我国农村集体建设用地改革及其流转价格形成研究[J]. 价格理论与实践,2019(4):42-45.

[151] 彭添雅,韩煜璇,郑凤伟. 政府参与集体经营性建设用地入市增值收益分配法律机制的完善[J]. 中国乡镇企业会计,2022(1):85-88.

[152] 彭智勇. 空壳村:特征、成因及治理[J]. 理论探索,2007(5):118-119.

[153] 皮特. 谁是中国土地的拥有者?制度变迁、产权和社会冲突[M]. 北京:社会科学文献出版社,2008.

[154] 平罗"千万级"农村集体经营性建设用地入市竞拍[EB/OL]. (2022-08-18)[2023-05-06]. https://baijiahao.baidu.com/s?id.

[155] 戚名琛,刘正山. 对土地批租制度批评意见的批判[J]. 中国房地信息,2006(2):40-43.

[156] 齐宝鑫,武亚军. 战略管理视角下利益相关者理论的回顾与发展前瞻[J]. 工业技术经济,2018(2):3-12.

[157] 钱凤魁. 基于发展权理论的土地增值收益分配研究[J]. 现代城市研究,2015(6):59-63.

[158] 钱忠好,马凯. 我国城乡非农建设用地市场:垄断、分割与整合[J]. 管理世界,2007(6):38-44.

[159] 钱忠好,牟燕. 乡村振兴与农村土地制度改革[J]. 农业经济问题,2020(4):28-36.

[160] 乔婉贞,郭汉丁. 基于SNA的既有建筑节能改造主体合作影响因素研究[J]. 生态经济, 2022(2):84-90.

[161] 邱芳荣,靳相木,赵旭. 土地增值收益如何分配——以浙江省德清县经营性建设用地入市实践为例[J]. 中国土地,2017(11):21-23.

[162] 曲承乐,任大鹏. 论集体经营性建设用地入市对农村发展的影响[J]. 中国土地科学,2018 (7):36-41.

[163] 曲广峰. 推进农村集体产权制度改革需要把握的几个问题[J]. 今日财富(中国知识产权),2019(8):14.

[164] 荣晨. 我国土地收益分配制度改革的取向和举措——基于不同利益主体的视角[J]. 宏观经济管理,2020(6):13-22.

[165] 商艳冬. 集体收益分配权研究[C]//中南财经政法大学法学院,中南财经政法大学民商法研究中心,中南财经政法大学研究生院. 2012年第三届全国民商法学博士生学术论坛论文摘要集. [出版者不详],2012:11.

[166] 沈国明,关涛,谭荣,等. 农村土地制度改革——浙江故事[M]. 北京:科学出版社,2018.

[167] 沈孝强,吴次芳,陆汝成. 集体建设用地使用权入市改革的利益衡量:一个分析框架[J]. 经济体制改革,2015(2):82-86.

[168] 师高康. 试点引导稳步推进农村产权制度改革[J]. 中国农业会计,2014(11):28-29.

[169] 施雪华,蔡义和. 利益均衡合作博弈模型与社会秩序稳定[J]. 北京师范大学学报(社会科学版),2020(4):143-150.

[170] 石晓平,魏子博,孙洁. 暴涨的土地增值收益如何分配更合理[EB/OL]. (2016-07-11) [2022-12-06]. https://opinion. caixin. com/2016-07-11/100965110. html.

[171] 舒帮荣,陈利洪,李永乐,等. 集体经营性建设用地流转收益分配合理性影响因素研究——基于村级背景和农户认知的多层次分析[J]. 国土与自然资源研究,2018(2):35-41.

[172] 宋杰鲲,张宇. 基于博弈论的企业合作竞争情报分析与成本分摊模型[J]. 情报杂志,2011 (7):22-25.

[173] 宋志红. 集体经营性建设用地入市改革的三个难点[J]. 行政管理改革,2015(5):38-43.

[174] 宋志红. 中国农村土地制度改革研究——思路、难点与制度建设[M]. 北京:中国人民大

学出版社,2017.

[175] 苏明远. 文昌市农村集体经营性建设用地入市增值收益分配问题研究[D]. 海口:海南大学,2020.

[176] 孙阿凡,杨遂全. 集体经营性建设用地入市与地方政府和村集体的博弈[J]. 华南农业大学学报(社会科学版),2016(1):20-27.

[177] 孙立平. 建立市场经济条件下的利益均衡机制[J]. 学习月刊,2009(5):20-21.

[178] 孙秋鹏. 集体经营性建设用地:入市与地方政府行为[J]. 上海经济研究,2020(11):5-18.

[179] 孙伟. 农村集体经营性建设用地入市的困境及对策研究——以成都市郫都区为例[D]. 成都:四川农业大学,2018.

[180] 孙兆阳. 劳动力流动与就业结构性矛盾[J]. 学习与探索,2018(12):50-56.

[181] 谭荣. 集体建设用地市场化进程:现实选择与理论思考[J]. 中国土地科学,2018(8):1-8.

[182] 唐健,谭荣. 农村集体建设用地入市路径——基于几个试点地区的观察[J]. 中国人民大学学报,2019(1):13-22.

[183] 唐燕,许景权. 建立城乡统一的建设用地市场的困境分析与思路突围——集体土地"农转非"的是是非非[J]. 城市发展研究,2014(5):55-60.

[184] 陶镕. 集体建设用地使用权流转收益分配之法律探讨[J]. 湖南社会科学,2013(1):69-72.

[185] 田国兴,周洋洋. 集体经营性建设用地入市法律问题研究——基于长三角4个试点地区的经验分析[C]//上海市法学会.上海法学研究集刊2019.19. 上海:上海人民出版社,2019:115-120.

[186] 童建军,曲福田,陈江龙. 市场经济条件下我国土地收益分配机制的改革:目标与原则[J]. 南京农业大学学报,2003(4):106-110.

[187] 汪翔. 基于Shapley值的研发联盟收益分配及风险分担研究[D]. 重庆:重庆大学,2016.

[188] 汪洋."三块地"改革背景下集体建设用地使用权的再体系化[J]. 云南社会科学,2022(3):137-149.

[189] 汪煜. 集体建设用地使用权流转收益分配研究[J]. 法制与社会,2011(11):96-98,118.

[190] 王贝,童伟杰,王攀,等. 农村集体建设用地流转中的地方政府行为研究[J]. 农业经济,2013(3):16-18.

[191] 王贝. 农村集体建设用地地租地价与收益分配研究[J]. 经济体制改革,2014(5):87-91.

[192] 王成量,周丙娟,陈美球,等. 农村集体经营性建设用地价格影响因素的实证分析——基于江西省余江县179份交易案例[J]. 中国农业资源与区划,2018(12):211-217.

[193] 王高远. 集体经营性建设用地入市的区域差异研究[D]. 杭州:浙江大学,2019.

[194] 王红梅. 法学研究视域之下的利益平衡[J]. 经济与社会发展,2009(1):144-146.

[195] 王宏娟,石敏俊,谌丽. 基于利益主体视角的农村集体建设用地流转研究——以北京市为例[J]. 资源科学,2014(11):263-272.

[196] 王京安. 现代主流经济学的人性假设及其批评[J]. 中南财经政法大学学报,2006(6):15-20.

[197] 王克忠. 论农地发展权和集体建设用地入市[J]. 社会科学,2014(3):41-45.

[198] 王湃,刘梦兰,黄朝明. 集体经营性建设用地入市收益分配重构研究——兼与农村土地征收制度改革的对比[J]. 海南大学学报(人文社会科学版),2018(5):77-85.

[199] 王秋兵,赫靖文,董秀茹,等. 农村集体经营性建设用地入市障碍因素分析——基于利益主体视角[J]. 江苏农业科学,2017(4):257.

[200] 王文. 集体建设用地流转收益分配政策研究[J]. 中国土地,2011(12):41-42.

[201] 王文. 农村集体经营性建设用地使用权权益及其价值研究[J]. 中国土地科学,2015(7):34-39.

[202] 王小映. 论农村集体经营性建设用地入市流转收益的分配[J]. 农村经济,2014(10):3-7.

[203] 王亚萍. 农村集体经营性建设用地入市收益分配问题及对策研究——以成都市郫都区为例[D]. 成都:四川农业大学,2018.

[204] 王亦虹,田平野,邓斌超,等. 基于修正区间模糊Shapley值的"一带一路"PPP项目利益分配模型[J]. 运筹与管理,2021(5):168-175.

[205] 王佑辉. 集体建设用地流转制度体系研究[M]. 武汉:华中师范大学出版社,2015.

[206] 王玉波."后土地财政时代"地方政府角色转变与公共财政体系重构[J]. 改革,2013(2):46-53.

[207] 王志刚,于滨铜,孙诗涵,等. 资源依赖、联盟结构与产业扶贫绩效——来自深度贫困地区农产品供应链的案例证据[J]. 公共管理学报,2021(1):137-150,175.

[208] 卫亮. 基于博弈论的空铁一体化合作策略及收益分配研究[D]. 北京:北京交通大学,2020.

[209] 魏崇辉,孟娴. 新时代社会治理中的利益冲突与利益均衡[J]. 治理研究,2021(8):15-17.

[210] 魏来,黄祥祥. 集体经营性建设用地入市改革的实践进程与前景展望——以土地发展权为肯綮[J]. 华中师范大学学报(人文社会科学版),2020(4):34-42.

[211] 翁贞林,唐文苏,谌洁. 乡村振兴视野下农村集体经营性建设用地直接入市:演进逻辑、现实挑战与未来展望[J]. 华中农业大学学报(社会科学版),2022(3):188-196.

[212] 吴彩容,罗锋. 农村集体经营性建设用地入市模式研究——基于广东南海的实证分析[J].

安徽农业大学学报(社会科学版),2019(6):41-49.

[213] 吴次芳,董祚继,叶艳妹,等. 中国农村土地制度改革总体研究[M]. 杭州:浙江大学出版社,2018.

[214] 吴丹妮. 中国农村集体建设用地流转研究[J]. 重庆大学学报(社会科学版),2010(1):100-104.

[215] 吴和成,周琦,李鞏. 基于Shapley-IAHP的PPP项目收益分配模型及应用[J]. 工程管理学报,2021(5):94-99.

[216] 吴娟梅. 集体经营性建设用地使用权入市规则的民法构建[D]. 赣州:赣南师范大学,2017.

[217] 吴晓燕. 农村集体建设用地产权改革与基层治理转型研究[M]. 北京:人民出版社,2018.

[218] 吴昭军. 集体经营性建设用地土地增值收益分配:试点总结与制度设计[J]. 法学杂志,2019(4):45-56.

[219] 伍振军,林倩茹. 农村集体经营性建设用地的政策演进与学术论争[J]. 改革,2014(2):113-119.

[220] 武立永. 农民公平分享农村土地增值收益的效率和正义[J]. 农村经济,2014(4):35-40.

[221] 武艳. 农村集体经营性建设用地入市的土地增值收益分配研究[D]. 太原:山西财经大学,2017.

[222] 夏松洁,黄明儒. 农村宅基地"三权分置"改革的政策阐析与立法完善——基于中央农村工作会议精神的思考[J]. 中南民族大学学报(人文社会科学版),2019,39(5):162-166.

[223] 向玉乔. 社会制度实现分配正义的基本原则及价值维度[J]. 中国社会科学,2013(3):106-124.

[224] 项继权,储鑫. 农村集体建设用地平等入市的多重风险及其对策[J]. 江西社会科学,2014(2):10-17.

[225] 谢保鹏,朱道林,陈英,等. 土地增值收益分配对比研究:征收与集体经营性建设用地入市[J]. 北京师范大学学报(自然科学版),2018(3):334-339.

[226] 谢富胜,王松,李直. 当代国外马克思主义城市地租理论:研究进展与前景展望[J]. 中国人民大学学报,2021(6):102-114.

[227] 解直凤. 集体经营性建设用地入市试点增值收益分配研究[J]. 山东科技大学学报,2017(6):64.

[228] 邢庆雅．集体经营性建设用地入市收益分配法律问题研究[D]．哈尔滨：东北农业大学，2017．

[229] 徐航建，黄玉莉．对农村集体经营性建设用地入市的思考——以广西北流市为例[J]．南方国土资源，2015(9):36-37．

[230] 徐琳．论利益均衡与国家治理现代化[J]．学习与实践，2015(6):52-59．

[231] 徐增阳，杨翠萍．合并抑或分离:村委会和村集体经济组织的关系[J]．当代世界与社会主义，2010(3):16-18．

[232] 晏智杰．价格决定与劳动价值论——对一种传统观念的质疑[J]．学术月刊，1995(8):34-40．

[233] 杨宸．农村集体经营性建设用地入市土地增值收益分配机制[J]．安徽农业科学，2016(36):221-223．

[234] 杨果，陈乙萍．农村集体建设用地流转价格影响因素的实证研究[J]．农村经济，2016(6):34-37．

[235] 杨宏力．中国农村土地要素收益分配研究[M]．北京:经济管理出版社，2020．

[236] 杨继瑞，帅晓林．农村集体建设用地合理流转的支撑体系:权益分配抑或外部环境[J]．改革，2009(12):73-78．

[237] 杨继瑞，汪锐，马永坤．统筹城乡实践的重庆"地票"交易创新探索[J]．中国农村经济，2011(11):4-9，22．

[238] 杨继瑞．地价上涨机制探析[J]．经济研究，1994(5):60-65．

[239] 杨岩枫．政府规制视角下的集体经营性建设用地土地市场研究[D]．北京:中国地质大学，2017．

[240] 叶红玲，尹建军，谢岛．统筹改革推动乡村振兴——海南省文昌市的农村土地制度改革试点探索[J]．中国土地，2019(3):4-8．

[241] 叶红玲．探索集体经营性建设用地入市新模式——广东南海农村土地制度改革试点观察[J]．中国土地，2018(7):4-9．

[242] 殷琳．土地使用权年限对土地增值的影响[J]．城市开发，2003(8):41-42．

[243] 于浩洋．集体经营性建设用地入市收益分配问题研究综述[J]．农村经济与科技，2019(19):28-32．

[244] 于建嵘．集体经营性建设用地入市的思考[J]．探索与争鸣，2015(4):55-58．

[245] 余慕溪．关闭矿井土地退出增值收益分配研究[D]．徐州:中国矿业大学，2019．

[246] 宇龙．集体经营性建设用地入市试点的制度探索及法制革新——以四川郫县为例[J]．社

会科学研究,2016(4):89–94.

[247] 喻少如,刘文凯. 农地产权结构变迁视域下土地增值收益的公平分享[J]. 重庆大学学报 (社会科学版),2021(6):205–215.

[248] 喻瑶,余海,徐振雄. 农村集体经营性建设用地入市价格影响因素研究——基于湖南省浏 阳市数据的分析[J]. 价格理论与实践,2019(11):33–36.

[249] 袁晨光,王令超,王磊. 集体经营建设用地入市中土地增值收益合理分配研究[J]. 河南 科学,2021(11):1850–1856.

[250] 袁枫朝,燕新程. 集体建设用地流转之三方博弈分析——基于地方政府、农村集体组织与 用地企业的角度[J]. 中国土地科学,2009(2):58–63.

[251] 袁士超,王健. 农地经营权流转的农户融资诉求效应研究——基于中国家庭调查数据的 实证分析[J]. 中国土地科学,2021(6):38–47.

[252] 苑韶峰,王之戈,杨丽霞,等. 集体经营性建设用地入市的农户福利效应分析——以德清 县东衡村、砂村为例[J]. 中国国土资源经济,2019(6):59–65.

[253] 岳永兵,刘向敏. 集体经营建设用地入市增值收益分配探讨——以农村土地制度改革 试点为例[J]. 当代经济管理,2018(3):41–45.

[254] 岳永兵. 集体经营建设用地入市实施主体对比分析[J]. 中国国土资源经济,2019(6): 29–34.

[255] 岳永兵. 宅基地"三权分置":一个引入配给权的分析框架[J]. 中国国土资源经济,2018(1): 34–38.

[256] 臧俊梅,王万茂,陈茵茵. 农地非农化中土地增值分配与失地农民权益保障研究——基于 农地发展权视角的分析[J]. 农业经济问题,2008(2):80–85.

[257] 张光杰. 中国法律概论[M]. 上海:复旦大学出版社,2005.

[258] 张鸣明,朱道林. 我国土地出让收益分配的代际关系分析[J]. 农村经济,2005(4):21–23.

[259] 张维迎. 产权、政府与信誉[J]. 读书,2001(6):99–100.

[260] 张伟. 农村集体经营性建设用地增值收益分配机制研究[J]. 成都理工大学学报(社会科 学版),2016(3):53–56.

[261] 张先贵. 土地开发权与我国集体经营性建设用地入市[J]. 北方法学,2017(2):110–119.

[262] 张晓恒,王志娜,闵师. 农村集体建设用地试点改革:整理、盘活与收益分配[J]. 新疆农垦 经济,2020(11):1–11.

[263] 张雅婷,张占录,赵茜宇. 集体经营性建设用地入市流转增值收益分配的研究[J]. 中国农

学通报,2017(17):159-164.

[264] 张应良,杨芳. 农村集体产权制度改革的实践例证与理论逻辑[J]. 改革,2017(3):119-129.

[265] 张远索. 新型城镇化进程中集体土地增值收益分配:一个理论模型的构建[J]. 北京规划建设,2014(6):31-34.

[266] 赵磊. 农村集体经营性建设用地入市试点透视——以北京市大兴区为例[J]. 中国农业资源与区划,2016(1):131-135.

[267] 赵亚莉,吴群. 基于政府失灵视角的农村集体建设用地流转研究[J]. 农村经济,2008(8):22-24.

[268] 赵勇,慕良泽. 农村土地利益分配的失衡与均衡——"地利共享"框架下耕地征收案例研究[J]. 农业经济问题,2023(1):108-119.

[269] 赵振宇,陈红霞,赵繁蓉. 论集体经营性建设用地增值收益分配——基于博弈论的视角[J]. 经济体制改革,2017(4):77-83.

[270] 赵振宇,丁晓斐. "以人为核心"新型城镇化:内涵、约束及政策保障[J]. 宁波大学学报(人文科学版),2017(3):117-121.

[271] 郑风田. "中央一号文件"为乡村振兴引路[N]. 中国报道,2018(Z1):38-39.

[272] 郑和园. 集体经营性建设用地入市收益分配制度研究[D]. 合肥:安徽大学,2016.

[273] 郑小雪,刘志,李登峰,等. 基于多选择目标规划方法的生产者责任组织成本分摊合作博弈研究[J]. 系统工程理论与实践,2021(10):2512-2523.

[274] 周诚. 解读"完善征地补偿办法"[J]. 中国土地,2004(12):17.

[275] 周诚. 论土地增值及其政策取向[J]. 经济研究,1994(11):50-57.

[276] 周诚. 土地经济学[M]. 北京:商务印书馆,2003.

[277] 周诚. 我国农地征收应有合理的补偿值[J]. 中国土地,2006(9):22.

[278] 周红敏,刘凯,李林汉,等. 基于修正Shapley值法的IPD团队利益分配[J]. 土木工程与管理学报,2020(6):52-56.

[279] 周其仁. 缩小城乡差距要让农民分享土地收益[J]. 农村工作通讯,2010(21):47.

[280] 周其仁. 土地的市场流转不可阻挡[N]. 经济观察报,2013-12-23.

[281] 周滔,卜庆莹. 基于修正的Shapley值和TOPSIS的集体建设用地入市收益分配研究[J]. 西南师范大学学报(自然科学版),2020(11):129-139.

[282] 周天勇. 维护农民土地权益的几个问题[J]. 实践(党的教育版),2004(6):33.

[283] 周小平,冯宇晴,余述琼. 集体经营性建设用地入市收益分配优化研究——以广西北流市

的改革试点为例[J]. 南京农业大学学报(社会科学版),2021(2):116-125.

[284] 周应恒,刘余. 集体经营性建设用地入市实态:由农村改革试验区例证[J]. 改革,2018(2):54-63.

[285] 周跃辉. 按权能分配农村集体土地增值收益论[J]. 技术经济与管理研究,2014(6):44-49.

[286] 朱道林. 土地增值收益分配悖论:理论、实践与改革[M]. 北京:科学出版社,2017.

[287] 朱婷婷. 基于博弈论的高校合同节水改造项目收益分配研究[D]. 西安:西安理工大学,2020.

[288] 朱一中,曹裕. 农地非农化过程中的土地增值收益分配研究——基于土地发展权的视角[J]. 经济地理,2012(10):133-138.

[289] 朱玉龙. 中国农村土地流转问题研究[D]. 北京:中国社会科学院, 2017.

[290] 诸培新,马贤磊,李明艳. 农村集体建设用地发展权配置模式分析:委托代理视角[J]. 南京农业大学学报(社会科学版),2009(4):71-77.

[291] 邹旭,石晓平,马贤磊. 中国共产党建党百年来的土地增值收益分配:政策演进、理论辨析与改革逻辑[J]. 中国土地科学,2021(8):15-22.

[292] Deepankar B. Marx's Analysis of Ground-Rent: Theory, Examples and Applications [J]. UMASS Amherst Economics Working Paper,2018(241).

[293] Demsetz H. Towards a Theory of Property Rights[J]. The American Economic Review, 1967(2).

[294] George E. Economakis. On Absolute Rent:Theoretical Remarks on Marx's Analysis [J]. Science & Society,2003,67(3).

[294] Ingolf V. The Market for Rural Land:Trends,Issues,Policies[J]. Economic Geography, 2016,58(4).

[295] Liu S. Dimensions and Diversity of Property Rights in Rural China: Dilemmas on the Road to Further Reform[J]. World Development,1998,26(10).

[296] Lu X. , Peng W. , Huang X. et al. Homestead Management in China from the "Separation of Two Rights" to the "Separation of Three Rights": Visualization and Analysis of Hot Topics and Trends by Mapping Knowledge Domains of Academic Papers in China National Knowledge Infrastructure[J]. Land Use Policy,2020(97).

[297] Macmillan DC. An Economic Case for Land Reform[J]. Land Use Policy, 2000,17(1).

[298] Matthew G. Agricultural land reform in Moldova[J]. Land Use Policy,2001,18(3).

[299] North D C. Institutions and Credible Commitment[J]. Journal of Institutional and Theoretical Economics, 1990(149).

[300] Richard A W. Urban Ground Rent: Building a New Conceptual Framework[J]. Anti pode, 1974, 6(1).

[301] Ronald H C. The Problem of Social Coast[J]. Journal of law and Economics. 1960, 3(10).

[302] Wang W F. Short-term or Long-term? New Insights into Rural Collectives' perceptions of Land Value Capture within China's Rural Land Marketization Reform [J]. Journal of Rural Studies, 2022(89).

[303] Zhou C C, Chan Roger C K. State-scalar Politics of Rural Land Reform in China: The Case of Wujin District[J]. Land Use Policy, 2022(114).

附　录

附录1

33个集体经营性建设用地入市试点地区/及其实施主体一览

序号	试点地区	入市实施主体	政策文件	备注
1	北京市大兴区	土地联营公司	《大兴区统筹协调推进农村集体经营性建设用地入市与土地征收制度改革试点工作方案》	土地使用权作价入股或现金注资的方式,通过工商注册成立具有独立法人资格的镇级集体联营公司
2	天津市蓟州区	农村集体经济组织、企业法人机构	《天津市蓟州区农村集体经营性建设用地入市试点管理办法(试行)》	—
3	河北省保定市定州市	集体经济组织、村民委员会、乡镇(街道)	《定州市集体经营性建设用地入市管理办法(试行)》	—
4	山西省晋城市泽州县	—	《泽州县农村集体经营性建设用地入市管理办法(试行)》	政策文本未公开
5	内蒙古自治区呼和浩特市和格林尔县	集体经济组织、村民委员会	《和格林尔县农村集体经营性建设用地入市试点工作实施方案》	—

续表

序号	试点地区	入市实施主体	政策文件	备注
6	辽宁省鞍山市海城市	集体土地所有权人,有条件的村、镇可以设立具有市场法人资格的土地股份合作社、土地专营公司等作为入市实施主体	《海城市农村集体经营性建设用地入市管理办法》	—
7	吉林省长春市九台区	代表其所有权的农民集体,也可以由代表其所有权的农民集体委托授权的具有市场法人资格的土地股份合作社、土地专营公司等作为入市实施主体	《长春市九台区农村集体经营性建设用地入市管理办法》	—
8	黑龙江省绥化市安达市	村民委员会	《安达市集体经营性建设用地入市管理办法》	—
9	上海市松江区	农村集体经济组织	《上海市松江区农村集体经营性建设用地入市管理办法》	—
10	江苏省常州市武进区	镇资产管理公司或其代理人	《常州市武进区农村集体经营性建设用地入市管理办法(试行)》	—
11	浙江省金华市义乌市	农村集体经济组织、企业法人机构	《义乌市农村集体经营性建设用地入市管理办法(试行)》	—
12	浙江省湖州市德清县	农村集体经济组织、企业法人机构	《德清县农村集体经营性建设用地入市管理办法(试行)》	—
13	安徽省六安市金寨县	村股份经济合作社、创福公司或其代理人,集体经济组织,乡镇农村集体资产经营管理部门或其代理人	《金寨县农村集体经营性建设用地入市管理暂行办法》	—
14	福建省泉州市晋江市	农村集体经济组织、村民委员会、企业法人机构	《晋江市农村集体经营性建设用地入市管理暂行规定》	—

序号	试点地区	入市实施主体	政策文件	备注
15	江西省鹰潭市余江区	乡镇人民政府、股份合作社、村民事务理事会	《余江县农村集体经营性建设用地入市暂行办法》	村民事务理事会的组建在村党支部的领导下进行,统一以自然村为单位,由村民会议或村民代表会议选举或推荐产生
16	山东省德州市禹城市	镇政府(街道办)、村民委员会、村民小组	《禹城市农村集体经营性建设用地入市管理办法》	—
17	河南省新乡市长垣市	农民集体或其委托授权的土地中介机构	《长垣县农村集体经营性建设用地使用权入市管理办法(试行)》	土地中介机构为具有市场法人资格的土地股份合作社、土地专营公司等
18	湖北省襄阳市宜城市	村委会、村股份经济合作社、镇政府、镇政府投融资公司	《宜城市农村集体经营性建设用地入市管理办法》	板桥店镇罗屋村、郑集镇魏岗村集体经营性建设用地,由罗屋村、魏岗村集体股份经济合作社实施入市;王集镇响水村、槐树村集体经营性建设用地委托宜城市美丽王集建设开发有限公司作为入市实施主体
19	湖南省长沙市浏阳市	乡镇、村、组三级集体经济组织,或其委托单位	《浏阳市农村集体经营性建设用地使用权入市管理办法》	具有资质的单位作为受托方,需与村组集体签订《浏阳市集体经营性建设用地入市授权委托书》
20	广东省佛山市南海区	农村集体经济组织、企业法人机构、土地整备中心	《佛山市南海区农村集体经营性建设用地入市管理试行办法》	成立镇级集体土地整备中心,集体经济组织将一定期限内的土地使用权委托给土地整备中心,由土地整备中心代表集体经济组织作为入市实施主体

续表

序号	试点地区	入市实施主体	政策文件	备注
21	广西壮族自治区玉林市北流市	村民委员会、村民小组、农村集体经济组织、企业法人机构	《北流市农村集体经营性建设用地入市管理办法》	—
22	海南省文昌市	村民委员会、村民小组、农村集体经济组织、企业法人机构	《文昌市农村集体经营性建设用地入市试点暂行办法》	—
23	重庆市大足区	集体经济组织	《重庆市大足区农村集体经营性建设用地入市管理办法》	—
24	四川省成都市郫都区	农村集体经济组织、集体资产管理有限公司或农村股份经济合作社	《郫都区农村集体经营性建设用地入市规定》	—
25	四川省泸州市泸县	农村集体经营性建设用地属镇(街道)农民集体所有的,由镇(街道)委托经营公司作为入市实施主体;属村、组集体经济组织所有的,经村民(代表)会议、村民小组会议同意后,可由具备法人资格的合作社或村股份经济合作社作为入市实施主体	《泸县农村集体经营性建设用地入市管理办法(试行)》	—
26	贵州省遵义市湄潭县	代表其所有权的农民集体经济组织(即村股份经济合作社)	《湄潭县农村集体经营性建设用地入市管理办法(试行)》	—
27	云南省大理州大理市	—	—	未查询到政策文件
28	西藏自治区拉萨市曲水县	—	—	未查询到政策文件

序号	试点地区	入市实施主体	政策文件	备注
29	陕西省西安市高陵区	村集体经济合作社（村集体股份经济合作社）或其代理人、村民小组、街道全资下属公司或其代理人	《西安市高陵区农村集体经营性建设用地入市管理办法》	村民小组已经单独成立集体经济组织并按照规定实施"分账管理"的，可以自主实施入市；集体经营性建设用地所有权属于街道的，由街道资产经营公司等街道全资下属公司或其代理人作为入市实施主体
30	甘肃省定西市陇西县	—	《陇西县农村集体经营性建设用地入市试点暂行办法》	未查询到政策文件
31	青海省西宁市湟源县	—	《湟源县农村集体经营性建设用地入市实施细则（试行）》	未查询到政策文件
32	宁夏回族自治区石嘴山市平罗县	村农民集体、村内两个以上农民集体、乡镇农民集体	《平罗县县农村集体经营性建设用地入市管理办法（试行）》	—
33	新疆维吾尔族自治区伊犁州伊宁市	村民委员会、乡（镇）人民政府、土地专营公司	《伊宁市农村集体经营建设用地入市和流转暂行办法（试行）》	乡（镇）人民政府、村民委员会也可以委托授权具有法人资格的土地专营公司，在授权范围内代理实施入市事项

注：①因各地官网资料不齐，无法找到每个试点地区的有关管理办法文件，表格内容部分根据官网所查到的管理实施办法整理所得，部分根据具体成交案例或当地新闻报道整理所得，部分来自学者对试点地区的研究总结。

②备注项中试点地区管理办法注明对应条款的说明条款里面有具体规定，没有注明条款的，一是因为规定中没有对入市实施主体进行规定；二是因为没有找到该文件，因此无法判断是否对入市实施主体进行了规定。

附录2

集体经营性建设用地入市收益分配
影响因素专家调查

尊敬的各位专家：您好！首先由衷感谢您参与本次专家问卷调查，本人声明：此次问卷旨在判断各项指标对集体经营性建设用地入市合作联盟收益分配影响因素的重要程度。我们会对您填写的具体信息保密，希望您根据了解的实际情况客观填写。在填写问卷之前，请先阅读相应的填写说明，保证进行有效评分。敬祝身体健康，工作顺利！

一、问题描述

此问卷以影响集体经营性建设用地入市合作联盟收益分配因素为调查目标，以构建的集体经营性建设用地入市地方政府、村集体、农民三者形成的合作联盟为基础，以 Shapley 求解利益主体效用分配，那么除了成员边际贡献外，何种因素会对入市主体的收益分配情况造成影响。通过对现有文献的梳理，本研究聚焦在贡献因素、投入因素、合作因素三个方面对原 Shapley 的特征函数进行优化，因此需要明确各因素指标和各利益主体对指标的相对重要性。

二、问卷填写说明

1. 操作说明

为了建立集体经营性建设用地入市合作收益分配影响因素体系，本研究采用了层次分析法（AHP）作为决策手段，下图即为本次影响因素评估体系设计的层次结构模型，通过对同一层次的影响因素重要性程度进行两两比较确定，衡量尺度划分为九个等级,其中9,7,5,3,1的数值对应程度为绝对重要、十分重要、比较重要、稍微重要、同等重要,8,6,4,2表示重要程度介于相邻两个等级之间。表格比较主要为左边因素比右列因素的重要程度。

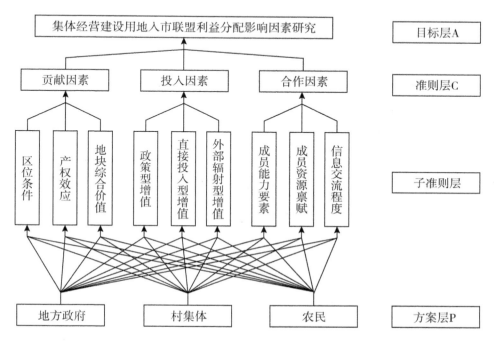

2.指标说明

区位条件	主要包括交通便捷程度、基础设施完善度、公共服务水平、商服市场繁华程度、经济发展水平5个方面
产权效应	主要指的是由土地产权权能所带来的土地增值,本问卷主要选取了土地用途转变、土地处置权能两个子指标作为衡量
地块综合价值	地块综合价值主要包含两方面说明,首先是地块基本条件(地块面积、形状、容积率、质量优劣等),其次是地块位置(距离县城距离),地块的综合价值对后续土地开发增值幅度具有一定影响
政策型增值	政策型增值主要体现在用途管制政策、土地规划两个方面,由工业转为商业用地会带来相应的土地增值,其次土地规划类型会影响土地增值的幅度大小
直接投入型增值	直接投入型增值指由土地使用者或所有者对土地连续追加投资,包括资金、资源等方面投入
外部辐射增值	外部辐射型增值指的是由附近区域基建投入或者产业集群效应对相邻近的地块增值产生影响

续表

成员能力要素	成员能力要素是合作联盟稳定的重要衡量指标,主要为成员所掌握的信息资源、技术资源等各方面能力要素,成员能力大小会影响其在联盟中所获分配额
成员资源禀赋	成员资源禀赋指的是所掌握的信息资源、技术资源等各方面资源要素,资源作为联盟成员分配核心要素,掌握核心资源就能在联盟获得更多的利益分配
信息交流程度	信息的交流程度是联盟之间的合作度情况的重要体现,主要从谈判成本和信息公开度两方面衡量,联盟间信息交流程度越深,联盟合作效益越大,成员间利益分配的联盟利润基数越大

三、问卷内容

1.因素层比较

因素层	1	2	3	4	5	6	7	8	9	因素层
	同等重要	两者之间	稍微重要	两者之间	明显重要	两者之间	非常重要	两者之间	绝对重要	
贡献因素										投入因素
贡献因素										合作因素
合作因素										投入因素

注:2、4、6、8表示两个标准之间的折中标度,见表5-5。下同。

2.指标的比较

(1)评价指标对贡献因素的重要性

指标层	1	2	3	4	5	6	7	8	9	指标层
	同等重要	两者之间	稍微重要	两者之间	明显重要	两者之间	非常重要	两者之间	绝对重要	
区位因素										产权效应
区位因素										地块综合价值
地块综合价值										产权效应

（2）评价指标对投入因素的重要性

指标层	1	2	3	4	5	6	7	8	9	指标层
	同等重要	两者之间	稍微重要	两者之间	明显重要	两者之间	非常重要	两者之间	绝对重要	
政策型增值										直接投入增值
政策型增值										外部辐射增值
外部辐射增值										直接投入增值

（3）评价指标对合作因素的影响

指标层	1	2	3	4	5	6	7	8	9	指标层
	同等重要	两者之间	稍微重要	两者之间	明显重要	两者之间	非常重要	两者之间	绝对重要	
成员能力要素										成员资源禀赋
成员能力要素										信息交流程度
信息交流程度										成员能力要素

3.评价利益主体对指标的相对重要性

（1）评估利益主体对产权效应的相对重要性

利益主体	1	2	3	4	5	6	7	8	9	利益主体
	同等重要	两者之间	稍微重要	两者之间	明显重要	两者之间	非常重要	两者之间	绝对重要	
地方政府										村集体
地方政府										农民
村集体										农民

(2)评估利益主体对区位条件的相对重要性

利益主体	1	2	3	4	5	6	7	8	9	利益主体
	同等重要	两者之间	稍微重要	两者之间	明显重要	两者之间	非常重要	两者之间	绝对重要	
地方政府										村集体
地方政府										农民
村集体										农民

(3)评估利益主体对地块综合价值的相对重要性

利益主体	1	2	3	4	5	6	7	8	9	利益主体
	同等重要	两者之间	稍微重要	两者之间	明显重要	两者之间	非常重要	两者之间	绝对重要	
地方政府										村集体
地方政府										农民
村集体										农民

(4)评估利益主体对直接投入型增值的相对重要性

利益主体	1	2	3	4	5	6	7	8	9	利益主体
	同等重要	两者之间	稍微重要	两者之间	明显重要	两者之间	非常重要	两者之间	绝对重要	
地方政府										村集体
地方政府										农民
村集体										农民

（5）评估利益主体对政策型增值的相对重要性

利益主体	1	2	3	4	5	6	7	8	9	利益主体
	同等重要	两者之间	稍微重要	两者之间	明显重要	两者之间	非常重要	两者之间	绝对重要	
地方政府										村集体
地方政府										农民
村集体										农民

（6）评估利益主体对外部辐射型增值的相对重要性

利益主体	1	2	3	4	5	6	7	8	9	利益主体
	同等重要	两者之间	稍微重要	两者之间	明显重要	两者之间	非常重要	两者之间	绝对重要	
地方政府										村集体
地方政府										农民
村集体										农民

（7）评估利益主体对成员资源禀赋的相对重要性

利益主体	1	2	3	4	5	6	7	8	9	利益主体
	同等重要	两者之间	稍微重要	两者之间	明显重要	两者之间	非常重要	两者之间	绝对重要	
地方政府										村集体
地方政府										农民
村集体										农民

(8)评估利益主体对成员能力要素的相对重要性

利益主体	1	2	3	4	5	6	7	8	9	利益主体
	同等重要	两者之间	稍微重要	两者之间	明显重要	两者之间	非常重要	两者之间	绝对重要	
地方政府										村集体
地方政府										农民
村集体										农民

(9)评估利益主体对信息交流程度的相对重要性

利益主体	1	2	3	4	5	6	7	8	9	利益主体
	同等重要	两者之间	稍微重要	两者之间	明显重要	两者之间	非常重要	两者之间	绝对重要	
地方政府										村集体
地方政府										农民
村集体										农民